Uni-Taschenbücher 1894

UTB FÜR WISSEN SCHAFT

Eine Arbeitsgemeinschaft der Verlage

Wilhelm Fink Verlag München
Gustav Fischer Verlag Jena und Stuttgart
Francke Verlag Tübingen und Basel
Paul Haupt Verlag Bern · Stuttgart · Wien
Hüthig Fachverlage Heidelberg
Leske Verlag + Budrich GmbH Opladen
J. C. B. Mohr (Paul Siebeck) Tübingen
Quelle & Meyer Heidelberg · Wiesbaden
Ernst Reinhardt Verlag München und Basel
Schäffer-Poeschel Verlag · Stuttgart
Ferdinand Schöningh Verlag Paderborn · München · Wien · Zürich
Eugen Ulmer Verlag Stuttgart
Vandenhoeck & Ruprecht in Göttingen und Zürich

Studium der Katholischen Theologie

Eine themenorientierte Einführung

Herausgegeben von
Barbara Henze

Ferdinand Schöningh
Paderborn · München · Wien · Zürich

Die Deutsche Bibliothek – CIP-Einheitsaufnahme

Studium der Katholischen Theologie: eine themenorientierte Einführung / hrsg. von Barbara Henze. – Paderborn; München; Wien; Zürich: Schöningh, 1995
(UTB für Wissenschaft: Uni-Taschenbücher; 1894)
ISBN 3–8252–1894–5 (UTB)
ISBN 3–506–99449–2 (Schöningh)
NE: Henze, Barabara [Hrsg.]; UTB für Wissenschaft / Uni-Taschenbücher

Gedruckt auf umweltfreundlichem, chlorfrei gebleichtem und alterungsbeständigem Papier ♾ ISO 9706

(Verlag Ferdinand Schöningh GmbH, Jühenplatz 1, D-33098 Paderborn)
ISBN 3–506–99449–2

Printed in Germany
Herstellung: Ferdinand Schöningh, Paderborn
Einbandgestaltung: Alfred Krugmann, Freiberg am Neckar

UTB-Bestellnummer: ISBN 3–8252–1894–5

Inhalt

Barbara Henze

Einleitung

Dieses Werk ist eine Gemeinschaftsarbeit von katholischen Theologinnen und Theologen, die an ihrem Arbeitsplatz an der Universität, in der Erwachsenenbildung und in der Schule Theologie vermitteln. Es wendet sich an alle, die vor der gleichen Aufgabe stehen, und vor allem an diejenigen, die in die Denk- und Arbeitsweisen wichtiger theologischer Fächer eingeführt werden wollen.

Von unterschiedlichen Disziplinen herkommend, haben wir die Diskussion über deren gegenseitige Zuordnung und über das, was in der Theologie unserer Zeit zentral ist, begonnen. Erweitert wurde der Diskussionskreis auf einer Tagung der Akademie der Erzdiözese Freiburg im Januar 1994. Dort konzentrierten wir uns auf das Thema Mensch-Werdung, eine Entscheidung, die wir für dieses Buch übernommen haben. Eine Konzentration ermöglicht es, sichtbar zu machen, wie wir konkret in unseren Fächern arbeiten, und, wie wir uns darin voneinander unterscheiden. Die hier vorgelegte Einführung mittels eines Themas bietet zudem andere Möglichkeiten als Einführungen, die die formalen Arbeitsmethoden (Raffelt) oder allgemein das jeweilige Selbstverständnis und die Arbeitsweise der Fächer (Wohlmuth) vorstellen.

„Mensch werden" ist ein zentrales Thema der Gegenwart. Die alte Frage, wer der Mensch ist und wozu er ist, und die neuzeitliche, wie er zu dem wird, was er sein könnte, sind trotz allen Bemühens immer noch nicht befriedigend beantwortet und – wie Debatten um Menschen- und Kinderrechte zeigen – nach wie vor brennend. An den Antwortversuchen ist die Theologie wesentlich beteiligt, hat sie doch, wenn sie im jüdisch-christlichen Raum von Gott redet, einen Gott im Blick, der sich um die Menschen sorgt, um ihr Heil-Werden, und dies nicht, indem er die konkrete geschichtliche Existenz „überspringt". Wenn man daher im Christentum von einem Gott redet, dem die Menschwerdung des Menschen am Herzen liegt, kann kein Sprechen von Gott den Menschen unberücksichtigt lassen und umgekehrt. „Mensch werden" ist also ein zentrales theologisches Thema.

Theologie als reflektiertes Sprechen von Gott und dem Glauben an ihn wird von Menschen an Menschen vermittelt. Dadurch verstaubt sie nicht. In der Gegenwart sind es vor allem zwei Faktoren, die sie in Bewegung halten: die Zeit, in der sie lebt, und ihre eigene Geschichte, besonders die Impulse des Zweiten Vatikanischen Konzils. Indem das Konzil die Hörerinnen und Hörer der christlichen Botschaft in den Blick nimmt, ihre Hoffnungen und Ängste, ihren Part bei der Artikulation und Entfaltung des Glaubens, verändert es die Theologie, da es sie in einen Kommunikationsprozeß einbindet, dessen Ergebnis offen ist. Prinzipiell sind an ihm alle Gott suchenden Menschen beteiligt. Leider finden nicht alle in gleichem Maße Gehör, und Strukturen, die dem Glaubenssinn der Gläubigen Rechnung trügen, sind noch nicht gefunden. Daher wird Theologie meist mit Universitätstheologie identifiziert, was zur Folge hat, daß sie innerhalb des christlichen Kontextes alle ihre möglichen Chancen noch nicht voll nutzt. Auch wir führen in diesem Buch nur in die über ein Studium vermittelte Theologie ein.

Es ist nicht möglich, eine zeitgemäße Theologie losgelöst von dem außerchristlichen Kontext zu entwickeln. In der Gegenwart berührt dies vor allem das Ausmaß der Ausdifferenzierung und Spezialisierung in den neuzeitlichen Wissenschaften, an deren Arbeitsweisen sie – von Fach zu Fach in unterschiedlichem Grad – partizipiert, was bedeutet, daß auch ein theologisches Expert(in-n)entum nicht mehr umfassend zu realisieren ist.

Diese Situation betrachten die Autorinnen und Autoren nicht als bedrohlich, sondern als anregend. Die Notwendigkeit, eine Auswahl treffen zu müssen, führt einmal dazu, die Frage nach den zentralen Themen erneut zu stellen. Da zweitens jede Disziplin einen legitimen Zugang zur Theologie darstellt, aber immer nur *einen*, ist die Zusammenarbeit der Fächer ein Muß, und zwar umso mehr, je komplexer das behandelte Problem ist. Das wollten wir nutzen.

Um der besseren Lesbarkeit willen verzichtet unser Sammelband auf einen Anmerkungsapparat. Sein Aufbau folgt nicht dem gewohnten Zueinander der einzelnen Disziplinen in biblisch-historische Grundlagenfächer, sogenannte theologische Kernfächer und praktische Anwendungsfächer. Dies entspricht unserer Meinung nach nicht mehr dem Selbstverständnis heutigen Theologietreibens. Die Beiträge sind nicht sachlich, sondern alphabetisch nach den Namen der neun Autorinnen und Autoren geordnet. So geben wir die bisher übliche unterschiedliche Gewichtung in der Hoffnung auf, damit die Diskussion über die Konzentration und Ausdifferenzierung der universitären Theologie weiterzuführen.

Nicht möglich war – aus pragmatischen Gründen – eine Abdeckung der gesamten Palette theologischer Disziplinen. In den einzelnen Darstellungen sind die themenbezogenen und fachspezifischen Anteile jeweils verschieden. Desgleichen vielfältig ist die Art und Weise, mit dem vorgegebenen Thema umzugehen. Dies möge einen Anreiz bieten, sich weiter mit Theologie zu beschäftigen, wozu die Literaturangaben am Schluß eines jeden Kapitels eine Hilfe bieten wollen.

Da ein Sprechen von Gott die Beziehung zu ihm und zur Welt, zum Mitmenschen und zu sich verändert, zielt jede theologische Rede auf Praxis, auch die Universitätstheologie. Diese ihre Grenze kennt sie. Sie weiß aber auch, daß eine wesentliche Stimme fehlte, wenn sie nicht im Konzert der Wissenschaften einer Universität erklänge. Gemeinsam mit ihnen müht sie sich um die Welt und die Menschen in ihr. Denkwege der Theologie auf dieses Ziel hin werden wir im folgenden beschreiben.

Ulrike Bechmann

Mensch-Werden in Weisheit. Eine alttestamentliche Konzeption angesichts der Herausforderungen ihrer Zeit

Vorbemerkung:

Eine Literatursammlung von zeitlicher und theologischer Vielfalt, wie sie sonst kaum ein Werk beinhaltet, begegnet im Alten Testament. Die Aufgabe, das Thema „Mensch werden" aus alttestamentlicher Sicht zu behandeln, zwingt deshalb sofort zu einer Auswahl: Welches alttestamentliche Buch oder welche Tradition soll auf ihr Konzept von „Mensch werden" hin befragt werden? Ich habe mich für die theologische Strömung der Weisheit entschieden, weil in ihr das Nachdenken über das Gelingen, aber auch die Gefährdung des Lebens, mit den konkreten Lebensverhältnissen der Menschen eng verbunden ist. Diese enge Verbindung ermöglicht internationale Weite bei gleichzeitiger Verankerung im jeweiligen Kontext. Die enge Verbindung weisheitlicher Theologie mit konkreten Lebensbedingungen schafft gute Voraussetzungen, sonst eher verschüttete Frauentraditionen aufzufinden und zu rekonstruieren. Trotzdem umfassen auch die behandelten Texte aus der weisheitlichen Theologie Israels nur einen Bruchteil der weisheitlichen Traditionen.

Eine weitere Beschränkung liegt in der Konzentration auf die ägyptische Weisheit als Vergleichsmaterial zur Weisheit Israels. Die inhaltliche wie textmäßig enge Verbindung beider Traditionen legte die Beschränkung nahe (zur kanaanäischen und mesopotamischen Weisheit im Überblick mit Literaturangaben vgl. Preuß). Ich hoffe, daß die Konzentration auf eine Strömung alttestamentlicher Theologie Neugierde und Lust weckt, die immense Weite und die lange Geschichte anderer Theologien im AT zu entdecken, ihren Spuren zu folgen und sie in Beziehung zueinander und zu sich selbst zu setzen.

1. Hinführung

In einer Stadt x in Deutschland beantragen BewohnerInnen einer größeren Straße, den einen Teil ihrer Straße umzubenennen. Der Grund: In dieser Straße gibt es ein Obdachlosenheim und die BewohnerInnen möchten nicht in den Geruch kommen, in diesem Obdachlosenheim zu wohnen. Im gleichen Herbst beklagt ein gemeinsames Papier der Evangelischen und Katholischen Bischöfe, daß die Armut in Deutschland steigt und eine zunehmende Ausgrenzung der Armen innerhalb der Gesellschaft um sich greift.

Beide Meldungen, willkürlich aus den Tagesnachrichten herausgegriffen, illustrieren eine soziale Kälte, ein Fehlen von Mitmenschlichkeit Schwächeren und aus der Gesellschaft Ausgegrenzten gegenüber. Das „soziale Netz" hat Löcher bekommen, doch Mit-Menschlichkeit, hilfreiche Initiativen oder einfach auch Zuwendung fehlen. Versagen die staatlichen Sicherungen, scheint zwischenmenschliche Zuwendung alles andere als selbstverständlich. Dieses innergesellschaftliche Phänomen, für das Obdachlose auch nur ein Beispiel sind, läßt sich mühelos auf das Verhältnis der reichen Länder im Norden zu den armen Ländern im Süden übertragen.

Wie aber gewinnen Menschen ihre Mitmenschlichkeit, wie bringen sie ihre Fähigkeit zu Solidarität, gegenseitigem Handeln und Einsatz für Schwächere zur Entfaltung? Wie werden Menschen zu mitmenschlichem Handeln fähig?

Will man nicht einer imperativischen Ethik verfallen, die mit ihren „Soll"-Forderungen eher abschreckt als einlädt, muß man nach Erfahrungen suchen, die die Menschen dauerhaft zur Gegenseitigkeit und zur Solidarität befähigen. Wo aber können Lebenserfahrungen von Menschen aufgesucht und daraufhin aktiviert werden?

In der Weisheitsliteratur des Alten Orients bricht genau diese Fragestellung auf: Wie kann ein gelingendes Miteinander gesichert werden? Die Antwort findet die Weisheit in den Lebenserfahrungen der Menschen selbst: Diese Erfahrung in ihrer Selbstevidenz wird aufgegriffen und für die Werbung nach Gemeinsamkeit etwa in Sprichwörtern fruchtbar gemacht. Dort, wo in Krisenzeiten diese Selbstevidenz nicht mehr gegeben ist, entfaltet die Weisheit im Rückgriff auf die Erfahrungen Lehren, wirbt sie um die Bewahrung der Erfahrung und baut auf die Einsicht der Menschen: Habgier und Selbstsucht, Bereicherung und Ungerechtigkeit werden nicht von Dauer sein. Es lohnt sich für einen selbst nicht, anderen Gerechtigkeit vorzuenthalten, die solidarische Gemeinsamkeit aufzukündigen. Dieser erfahrungsorientierte Ansatz bleibt in der sogenannten Krise der Weisheit nicht unwidersprochen. Und auch die Weisheit selbst muß sich, gerade wegen der Erfahrungsorientierung, je nach AdressatInnen und Zeitumständen wandeln.

Es stellt sich die Frage, ob nicht heute die Weisheit mit ihrer auf Erfahrung von Menschen bauenden Werbung für ein lebensförderndes, gerechtes Miteinander eine neue, wiederzuentdeckende Form theologischen Redens bietet: Eine Rede, die den Wert menschlicher Erfahrung und der Sehnsucht nach einem heilvollen, gelingenden Leben ernst nimmt und zu gegenseitiger Solidarität einlädt, da dies mehr Lebensqualität verheißt.

Was aber wird unter „Weisheit" verstanden?

Unter dem Oberbegriff „Weisheit" werden unterschiedliche Elemente zusammengefaßt: Von der Göttin Maat in Ägypten bis hin zur „Frau Weisheit" im AT (Spr 8), von einfachen Sprichwörtern bis hin zu literarischen und poetischen Texten, Lehren und Erzählungen im Alten Orient. Auch in der Bibel kann das Attribut „weise", hebräisch chekem, einer guten Weberin/Färberin (Ex 35,25f.) ebenso zugesprochen werden wie in verklärender Rückschau dem König Salomo (1 Kön 5,9–14). (Zur kultur- und zeitübergreifenden Behandlung des Themas Weisheit vgl. Weisheit.)

Die Entwicklungen weisheitlichen Denkens sollen sowohl an der ägyptischen wie an der israelitischen Weisheit, dort näherhin dem Buch der Sprüche, entfaltet werden. Trotz des zeitlichen Abstands zwischen israelitischer und ägyptischer Weisheitsliteratur gibt es Beziehungen zwischen den beiden Traditionen, zeigen sich Ähnlichkeiten in der Entwicklung, wenn diese auch zeitversetzt geschehen. Die Verbindung altägyptischer und alttestamentlicher Weisheit – so ist etwa die Lehre des Amenemope die Vorlage zu Spr 22,17–24,22 – bestätigt die inhaltlich getroffene Verbindung zwischen Texten des AT und früheren Texten Ägyptens, zeigt aber auch ihre eigenständige Verarbeitung (Römheld).

Bei aller Internationalität und Gemeinsamkeit unterscheiden sich die sozialgeschichtlichen und geistesgeschichtlichen Bedingungen in Israel und Ägypten, unter denen Weisheitstexte entstanden. Den Bedingungen zur Entstehung weisheitlicher Rede, ihren Veränderungen bei sozialen und politischen Umbrüchen und der Frage nach der Aufnahme von Erfahrungen soll im folgenden nachgegangen werden.

2. Weisheit in Ägypten

2.1. „Lehren" entfalten die Maat

Die weisheitlichen Lehren entfalten ein Leben, in der Maat herrscht und das Leben gelingt. „Maat ist das Prinzip der Beständigkeit, des Wahren, Rechten und Guten, das sich *auf lange Sicht* als solches erweist. Weisheit besteht darin, diese Maat zu erkennen und im eigenen Reden und Handeln zu realisieren. ... Maat ist der verborgene Richtungssinn der Welt, ihre (zeitlich gedachte) Tiefenstruktur. Wer sich in seinem Handeln diesem Richtungssinn anpaßt, scheitert nicht" (Assmann, Weisheit 483; vgl. zum folgenden auch die grundlegende Studie von dems., Ma'at).

Ziel der Maat ist die Herstellung einer konnektiven, gegenseitigen Gerechtigkeit und Solidarität. Dahinter steht das Verständnis, daß alles Handeln miteinander verzahnt ist. Maat ist sozusagen die Kultur, die Grundlage des menschlichen Beisammenseins. Es ist die Erziehung zum Miteinander, weil der Einzelne den anderen braucht. Nichts schreckt in Ägypten mehr, als die Herrschaft des Chaos. Das Handeln des Pharao hatte das Chaos zu bändigen und die Durchsetzung der Maat zu gewährleisten.

Zu den positiven Eigenschaften, die die Maat fördern, gehört das Gedächtnis, das sich der guten Tat erinnert und daraus eine gegenseitige Verantwortung und Dankbarkeit zur guten Tat bringen kann. Dazu gehört das Hören, das die Voraussetzung ist zum Wahrnehmen von Klage und zur Durchsetzung von Gerechtigkeit, und die gute Rede, die Kommunikation, die das Gegenteil von Gewalt ist. Im Hören und Handeln besteht das Tun und Sagen der Maat, die Durchsetzung von Gerechtigkeit und Wahrheit.

Es ist eine ausgleichende Gerechtigkeit, die davon ausgeht, daß es in der Welt Arm und Reich, Herrschende und Untertanen, Starke und Schwache gibt. „Maat tun" heißt, Sicherheit und Geborgenheit für den Menschen zu schaffen, Beständigkeit, Dauer in Gemeinschaft und Gelingen des Guten zu garantieren. Der Mensch wird als soziales Wesen gesehen, das die gegenseitige Solidarität nötig hat. „Maat tun" bedeutet auch eine Befreiung. Sie befreit den Schwachen vor der Vergewaltigung durch den Starken, Reichen und Mächtigen. Sie wehrt der Willkür der Beamten. Sie schützt vor Ungerechtigkeit und Gesetzlosigkeit, die es den Habgierigen und Starken ermöglicht, sich auf Kosten der Schwachen Vorteile zu verschaffen.

Dieses Tun der Maat ist allerdings vertikal orientiert. Der König bzw. der Beamte muß dafür sorgen, daß die Maat herrscht. Er ist für die Erhaltung der Ordnung zuständig, indem er die Einhaltung des Rechts und die Stabilität des Landes sichert und Arme ernährt. Dies greift auf die Erfahrungen eines Lebens innerhalb eines großen Reiches mit zentraler Macht zurück.

Die erste Weisheitsliteratur in Ägypten entstand in einer Krisenzeit, der sog. ersten Zwischenzeit (3190 bis 2050 v. Chr.), als diese Lebensgrundlage gefährdet war. Das vorausgehende Alte Reich hatte die Reichseinigung zwischen Ober- und Unterägypten durchgesetzt, der Totenkult des Königs war die Staatsreligion, die Maat, das Ethos, die dazugehörige Staatsideologie. Sie war nicht in Texten entfaltet, sondern läßt sich maximal in Formeln, die die Herrschaft des Königs beschreiben, wiederfinden. Dieses kompakte Weltbild, das mit der Macht des Königs eng verbunden war, da dessen Herrschaft gleichzeitig der Sinn des Landes war, zerfiel in der sog. ersten Zwischenzeit. Die Macht der Zentralinstanz schwand, lokale Fürsten und Beamte gewannen an Einfluß. Historisch gibt es wenige Quellen, die diese erste Zwischenzeit beleuchten könnten. Die Nachrichten darüber stammen weitgehend aus dem auf die erste Zwischenzeit folgenden Mittleren Reich, in denen diese Zwischenzeit als eine Zeit des Chaos (Isfet), und damit als das Gegenstück zu Maat, dargestellt wird. Kämpfe um Unabhängigkeit zwischen Gaufürsten, Hunger und Bürgerkrieg kennzeichnen aus der Rückschau diese Zeit. Was daran historisch und was Propaganda für die neue Reichseinigung ist, läßt sich aufgrund der Quellenlage nur schwer ermitteln.

2.2. „Klagen" entfalten Isfet

Die Schilderung der Zeit des Chaos (Isfet) spiegelt sich in den Klagen der Weisheitsliteratur, beispielsweise in den „Klagen des Oasenmannes". Ein Bauer, der unschuldig von einem Landbesitzer auf seinem Weg behindert, zur Arbeit gezwungen und seines Besitzes beraubt wird, schildert seine Situation und beklagt, daß niemand seine Klagen über das erlittene Unrecht hört: „Sein Gesicht ist blind gegenüber dem, was er sieht, taub gegenüber dem, was er hört, vergeßlich gegenüber dem, was ihm in Erinnerung gerufen wird. ... Der Verteiler ist geizig, der Friedensstifter verursacht Trauer, der Heiler stiftet Krankheit. Die Standwaage steht schief, das Zünglein irrt, das Maß schwankt. (...) Der Rechnungsprüfer legt auf die Seite, die Richter schnappen sich das Gestohlene, (. . .) der Luft gibt, erstickt den, der unten liegt, der Erfrischung gibt, macht das Atmen schwer. Der Verteiler ist geizig, . . . der das Elend vertreibt, befiehlt dessen Verursachung, der Hafen ist eine Flut, der das Böse abwehrt, begeht Unrecht" (zitiert nach Assmann, Ma'at 71).

Als negative Eigenschaften, die Isfet befördern, gelten das Vergessen und die Trägheit, Taubheit und Habgier. Taubheit ist die Unfähigkeit, zuzuhören und zu verstehen. Mangelndes Hören – von Beamten, von dem König – begünstigen Ungerechtigkeiten, wie sie der Oasenmann schildert, den niemand aus seiner Lage befreit.

Trägheit und Vergessen erinnern sich nicht der guten Taten, erinnern sich also nicht der gegenseitigen Solidarität und stören diesen Kreislauf der guten Taten und der Gegenseitigkeit, der die Welt erhält.

Die negativste Eigenschaft ist die Habgier. Der Habgierige stört den „Warentausch", der die Gemeinschaft fördert, der Eigenwille und der Egoismus zerstören den Gemeinschaftssinn und damit Maat.

Aus der Krise der selbstverständlichen Geltung der Maat entstehen die Lehren und Klagen, die aufzeichnen, was in Vergessenheit zu geraten drohte. Auch wenn das Mittlere Reich die Einheit Ägyptens wiederherstellte und die pharaonische Macht erneut konzentrierte, war doch das grundsätzliche Vertrauen in die Selbstverständlichkeit der Maat gestört. Dies wirkte sich auch dadurch aus, daß nicht nur festgehalten wurde, was Maat im Leben ist, sondern daß Maat nun über den Tod hinaus weitergedacht wurde. Maat ermöglichte jetzt nicht mehr nur die gegenseitige Solidarität im Land, sondern auch das Fortleben im Jenseits. So entwickelte sich in Ägypten die Idee des Totengerichtes, das in den Gräbern und bei Grabinschriften dargestellt wurde. Die Verpflichtung zum Schutz der Schwachen und Armen wird als „Tun der Maat" aufgeschrieben, das im Totengericht zugunsten des Verstorbenen zählt. Das Herz wird mit der Maat aufgewogen (s. Darstellung S. 17). Die Maat regiert sowohl in der Welt als auch im Jenseits. Diese Verlängerung ins Jenseits reagierte damit auf die Erfahrung, daß sich im Leben nicht immer das „Tun der Maat" auszahlt; durch die Bedeutung im Totengericht bleibt es aber auch im Leben wirkmächtig.

Der Verstorbene spricht vor seinen Jenseitsrichtern das Bekenntnis. Die Waage zeigt an, ob seine Aussage mit der Wirklichkeit seines Lebens übereinstimmt; entnommen: Walter Beyerlin (Hg.), Religionsgeschichtliches Textbuch zum Alten Testament, Göttingen 1975, S. 89.

2.3. Maat als Göttin

Die Maat wird nun zur Göttin personifiziert, und zwar zur Tochter des Sonnengottes Re (s. Abbildung S. 18). Sie ist es, die die allnächtliche Fahrt von Re durch die Unterwelt begleitet und das Gelingen dieser Fahrt gewährleistet. Diese Fahrt des Sonnengottes durch die Unterwelt bedeutet die Ausübung seiner Herrschaft und die Überwindung des Todes. Da diese Fahrt gefährdet ist durch gegnerische Mächte des Chaos, braucht Re die Göttin Maat, um das Prinzip des Bösen zu überwinden. Nicht im Kampf überwindet er das Böse, sondern im Gericht. Der Sonnengott wird gerechtfertigt, die Maat, nämlich Licht und Gerechtigkeit, setzen sich durch.

Mit dieser Entwicklung wird Maat staatstragender denn je. Nun muß der Staat, also der Pharao, garantieren, daß die Maat „aufsteigt", um den Sonnenlauf zu garantieren. Der König muß durch seine Opfer, durch den Kult, durch die Tempel, die Maat aufsteigen lassen und dadurch den Kosmos in Gang halten. Erst dann können die Menschen auch Maat verwirklichen. Hält der Pharao durch seine Opfer den Kosmos in Gang, so bringt Maat Heil. Dann sind Versorgung und Fülle des Landes garantiert. Die Gerechtigkeit des Königs ist eine distributive Gerechtigkeit, also eine verteilende Gerechtigkeit, die die Schwachen schützt. Nur wenn das Land genügend fruchtbar ist, kann der König auch den Armen und Schwachen soviel zuteil werden lassen, daß sie leben können. Von dem Gelingen des Kosmos hängt auch die Sicherheit des Landes, der Frieden des Landes, die Verständigung untereinander und das gegenseitige Vertrauen ab.

Ägypten hat eine negative Anthropologie. „Die ägyptische Weis-

Die Göttin Maat, entnommen: Keel, Weisheit 46.

heit nimmt die Ungleichheit hin, nicht als gut und gottgewollt, aber als unausrottbares Element der Welt-wie-sie-ist. Sie will die Welt nicht verändern. Sie will nur gegensteuern, und zwar gegen die Unterdrückung der Schwachen durch die Starken, der Kleinen durch die Großen. ... Die ägyptische Weisheit hat einen unverkennbar staatstragenden Charakter" (Assmann, Weisheit 487).

2.4. Von der Weisheit zur Frömmigkeit

Die weitere theologische Entwicklung nennt Assmann das Ende der Weisheit durch die Theologie des Willens. Zur erneuten Veränderung der Weisheit trug die Fremdherrschaft der Hyksos während der zweiten Zwischenzeit (1650–1555) bei. Die „Herrscher der Fremdländer", wie sie in Ägypten genannt werden, kamen aus dem asiatischen Bereich, und es ist nicht geklärt, ob sie allmählich als Söldner Macht erlangten oder von außen einfielen. Ihre ca. 100 Jahre dauernde Herrschaft hatte Ägypten in eine abhängige Beziehung von außen gebracht und damit die Verletzlichkeit des Reiches nicht nur inneren, sondern jetzt auch äußeren Feinden gegenüber erfahren lassen.

Mit der Neuerrichtung der pharaonischen Herrschaft durch Ahmose beginnt mit der 18. Dynastie das Neue Reich (1550–1080). Zwar erneuerte Ägypten seine politische Position, doch entwickelt sich zu dem Reichsgott Amun in Karnak ein neues Gottesverhältnis. Anstelle der Weisheit tritt jetzt die persönliche Frömmigkeit. Mit Amun-Re als dem höchsten Gott beantwortet man die Frage nach dem Gelingen des Lebens neu. Nicht mehr die Einfügung in eine notwendige Ordnung allein garantiert jetzt das Leben, sondern die Menschen sind vom Willen Gottes abhängig. Gott (Amun-Re) wird zur Ursache des Handelns und des Erfolgs. Anders als in der bisherigen Weisheit kommt die gute Tat durch das soziale Gedächtnis nicht wieder zu einem selbst zurück, sondern es hängt vom Willen und der Gnade Gottes ab, daß Gutes belohnt wird. Das individuelle Schicksal wird jetzt stärker durch Gott bestimmt. Assmann charakterisiert dies so: Der Weise wird zum Frommen. Nicht mehr der König beschützt jetzt die Schwachen, sondern Gott selbst schützt die Schwachen. Das individuelle Schicksal ist durch Gott bestimmt, Gerechtigkeit kann nur Gott üben. Auch der König weiß sich von Gott abhängig. Der Kult spielt eine zentralere Rolle denn je, um die Fahrt des Sonnengottes gelingen zu lassen und gleichzeitig den Willen Gottes zu erfüllen. Amun-Re wird zur Instanz als

Richter und Nothelfer, eine ethische Instanz. Er ist der Gott, der in der Geschichte handelt, der Leben spendet, der sich aber auch zornig abwenden kann.

Die Weisheit wird von der Religion abgelöst. Maat brauchte Erfahrung und Überlieferung. Eine Religion braucht Priester, die das Einmalige deuten und die Zukunft vorhersagen können.

In der Spätzeit des Neuen Reichs und in der darauffolgenden Zeit der Ramessiden entwickeln sich Tempel, Priester, Orakel, Magier und Deuter. Die Theokratie mit dem Zentrum in Theben bekommt ein Eigengewicht neben dem König. Es erfolgt der Durchbruch der persönlichen Frömmigkeit, die besonders in Krisenzeiten aufkommt. Diese persönliche Frömmigkeit ist die Theologisierung des Willens Gottes und die Spiritualisierung der Idee der Gerechtigkeit.

2.5. Resümee

Die Weisheit war das Projekt der Zähmung des Menschen zum Mitmenschen durch Maat (Assmann). In der Weisheit ist die Überzeugung verankert, daß füreinander gehandelt werden muß und daß dieses gegenseitige Handeln die Solidarität garantiert. Gerechtigkeit, so die Überzeugung der Weisheit, stellt sich nicht automatisch ein. Soziale Gerechtigkeit wird durch das Einhalten der Maat hergestellt. In einem Großreich wie Ägypten hing die Garantie dieser Gerechtigkeit am Staat. Der Staat war, wie natürlich auch die Einzelnen im kleineren Bereich, für den Ausgleich zuständig. Der Staat mußte Gerechtigkeit und Recht durch die Rechtsprechung durchsetzen. Sprache und Kultur waren ein Mittel gegen Gewalt. Die Entwicklung eines persönlichen Gottes beendet die Weisheit in Ägypten. Die Maat spielt nun als Göttin eine sehr wichtige Rolle. Auch das Tun der Maat ist nach wie vor wichtig, aber es hängt von Gott ab, daß die Ordnung gelingt.

Gerade das Ende der Weisheit, das sich natürlich in einem Prozeß vollzog, führte dazu, daß all das aufgezeichnet wurde, was unterzugehen drohte. In der Spätzeit, vor allem unter der Fremdherrschaft der Perser, Griechen und Römer, wird all das aufgezeichnet, was an Wissen vorhanden ist. In Büchern, aber vor allem auch in den Spätzeittempeln bündelt sich das Wissen, die Tempel selbst werden in der Spätzeit zur „Bibliothek“ des Wissens. Die Texte und Gedanken lebten weiter und wurden tradiert, als längst andere theologische Konzeptionen das Leben Ägyptens bestimmten. So fand die Weisheit über unterschiedliche Vermittlung Eingang in das Denken Israels.

3. Weisheit in Israel

In Israel steht am Anfang der Entwicklung nicht der Staat, vor allem nicht die Erfahrung einer Großmacht, wie sie Ägypten war. Trotzdem gibt es in den Traditionen der Weisheitsliteratur Israels viele Bezüge zu und Ähnlichkeiten mit der ägyptischen Weisheit, bis hin zur Übernahme von Texten. Trotz des zeitlichen und kulturellen Abstandes, trotz der ganz anderen Gesellschaftsstrukturierung bestehen große Übereinstimmungen. Sozusagen zeitversetzt erlebte auch Israel eine Transformation der eigenen Weisheitsvorstellungen, wie in Ägypten ausgelöst durch politische und soziale Umbrüche. Das Buch der Sprüche bietet sich durch seine vielfältigen weisheitlichen Texte unterschiedlicher Zeiten als Paradigma für alttestamentliche Weisheitsliteratur an. An seinem Beispiel soll gezeigt werden, wo sich die Konzeption israelitischer Weisheit von einem gemeinschaftlichen, solidarischen Miteinander mit der Ägyptens ähnelt, worin die gemeinsamen Erfahrungen und die Unterschiede bestehen und wie sich diese Konzeption in Israel unter geschichtlichen Veränderungen veränderte.

3.1. Das Buch der Sprüche oder Sprichwörter (Spr)

Die Themen im Buch der Sprüche sind vielfältig. Vergleichbar den Sprüchen aus Nachbarkulturen, aber auch aus vielen anderen Kulturen sind die Sprichwörter, die sich auf das Erfahrungswissen der Menschen beziehen. Von Gott ist darin nur selten die Rede.

So kommt etwa das Sprichwort „Wer anderen eine Grube gräbt, fällt selbst hinein“ aus dem Buch der Sprüche, dort weitergeführt mit dem Satz „Wer einen Stein wälzt, auf den rollt er zurück“ (Spr 26,21). In solchen Sprichwörtern bündeln sich die Lebenserfahrungen von Menschen, und es schimmert ein Weltbild durch, das, ähnlich wie in der ägyptischen Weisheit, versucht, in den Alltagserfahrungen das Zusammenleben zu regeln. Aussageworte wie „Schlecht, schlecht sagt der Käufer, wenn er fort ist, dann rühmt er sich“ (20,14) stehen neben Sprüchen, die Jahwe als Garant der

Ordnung sehen. „Des Menschen Herz plant seinen Weg, doch der Herr lenkt seinen Schritt“ (16,9).

Gerade das Buch der Sprüche hat der Weisheit Israels nicht nur Anerkennung eingebracht. Wenn Sprüche wie „Die Tür dreht sich in der Angel und der Faule sich in seinem Bett“ (Spr 26,14) oder „Ein goldener Ring im Rüssel eines Schweines – so ist eine schöne Frau ohne Taktgefühl“ (Spr 11,22) sich häufen, so könnte das auf den ersten Blick den Verdacht des chauvinistischen, reaktionären und moralinsauren Textes hervorrufen. „Muß man die Bibel bemühen, um so etwas zu erkennen?“ fragt etwa Horst Dietrich Preuß (Preuß 10).

Betrachtet man den Aufbau von Spr, lassen schon die Überschriften erkennen, daß hier unterschiedliche Texte zusammengestellt wurden. Nach der Gesamtüberschrift 1,1–7 beginnt Kapitel 10 mit der knappen Bemerkung „Sprüche Salomos“ (10,1). Die nächste Überschrift „Worte von Weisen“ (22,17) leitet den Text ein, der an die ägyptische Weisheit des Amenemope angelehnt ist (bis 23,11), die Verse 23,12–24,22 sind evtl. nach den assyrisch-aramäischen Sprüchen Achikars gebildet. „Auch dies (Worte) von Weisen“ (24,23), „Sprüche Salomos, gesammelt von den Männern des Königs Hiskia“ (25,1) und „Worte Agurs“ (30,1, wahrscheinlich aus dem edomitisch-nordarabischen Raum) unterteilen die Schlußkapitel. Drei weitere Einheiten beschließen das Buch: 30,15–33 bilden offensichtlich eine Einheit, da sie Zahlensprüche enthalten; die Überschrift des folgenden Textes findet sich in 31,1: „Worte an Lemuel, König von Massa“; den Abschluß des ganzen Buches stellt 31,10–31 dar, das „Lob der tüchtigen Frau“. Dieser Text kann als Einheit unschwer erkannt werden, weil er die Form eines Akrostichons hat, d. h., die Anfangsbuchstaben der Verse ergeben das Alphabet.

Die Kap. 10 bis 22,16 werden weitgehend als der ältere Teil angesehen. Einer der Hauptgründe dafür ist, daß in dieser Sammlung kurze prägnante Sprüche nebeneinanderstehen. Innerhalb dieses Teils kann noch einmal eine Zäsur zwischen Kap. 15 und 16 erkannt werden. In den Kapiteln 10 bis 15 überwiegen Gegensatzformulierungen – Frevler/Gerechte, Tor/Weise, Reichtum/Armut, etc. (zur Spätdatierung dieses Abschnitts vgl. Albertz 544, dort auch die Charakterisierung der Frevler). Ab Kapitel 16 ändert sich die Diktion. Hier scheinen der Königshof als Hintergrund und das städtische Leben mehr durchzuschimmern als in dem ersten Teil, auf Gegensätzen abhebende Sprüche kommen kaum noch vor. Als

Beispiel sei Spr 16,11–12 zitiert: „Waage und rechte Waagschalen sind vom Herrn; und alle Gewichte im Beutel sind sein Werk. Den Königen ist Unrechttun ein Greuel; denn durch Gerechtigkeit wird der Thron befestigt“ (zu den Gegnern des Königtums vgl. Crüsemann, Widerstand).

Uneinigkeit herrscht darüber, wo der Ursprungsort der Sprichwörter liegt. Allgemeine Sprichwörter lassen sich nur schwer, wenn überhaupt, lokalisieren und datieren. Ein Teil der Forschung sieht in den einzelnen Sippen Israels die Ursprungssituation und dort auch die erste Sammlung (Westermann u.a.). Ein anderer Teil postuliert die Existenz von Schulen, die die Sprüche gesammelt, wenn nicht erdacht und als solche weitergegeben hätten (Lang u.a.; einen Überblick gibt Westermann, Forschungsgeschichte).

Wenn man offenläßt, wo der Ursprung von weisheitlichen Sätzen liegt, so kann jedenfalls konstatiert werden, daß die Schriftlichkeit mit der gesellschaftspolitischen Veränderung, nämlich der Einführung des Königtums in Israel, einherging. So wie an anderen Königshöfen die Weisheit tradiert, gelehrt und aufgeschrieben wurde, z.T., um die Beamten zu unterrichten, so hat auch Israel mit der Einführung des Königtums und der Etablierung eines Hofes Ähnliches, wenn auch wahrscheinlich in sehr viel bescheidenerem Rahmen, versucht. Die Gesamtkompilation des Buchs der Sprüche fällt aber erst in die nachexilische Zeit ab dem vierten Jahrhundert.

Ähnlich wie in der älteren ägyptischen Weisheit kennen die Sprüche der älteren Texte einen sog. Tun-Ergehens-Zusammenhang, d. h. wie ich mich verhalte, so geht es mir. Wie dort kommt die gute Tat zum Menschen zurück, das Gute zeichnet sich durch Gelingen aus. Der vielfach – und auch innerhalb der Weisheitsliteratur – kritisierte Tun-Ergehens-Zusammenhang mag in einer Gesellschaft mit kleinen Lebenseinheiten durchaus eine stimmige Erfahrung sein. Innerhalb eines Familienverbandes hängt die eigene Stellung darin tatsächlich von dem jeweiligen Verhalten ab, erfuhr man Gegenseitigkeit und Hilfe als etwas Selbstverständliches. Insofern würde die Zuordnung der Weisheitstraditionen zur persönlichen Frömmigkeit durchaus mit den Erfahrungen innerhalb der Familienverbände übereinstimmen, Lebensorganisationen, die erst durch das Königtum und den Staat in Israel ihre alleinige und selbstverständliche Bedeutung einbüßten.

3.2. TrägerInnen der Weisheit

Welche Erfahrungen spiegelt aber nun die Weisheit in ihrer späteren Entwicklung? Rainer Albertz versteht in seiner Religionsgeschichte den Entwicklungsprozeß theologischer Strömungen in Israel nicht als „blutleere Ideengeschichte, sondern [als] ein[en] lebendigen Prozeß ständiger Auseinandersetzung, ein dauerndes Streitgespräch unterschiedlicher Gruppen der israelitischen Gesellschaft" (Albertz 39). Er unterscheidet zwischen der offiziellen Jahwereligion und der persönlichen Frömmigkeit, die gleichzeitig nebeneinander und auch in Spannung zueinander gestanden haben und die soziologisch und regional zu differenzieren seien. Die Theologie der Weisheit gehört für ihn in den Bereich der persönlichen Frömmigkeit. So lasse sich erklären, warum in der Weisheitstheologie kein Rückbezug auf die Topoi der offiziellen Religion (Exodus, Tempel, Heilsgeschichte, Propheten etc.) zu finden ist.

Zunächst ganz in der Familienweisheit beheimatet, beginnt die Theologisierung der Weisheit durch die sozialen Spannungen im achten und siebten Jahrhundert v. Chr. in der Königszeit. Die israelitische Oberschicht sieht Albertz gespalten: Ein Teil der Oberschicht ist sich der sozialen Verwerfungen durch die strukturellen Ursachen der Armut bewußt und versucht, hier gegenzusteuern. Dieser Teil pflegt und entwickelt in der persönlichen Frömmigkeit die Weisheit weiter. An den anderen Teil der Oberschicht, der sich hemmungslos bereichert, richten sich hauptsächlich die verstärkt auftretenden Mahnungen zu sozialem Verhalten. Die Theologisierung gipfelt in einer stark reflektierten Form der Theologie nach dem Exil wie in Spr 1–9, die Albertz als „eine frühe Form der Philosophie" anspricht, die Topoi – z. B. Schöpfung der Welt – aus der offiziellen Jahwereligion aufgreifen kann. Dazu gehört auch Spr 8. Damit nähert sich die persönliche Frömmigkeit der offiziellen Jahwereligion an.

Zu diesen nachexilischen Texten rechnet man auch den Rahmen des Sprüche-Buchs, nämlich die Kapitel 1 bis 9 und 31,10–31. Darin finden sich längere weisheitliche Lehrreden, die einen anderen Duktus als die restlichen Texte haben. Die Texte stehen inhaltlich weiteren sehr späten Schriften des AT nahe (anders Kayatz).

Theologische Konzeptionen wie die weisheitliche Rede sind durch die gesellschaftspolitischen Verhältnisse mitbestimmt. Eine so dramatische Veränderung der gesellschaftlichen Struktur, wie die Eroberung Jerusalems durch die Babylonier 587, die die Wegführung der Oberschicht und das Zerschlagen des religiösen und politischen Systems durch die Abschaffung des Königshauses und die Vernichtung des Tempels mit sich brachte, mußte seine Spuren auch in der Theologie hinterlassen. Die Lebensbedingungen in Juda in nachexilischer Zeit sollen, soweit sie rekonstruierbar sind, nachgezeichnet werden, um den Erfahrungshintergrund für die Verkündigung der Weisheit besser verstehen zu können.

3.3 Der Familienclan als Lebensinstanz

Im nachexilischen Juda nach dem Zerbrechen des Staates und des Tempels nahm der Familienverband (hebr. mišpaḫa) nach dem Zusammenbruch staatlicher Organisationen die zentrale Stellung ein. Einen Clan kann man im weiten Sinne als Teil eines Stammes verstehen. Innerhalb der „extented family", zu der Vater, Frau, Kinder, Konkubinen, verheiratete Söhne und unverheiratete Töchter gehören, werden sowohl Landbesitz als auch die Traditionen der jeweiligen Familie weitergegeben. Die Familienstruktur war sicher nie ganz außer Kraft. Die Mitglieder sind auf gegenseitige Verantwortlichkeit angewiesen, um als Familie zu überleben.

Es gibt Regeln für die Weitervererbung des Landes, um das Land für die Familie zu erhalten, es gibt die Bruderehe, um den Frauen ein Auskommen zu gewährleisten, ein Loskaufrecht bei Grundveräußerung, einen Loskauf, wenn jemand in Fremdsklaverei geriet usw. Die Familien waren auch Träger von Festen und Träger von Kollektiverinnerungen.

In Juda gab es das sog. Rentensystem. Hatte sich jemand verschuldet, so konnte er an den Schuldner Land verkaufen. Der Besitzer hatte das Verfügungsrecht über das Land. Der alte Besitzer bearbeitete es weiter und mußte für diese Bearbeitung eine Rente entrichten. Dadurch wurden im Laufe der Jahre in Judäa die reicheren Familien begünstigt. Dieses System hatte schon während der Königszeit zur Benachteiligung der Bauern geführt, wie die Kritik von Amos im Nordreich zeigt.

Die Familien waren in der persischen Zeit (539–333) also auch die wirtschaftliche Grundeinheit. An die persische Obrigkeit mußten Steuern in Silbergeld gezahlt werden. Die Einführung der geprägten Münzen erfolgte, um allen Besitz tributfähig zu machen. Vorher gab es Geld nur im Sinne von Tauschgeld. Da nun Juda keine Silberbergwerke hatte, mußte von den bäuerlichen Betrieben ein Gewinn erwirtschaftet werden, um ihn gegen Silbergeld verkaufen zu können. Es genügte also nicht mehr, für den Eigenbedarf zu produzieren. Die Bauern mußten versuchen, möglichst einträgliche Produkte zu produzieren und die Kosten der jeweiligen Betriebe zu senken. Schwierig war es dann, wenn Familien in nicht sonderlich ertragreichen Gegenden ihre Landwirtschaft betrieben bzw. wenn in einem schlechten Erntejahr der Tribut die Bauern in Schulden trieb. Dies führte wiederum dazu, die Ländereien zu verpfänden oder zu verkaufen und den Ertrag als Pächter an die Besitzer abzugeben.

Oft genug führte der Schuldenkreislauf dazu, daß Bauern ihre Kinder als Lohnsklaven verpfänden mußten bzw. selbst durch immer höhere Schulden in die Schuldknechtschaft gerieten. Neben schlechten Ernten konnte die Ursache auch sein, daß die Zahl der Familienmitglieder, die von dem Betrieb leben mußten, zu hoch war, daß die Bodenqualität sank bzw. die Erbteilung innerhalb der Familie nicht für alle auf Dauer genügend übrig ließ. Davon profitierte eine Oberschicht in Juda, die einflußreich und begütert war. Proteste der Landbevölkerung gegen die Oberschicht lassen sich im Buch Nehemia (5,1–5) festmachen.

In einem Klima der wirtschaftlichen und sozialen Notlage wird das Buch der Sprüche zusammengestellt und die Kapitel 1 bis 9 und 31,10–31 als Rahmen beigegeben. Dieser Rahmen interpretiert die Texte, setzt vor die gesammelten Sprüche sozusagen eine Brille. Eindringlicher als in der älteren Weisheit wird die Ermahnung beigegeben, die Weisheit auch anzunehmen und zu hören. In einer Zeit, in der es durch den durchgesetzten Monotheismus außer dem Tempel keine vermittelnde Instanz mehr zwischen Gott und dem Menschen gab, mußte die Frage aufbrechen, wie denn nun ein gelingendes Leben, eine gewisse Gerechtigkeit und eine ausgleichende Ordnung innerhalb dieser Gewaltverhältnisse aufrecht erhalten werden kann. Diese Frage stellte sich wohl der Teil der Oberschicht, der den sozialen Mißständen kritisch gegenüberstand. Mit Rückgriff auf die Traditionen der Weisheit, die in der persönlichen Frömmigkeit weitergelebt hat, aber auch in Aufnahme der neuen Lebenssituation entstanden die Weisheitstexte. Zu diesen neuen Erfahrungen zählte auch die überlebenswichtige Funktion, die die Frauen in der Krisenzeit hatten.

3.4. Frauentraditionen in der Weisheit

Die Studien von Claudia Camp (vgl. Camp, Wisdom) und Silvia Schroer haben deutlich gemacht, daß die Personifizierung der Weisheit als Frau Weisheit in nachexilischer Zeit nicht nur theologiegeschichtliche Hintergründe hat. Beide haben auf die enge Verbindung von Spr 8 und Spr 31,10ff., sozusagen die göttliche und die menschliche Seite der Frau Weisheit, hingewiesen. Dies muß einen Sitz im Leben haben, da einerseits eine solche Entwicklung nicht ohne Tradition von Frauengeschichte denkbar ist, andererseits die konkreten Erfahrungen von Frauen zur Zeit der Textproduktion dahinter stehen müssen. Auch in anderen nachexilischen Schriften werden auffallend häufig weibliche Attribute für Gott verwendet, was diese Annahmen stützt.

Nachdem die staatliche Instanz und damit das Königtum als Mittlerinstanz zwischen Gott und Israel ausgefallen war, wurde erneut die Familie (im weiten Sinn) der entscheidende Ort der Lebensorganisation. In der Familie mußten nun nicht nur die ökonomischen Lebensgrundlagen erarbeitet werden, sondern die Familie war auch der Ort, an dem religiöse Vorstellungen weitergegeben wurden. „An die Stelle des Königtums tritt nun wie in vormonarchischer Zeit erneut die Sippe, die Familie, die Hausgemeinschaft als Ort der Offenbarung“ (Schroer, Weise Frauen 20).

In diesem sozialen Klima mag auch die Wertschätzung der Frauen in der ersten Zeit nach dem Exil entstanden sein. Wie in jeder Krisenzeit waren die Frauen diejenigen, die nach dem Zusammenbruch des Staates die Überlebensarbeit organisieren mußten. Frauen, die im Haus traditionell eine relativ hohe Wertung erfahren, gewinnen damit *insgesamt* eine wichtige Bedeutung. Denn innerhalb des Hauses, der Familie, muß nun die Religion weitergegeben und aufrecht erhalten werden. Nicht nur die Arbeit der Frauen, sondern auch der Rat der Frauen war gefragt, wahrscheinlich auch im starken Sinne als Erziehungssystem. Letztlich übernehmen Frauen die Weitergabe der religiösen Tradition, somit die Funktion des Tempels und des Königtums. Die vermittelnde Funktion von Weisheit zwischen Gott und Mensch konnte als weibliche Personifikation gedacht werden, weil es einerseits Vorbilder und Erfahrungen von ratgebenden Frauen innerhalb der Geschichte Israels gab, andererseits war es gerade für die Weisheit leicht möglich, durch die Göttinnen-Vorstellung der Maat sowie die traditionellen Vorstellungen einer Göttin als Himmelskönigin oder anderer weiblicher Gottheiten kanaanäischer Herkunft (z. B. Aschera), göttliche Züge anzunehmen. Dennoch ist die Weisheit nicht formell als Göttin, sondern als Mittlerin gezeichnet, die göttliche Attribute hat (Winter bes. 508–529).

Für diese ratgebende Funktion einer Frau gibt es nun innerhalb Israels selbst genügend Vorbilder. Silvia Schroer hat dies – wie Claudia Camp – ausführlich zusammengestellt, sie seien hier nur kurz erwähnt. In 2 Sam 14 tritt eine weise Frau ebenso auf wie in 2 Sam 20. Beide werden als „weise Frau" bezeichnet und zeigen einen großen Einfluß auf das politische Geschehen. Auch Abigail (1 Sam 25) oder Judith (8,29) werden als kluge Frauen im Gegensatz zu den Männern dargestellt. Gerade Judith übernimmt durch ihre Rolle die Sicherung der Existenz Israels. Neben diesen ratgebenden Frauen auf politischem Gebiet gibt es die beratende Tätigkeit der Ehefrauen. In einer ganzen Reihe von Texten wird die Ehefrau als diejenige gezeichnet, die den entscheidenden Rat an den Mann gibt. In Spr 31,10.26 wird diese ratgebende Funktion der Frau sehr explizit genannt.

Eine weitere ratgebende Funktion hatte die Königinmutter in Juda, die den König berät und im Fall seiner Verhinderung auch die Regierungsgeschäfte übernimmt. Diese literarischen wie erfahrungsbezogenen Vorbilder von Frauen als Ratgeberinnen trugen sicher dazu bei, die Weisheit als weibliche Personifikation in der Zeit der Krise zu entwickeln. Daß sie als selbstbewußte und schöpferische Frau auftritt, entspricht ganz den Erfahrungen der Ratgeberinnen in Israel, wohl aber auch der Frauen, die in schwierigen Zeiten das Überleben sichern mußten.

Eine solche Frau, die die (Über-)lebenssicherung ihrer Familie entscheidend organisiert, stellt Spr 31,10–31 vor. Er ist wohl oft als Predigttext über die Tugenden der Frauen im Haushalt und ihre „eigentliche" Bestimmung verwendet worden. Doch hat bei näherem Hinsehen das Bild dieser starken Frau, das hier gezeichnet wird, nichts mit einer im Haus bleibenden tugendsamen Ehefrau kleinbürgerlicher Prägung zu tun.

Die Frau handelt völlig selbständig, sie steht einem landwirtschaftlichen Gut vor und organisiert dieses. Der Text beschreibt ein großes ländliches Anwesen, das auf Subsistenzwirtschaft ausgerichtet ist. Die Frau ist vermögend, das Haus gehört der Frau, sie bewirtschaftet dieses selbständig. Sie tätigt Grundkauf genauso wie Handel mit Gütern aus fernen Ländern. Sie sorgt aber nicht nur für sich und ihr Gut, sondern wendet sich auch den Armen zu. Auffallend ist, daß die Stellung und das Image des Mannes im Tor von ihrer Tüchtigkeit abhängig sind. Kurz, hier tritt eine Frau auf, die das Anwesen nicht nur gut verwaltet, sondern für die ganze Gemeinschaft segensbringend wirkt. Sie ist das Vorbild für eine Frau, die der Weisheit folgt und ihre Verantwortung wahrnimmt.

3.5. Frau Weisheit im Kontext „Monotheismus“

Die Rede von Frau Weisheit hat die feministisch-theologische Forschung stark beschäftigt. Welche Rolle spielt die Weisheit in der Theologiegeschichte Israels und damit auch in der Geschichte der israelitischen Frauen?

In Spr 8,1–3 wird die Weisheit angekündigt, ab 8,4–36 spricht sie selbst. Spr 8,4–21 wirbt Frau Weisheit um die Menschen, daß alle auf sie hören. Spr 8,22–31 begründet sie diese Werbung durch ihre Teilnahme an der Schöpfung und der besonderen Nähe zu Gott.

Nicht umsonst ist Frau Weisheit mit der Schöpfung verknüpft, wie auch sonst im Exil gerade die Schöpfungsvorstellungen und die Schöpfungsaussagen eine wichtige Rolle spielen. Mit der Erinnerung an die Schöpfung bzw. mit der Formulierung der schöpferischen Tätigkeit Gottes soll bestärkt werden, daß das Chaos, die Deportation, die Entwurzelung und die Verarmung nicht zum Plan Gottes gehören, sondern daß der Welt eine grundlegende Ordnung, die Beständigkeit, Frieden, Sicherheit und Gerechtigkeit impliziert, zugrundeliegt. Diese kann nach der Zerstörung von staatlichen Institutionen erworben werden: durch das Hören auf den Rat von Frau Weisheit, die Leben gibt und deren Rat nicht zum Tod führt.

Überraschend ist dabei, daß die Personifizierung der Weisheit mit göttlicher Qualität in einer Zeit geschieht, in der der Monotheismus sich durchgesetzt hatte. Zwar sind noch eine ganze Reihe von Fragen zur Religionsgeschichte offen. Doch scheint sich der Monotheismus vor allem im babylonischen Exil und danach ausgeprägt zu haben, während in Oberägypten (Elephantine) und in Restjuda durchaus „synkretistische“ Religionsformen geübt wurden.

Diejenigen, die aus dem babylonischen Exil nach Juda zurückgekehrt waren (ca. 520) beanspruchten die politische und religiöse Führung in Juda, was mit den im Land Verbliebenen zu Interessenskonflikten führte. Mit zunehmender Rigorosität wurde innerhalb Judas der Monotheismus durchgesetzt. „Biblische Befunde weisen allerdings darauf hin, daß es durchaus einen Druck von oben und eine religiöse Kontrolle seitens der priesterlichen und ‚deuteronomistischen‘ Rückkehrer gab, die nach der vom persischen König Kyros 539 gewährten Heimkehr die politische und religiöse Macht in ihrer Hand konzentrieren konnten. Die Generation, die um 520 den Tempel restaurierte, sorgte für klare Fronten“ (Keel/Uehlinger 451).

Das gleiche Bild zeigen die bisherigen Funde von Siegeln und Figurinen. Während sowohl an der Küstenebene unter phönizisch-ägyptischem Einfluß als auch im edomitisch-arabischen Süden für die Zeit des nachexilischen Juda Figurinen, Tempelsiegel und Terrakotten zu finden sind, gibt es dagegen kaum Befunde dafür aus dem nachexilischen Juda, das auf die Grenzen des judäisch-benjaminitischen Berglandes und die nördliche Schefela zusammengeschrumpft war. „Nicht nur Figurinen scheinen ab dem fünften Jahrhundert [in Juda, U.B.] auszufallen, auch die in diesem Kapitel diskutierten ägyptischen, phönizischen und griechischen Bildsiegel und die Räucherkästchen sind in Judäa kaum verbreitet gewesen" (ebd. 450).

Damit wird auch von den archäologischen Funden her deutlich, was sich aus den Texten rekonstruieren läßt, nämlich daß mit dem Ende der sonst so populären Terrakotten auch die Symbolik der Göttinnen verschwand. „Nur in der theologischen Spekulation der Weisheit bot sich in der nachexilischen Zeit noch eine Möglichkeit, innerhalb des monotheistisch-jahwistischen Gottesbildes in Gestalt der personifizierten Weisheit explizit eine weibliche Dimension Gottes zu denken und damit – in Anlehnung an die zeitgenössische Isis-Verehrung – wenigstens in Spurenmetaphern das Erbe der ‚kanaanäischen' Aschera zu bewahren" (ebd. 452).

Wie stellt sich nun das Verhältnis von Gott zur Weisheit dar? Das Verständnis von Spr 8,22–31 mit der Selbstvorstellung der Weisheit spielt eine wichtige Rolle. V.22 formuliert die Entstehung der Weisheit. „Jahwe schuf mich als Erstling seines Waltens, als Uranfang seiner Werke von damals". Othmar Keel hat gezeigt, daß die Aussage in V.22 und auch in V.23 ein handwerkliches Schaffen meint, wie es von Götterbildern her bekannt ist. V.24–25 bereichern das Bild dadurch, daß die Weisheit zweimal sagt, sie wurde geboren. Die gleiche Kombination der Verben, schaffen und gebären, gibt es mit Gott als Subjekt in Deut 32,18 und Hiob 15,7, wo beides vom Volk Israel ausgesagt ist.

So wird die Weisheit in die größte Nähe zu Gott gebracht, und zwar schon vor der Schöpfung. Sie ist somit die Erstgeborene, und dadurch entsteht ihr Anspruch, die Menschen zu unterweisen. Viel Aufmerksamkeit hat V.30 und 31 gefunden, weil dort noch einmal die Nähe der Weisheit zu Gott ausgesagt ist.

Das Spielen vor Jahwe (Spr 8,30f.) hat zahlreiche Vorbilder in der Ikonographie Ägyptens. Die Aussage des Scherzens und Spielens vor Jahwe bei der Schöpfung hat wohl durchaus kultische Bedeutung, was eine gewisse Beteiligung an der Schöpfung aussagt. Die Weisheit als Gottes Wonne, die vor ihm im kultischen Tun bei der Schöpfung spielt, hat somit Anteil an der Schöpfung. „Ein bestimmter Kult vermag die Gottheit in eine ganz bestimmte Stimmung zu versetzen und zu bestimmten Handlungen zu bewegen. Wenn aber ein übermütiges und zum Lachen reizendes Mädchen Gott bei seiner Schöpfung erfreut hat, so heißt dies, daß das von Ijob 28 eher mathematisch und für den Menschen unzugänglich gesehene Geheimnis der Welt nach Spr 8,22–31 die Freude und das Vergnügen Gottes sind. Nicht der große Kummer oder ein irrer Zufall, sondern eine übermütige Heiterkeit und eine untödliche Lebensfreundlichkeit liegen dem All zugrunde" (Keel 72f.). Diese göttliche Qualität der heiteren Teilhabe an der Schöpfung legitimiert die Weisheit, Menschen Weisung zu geben und begründet ihren Anspruch, der Weg des Lebens zu sein.

Sie hat Einsicht in die Schöpfungsordnung und dadurch die Fähigkeit, diese Ordnung den Menschen in ihrer Lehre weiterzugeben und so für ein heilvolles gelingendes Miteinander zu sorgen. Die Weisheit ermöglicht es, das Chaos und die Orientierungslosigkeit zu überwinden. Nicht das Faustrecht, nicht die Gewalt der Stärkeren, nicht die Gier der einzelnen sollen in einer zerbrochenen Welt regieren, sondern die Gegenseitigkeit, die Gerechtigkeit, das Erbarmen mit Armen, die Einhaltung des Rechts usw. Die Weisheit mahnt und wirbt um ihren Weg, sie befiehlt nicht, sie hofft auf das Einsehen der Menschen. Sie tritt als Ratgeberin auf, die die Konsequenzen aufzeigt, wenn der Weg von „Frau Torheit" gegangen wird.

3.6. Frau Weisheit und die starke Frau

Die Eigenschaften, die Frau Weisheit zugesprochen werden, entsprechen zum Teil den Eigenschaften, die der starken Frau zugesprochen werden. Für Frau Weisheit wie für die weise Frau gibt es Tätigkeiten, die identisch sind. Eine wichtige Tätigkeit der Weisheit ist, daß sie „ihr Haus gebaut hat" (Spr 19,1; 14,1; 24,3), eine Eigenschaft, die auch schon in der älteren Weisheit vorhanden zu sein scheint. Das Haus der Weisheit meint die ganze Existenz, das Leben in der Gemeinschaft. Es kann auch von den Urmüttern Rahel und Lea ausgesagt werden (Ruth 4,11). Die Weisheit lädt in ihr Haus ein (Spr 9,1–5), in dem sie ein Gastmahl gibt. Auch die starke Frau hat hausbauende bzw. hauserhaltende Fähigkeiten; insofern ihr Haus Bestand hat, entspricht ihr Handeln Frau Weisheit auf Erden.

Frau Weisheit gibt ein Gastmahl, versorgt mit Besitz, füllt auch die Schatzkammern, kurz, sie gibt Leben. Auch die Frau in Spr 31 gibt dem Haus Nahrung, sorgt für den Gewinn und wird insgesamt als sehr wohlhabende Frau dargestellt. So wie die Weisheit Wahrheit redet, guten Rat gibt und gerecht redet, lehrt auch die starke Frau in Spr 31 Weisheit, gibt Weisung und führt so ihr Haus mit gutem Rat. Frau Weisheit läßt durch ihren Rat Könige regieren, die starke Frau gibt ihrem Mann Ansehen im Tor. So, wie zur Weisheit die Zuwendung zu den Armen gehört, gibt auch die starke Frau den Armen und Bedürftigen mit offener Hand, wendet sich den Armen zu.

Die Orte, an denen die Weisheit auftritt, sind das Haus (Spr 9,1) und die Öffentlichkeit: an Straßen, Kreuzungen, Wegen, auf der Stadtburg, an den Toren der Stadt (8,2f.). Auch an den Eingängen der Häuser ist Gerechtigkeit zu finden. Dies sind auch die Wirkplätze der starken Frau: sie geht auf den Markt in die Öffentlichkeit (V.24) und sie wirkt im Haus.

Frau Weisheit wird gerühmt, daß sie besser als Perlen, als kostbare Steine sei (8,11), so kann auch die starke Frau gepriesen werden, daß sie besser als Perlen sei (V.10). Wie die Weisheit sich als lebensschaffend erweist, indem ihrem Rat ein gutes Leben folgt 8,18f.), so sorgt die Frau für ein gutes Leben (V.11f.26ff.). Wer die Weisheit findet, hat Leben (8,35), bei der Frau wird gefragt: „Wer kann sie finden?“ (V.10). Beide müssen also gesucht werden.

Die Weisheit der Frauen konkretisiert sich in Frau Weisheit und in der starken Frau. Sie kann gerühmt werden und gepriesen wie die göttliche Wahrheit und Jahwe selbst.

In den Kreisen der Weisheit entfaltet sich so im Exil, gespeist aus der Tradition der Göttinnen und der altorientalischen Weisheit, gespeist auch aus den literarischen und historischen wie den sozialen Erfahrungen der Bedeutung der Frau, das Bild von Frau Weisheit, die nun die Mittlerrolle zwischen dem dem Alltag doch sehr fernen Gott und den Menschen einnimmt. Sie wird als Garantin dafür angesehen, in dem politischen und sozial schwierigen Klima der Fremdherrschaft, aber auch der Ausbeutung der Landbevölkerung durch die Reichen, Ordnung und Gerechtigkeit zu gewährleisten. Das entsprechende Lebensmodell, wie der Weisheit entsprochen werden kann, bebildert die starke Frau in Spr 31,10ff.

4. Mensch-Werden in Weisheit

Die Vorstellung von der Weisheit als leitender Macht zum Menschsein in Gegenseitigkeit und Solidarität hat eine lange Wirkungsgeschichte. Wie in Ägypten veränderte sich die Weisheit unter jeweils veränderten Lebensbedingungen. Die unterschiedlichen sozialen und politischen Erfahrungen an gelingender Lebensorganisation, sei es im Staat, sei es in der Familie, prägten die Weisheitstexte. In beiden Fällen, in Ägypten wie in Israel, führte die Gefährdung der selbstverständlichen Solidarität zu einer Personifizierung der Weisheit in der Sphäre des Göttlichen.

Die unterschiedlichen Kontexte, in denen die Weisheitsliteratur entstand, prägten die Literatur. Der Kontext eines starken, die Gerechtigkeit garantierenden Staates in Ägypten schrieb der Maat als Göttin eine staats- bzw. kosmoserhaltende Rolle zu. Der Kontext der Familie als Solidarität garantierender und damit überlebenswichtiger Institution nahm in die Weisheitskonzeption die Traditionen und Rollen der Frauen auf. Sie hatten im Bereich der persönlichen Frömmigkeit wahrscheinlich immer eine tragende Rolle, die in der Krise zusammen mit der Göttinnenvorstellung auf die Weisheit übertragen werden konnte – wenn auch in neuer, theologischer Konstellation. „Die chokmah ist der Gott Israels im Bild der Frau und in der Sprache der Göttinnen“ (Schroer, Göttliche Weisheit 167). Sie bot die Möglichkeit, Traditionen durch Transformationen zu bewahren. Frau Weisheit und die Frauenweisheit werden zur Garantin von Gegenseitigkeit und von Lebensmöglichkeit.

In der Weisheit gibt es keine Bedenken, daß Jahwe durch Frau Weisheit angegriffen sein könnte. „Die personifizierte Weisheit ist vielmehr der völlig unpolemische Versuch, an die Stelle des männlichen Gottesbildes und neben dieses Gottesbild ein weibliches zu setzen, das den Gott Israels mit der Erfahrung und dem Leben besonders der Frauen in Israel, den Nationalgott mit dem Bereich der Hausreligion und darüber hinaus mit den Bildern und Rollen der altorientalischen Göttinnen verbindet. ... Tatsächlich aber ist die personifizierte chokmah ein weisheitlicher Beitrag zur Entwicklung des frühnachexilischen Monotheismus, eine Spielart des Monotheismus, die sich Freiheiten über die patriarchalen Gottesbilder hinaus nehmen konnte und ohne Hemmungen die Göttinnen sogar mit ihrer erotischen Sphäre zu integrieren vermochte. Leider war dieser theologisch einzigartigen und bis heute unerreichten Spielart des Monotheismus in Israel geschichtlich kein großer Erfolg beschieden" (ebd. 169).

Vielleicht ist es an der Zeit, angesichts der Wirkungslosigkeit apokalyptischer Zukunftsbilder, der Appelle zum gerechten Ausgleich zwischen Nord und Süd und der tagtäglichen Zur-Schau-Stellung von Not und Gewalt den Schatz der Weisheit neu zu heben. Die Weisheit atmet den Wunsch nach gelingendem Leben, sie birgt die Grundüberzeugung, daß das Leben gut und sinnvoll ist. Es ist menschenmöglich, ein menschenwürdiges Leben in Frieden zu führen. Dem Angebot der Weisheit folgen heißt, seinen Verstand und seine Kraft dafür nutzen, aufbauend und nicht zerstörend zu wirken. Es heißt, das Menschsein mit all seinen Möglichkeiten, aber auch mit den Grenzen ernst zu nehmen und auszukosten. Dieses vitale Leben wird dann auch fruchtbar für Gerechtigkeit und Barmherzigkeit: Selbstliebe kann nicht auf Kosten anderer ausgelebt werden.

Diese Begrenzung zeigt, daß die Weisheit die Menschen nicht überschätzt und auf allzu idealistische Mitmenschlichkeit, die sich von selbst einstellen würde, hofft. Realismus kennzeichnet die Einschätzung der Menschen – und das Angebot, mit *menschlichen* Mitteln und im menschlichen Rahmen zu handeln und trotzdem zurechtzukommen. Das Angebot ist da, die Welt zu entdecken, mit ihren Möglichkeiten *und* mit ihren Grenzen. Das Angebot heißt, den Apfel des Baumes des Lebens zu pfücken, ihn zu genießen, aber den Baum deswegen nicht zu zerstören. Die Weisheit baut auf den Erfahrungen der Menschen auf, um ihnen aus ihren Erfahrungen ein bekömmliches Leben anzubieten.

Eine solch weisheitliche Ethik wird nicht mit dem drohenden Zeigefinger verkündet. Ein Verbot macht trotzig und reizt, es zu übertreten. Nicht ein letztlich unbeteiligter Gott, der alles sieht, und womöglich auch noch bestraft (wie etwa in der Paradiesgeschichte) ist hilfreich. Die Weisheit *lockt* mit einem Versprechen, mit der Verheißung eines bekömmlichen, friedlichen Lebens für sich selbst. Es bedarf zwar der Anstrengung, dies zu erreichen, aber es *ist* erreichbar. Wer anderen das Leben nicht zur Hölle macht, lebt selbst besser. Das gilt für das private wie für das politische Leben. Und es ist heilvoll, sich selbst etwas zu gönnen. Wer sich etwas gönnt, gewinnt auch die Freiheit und die Lust, anderen etwas zu gönnen. Lebensgewinn, Lebensfreude, geglücktes Leben und Lust am Leben verspricht die Weisheit, die Lust am Leben in den heilvollen Grenzen.

Ethik ist etwas, das durch Moralin und Zwang verdorben wurde. Aber wenn die Lust wachsen würde, sich in den ökologischen Grenzen des Lebens zu bewegen und die Welt dadurch weniger zu zerstören, wenn die Lust am Leben in den eigenen Grenzen wachsen würde und Kriege nicht mehr geführt werden müßten, wenn Gerechtigkeit aus innerer Überzeugung heraus die Beziehungen der Staaten bestimmen würde und Armut abnehmen würde – es würde die Welt nicht zum Paradies machen, aber vielen zu einem besseren Leben verhelfen. Daß diese Einladung mit Gott zu tun hat, davon spricht die Weisheit. Um der Zerstörung der Welt Einhalt zu gebieten, muß die Lust an der Weisheit, die Lust an diesem Leben wachsen.

Literatur

Albertz, Rainer: Religionsgeschichte Israels in alttestamentlicher Zeit, 2 Bde. (Grundrisse zum AT. Das Alte Testament Deutsch Ergänzungsreihe 8,1.2), Göttingen 1992.

Amsler, Samuel: La sagesse de la femme, in: Sagesse 112–116.

Assmann, Jan: Ma'at. Gerechtigkeit und Unsterblichkeit im Alten Ägypten, München 1990, 2. Auflage 1995.

– : Weisheit, Schrift und Literatur im alten Ägypten, in: Weisheit 475–500.

Auf den Spuren der Weisheit. Sophia – Wegweiserin für ein weibliches Gottesbild, hg. von Verena Wodtke, Freiburg – Basel – Wien 1991.

Camp, Claudia V.: The Female Sage in Ancient Israel and in the Biblical Wisdom Literature, in: The Sage in Israel 185–203.

– : Wisdom and the Feminine in the Book of Proverbs (Bible and Literature Series 11), Sheffield 1985.

– : Woman Wisdom as Root Metaphor: A Theological Consideration, in: The Listening Heart. Essays in Wisdom and the Psalms in Honor of Roland E. Murphy, hg. u.a. von Kenneth G. Hoglund (Journal for the Study of the Old Testament. Supplement Series 58), Sheffield 1987, 45–76.

Crüsemann, Frank: Hiob und Kohelet. Ein Beitrag zum Verständnis des Hiobbuchs, in: Werden und Wirken des Alten Testaments. Festschrift für Claus Westermann zum 70. Geburtstag, hg. u.a. von Rainer Albertz, Göttingen – Neukirchen-Vluyn 1980, 373–393.

– : Der Widerstand gegen das Königtum. Die antiköniglichen Texte des Alten Testaments und der Kampf um den frühen israelitischen Staat (Wissenschaftliche Monographien zum Alten und Neuen Testament 49), Neukirchen-Vluyn 1978.

Gese, Hartmut: Die Weisheit, der Menschensohn und die Ursprünge der Christologie als konsequente Entfaltung der biblischen Theologie, in: Svensk Exegetisk Årsbok 44 (1979) 77–114.

Georgi, Dieter: Frau Weisheit oder das Recht auf Freiheit als schöpferische Kraft, in: Verdrängte Vergangenheit, die uns bedrängt. Feministische Theologie in der Verantwortung für die Geschichte, hg. von Leonore Siegele-Wenschkewitz, München 1988, 243–276.

Görg, Manfred: Weisheit als Provokation. Religionsgeschichtliche und theologische Aspekte der jahwistischen Sündenfallerzählung, in: Wissenschaft und Weisheit 49 (1986) 81–98.

Kayatz, Christa: Studien zu Proverbien 1–9. Eine form- und motivgeschichtliche Untersuchung unter Einbeziehung ägyptischen Vergleichsmaterials (Wissenschaftliche Monographien zum AT und NT 22), Neukirchen-Vluyn 1966.

Keel, Othmar: Die Weisheit spielt vor Gott. Ein ikonographischer Beitrag zur Deutung der meṣaḥăqät in Sprüche 8,30f., Fribourg – Göttingen 1974 (= Freiburger Zeitschrift für Philosophie und Theologie 21 (1974) 1–66).

– und Uehlinger, Christoph: Göttinnen, Götter und Gottessymbole. Neue Erkenntnisse zur Religionsgeschichte Kanaans und Israels aufgrund bisher unerschlossener ikonographischer Quellen (Quaestiones disputatae 134), Freiburg – Basel – Wien 1992.

Kippenberg, Hans G.: Religion und Klassenbildung im antiken Judäa. Eine religionssoziologische Studie zum Verhältnis von Tradition und gesellschaftlicher Entwicklung (Studien zur Umwelt des NT 14), Göttingen 1978.

Lang, Bernhard: Klugheit als Ethos und Weisheit als Beruf: Zur Lebenslehre im Alten Testament, in: Weisheit 177–192.

– : Frau Weisheit. Deutung einer biblischen Gestalt, Düsseldorf 1975.

Müller, Hans-Peter: Mensch – Umwelt – Eigenwelt. Gesammelte Aufsätze zur Weisheit Israels, Stuttgart – Berlin – Köln 1992.

Preuß, Horst Dietrich: Einführung in die alttestamentliche Weisheitsliteratur, Stuttgart u.a. 1987.

Rad, Gerhard von: Weisheit in Israel, Neukirchen-Vluyn 1970, 3. Aufl. 1985.

Römheld, Diethard: Wege der Weisheit. Die Lehren Amenemopes und Proverbien 22,17–24,22 (Zeitschrift für die alttestamentliche Wissenschaft Beiheft 184), Berlin – New York 1989.

The Sage in Israel and the Ancient Near East, hg. von John G. Gammie und Leo G. Perdue, Winona Lake 1990.

La Sagesse de l'Ancien Testament, hg. von Maurice Gilbert (Bibliotheca Ephemeridum Theologicarum Lovaniensium 51), Löwen 1979, 2. Auflage 1990.

Schroer, Silvia: Der Geist, die Weisheit und die Taube. Feministisch-kritische Exegese eines neutestamentlichen Symbols auf dem Hintergrund seiner altorientalischen und hellenistisch-frühjüdischen Traditionsgeschichte, in: Freiburger Zeitschrift für Philosophie und Theologie 33 (1986) 197–225.

– : Die göttliche Weisheit und der nachexilische Monotheismus, in: Der eine Gott und die Göttin. Gottesvorstellungen des biblischen Israel im Horizont feministischer Theologie, hg. von Marie-Theres Wacker und Erich Zenger (Quaestiones disputatae 135), Freiburg - Basel - Wien 1991, 151–182.

– : Gott Sophia und Jesus Sophia. Biblische Grundlagen einer christlichen und feministischen Spiritualität, in: Bibel und Liturgie 62 (1989) 20–25.

– : Weise Frauen und Ratgeberinnen in Israel – Vorbilder der personifizierten Chokmah, in: Auf den Spuren 9–23.

Sophia. Gott im Bild einer Frau, in: Bibel heute 103 (1990) 146–163.

Weisheit. Archäologie der literarischen Kommunikation III, hg. von Aleida Assmann, München 1991.

Westermann, Claus: Forschungsgeschichte zur Weisheitsliteratur 1950–1990 (Arbeiten zur Theologie 71), Stuttgart 1991.

– : Wurzeln der Weisheit. Die ältesten Sprüche Israels und anderer Völker, Göttingen 1990.

Winter, Urs: Frau und Göttin. Exegetische und ikonographische Studien zum weiblichen Gottesbild im Alten Israel und in dessen Umwelt (Orbis biblicus et orientalis 53), Fribourg - Göttingen 1983.

Wöller, Hildegunde: Sophia (Weisheit), in: Feministische Theologie. Perspektiven zur Orientierung, hg. von Maria Kassel, Stuttgart 1988, 45–58.

Dorothee Foitzik

Kirchliche Jugendarbeit als theologisch inspirierte Begleitung bei der Selbstverwirklichung junger Menschen

1. Angesichts der gegenwärtigen Situation Jugendlicher meint „Mensch werden“ das Bemühen um Selbstverwirklichung

Die Situation der jungen Menschen, von deren Subjektwerdung und Selbstverwirklichung hier die Rede ist, kann als Phase eines zunehmend diffusen und komplizierten Übergangs von einer abhängigen zu einer eigenverantwortlichen Persönlichkeit beschrieben werden, als eine Phase, in der von den jungen Menschen Entscheidungen getroffen werden müssen, die nicht mehr in feste Lebenswege münden, wie das für die meisten der heutigen Elterngeneration noch der Fall war, und für die es auch keine verläßlichen Vorbilder mehr gibt. Jedes Individuum ist heute zugleich freigesetzt und gefordert, seine Biographie weitgehend selbst zu entwerfen. Doch angesichts der pluralistischen Verhältnisse, der mangelnden Orientierungsmöglichkeiten, sowie der Bedrohung durch die globale Zukunftskrise gelingt es gerade vielen *jungen* Menschen nicht mehr, eine zureichend stabile personale und soziale Identität auszubilden.

Wurde vor zehn Jahren noch, entscheidend beeinflußt von den entwicklungspsychologischen Theorien Erik H. Eriksons, Identitätsfindung als zentrale Aufgabe des Jugendalters bezeichnet und die Jugendphase als psychosoziales Moratorium, das die Gesellschaft der nachwachsenden Generation zur Bewältigung eben dieser Aufgabe eingeräumt habe, in der Annahme, daß es den Heranwachsenden möglich sei, gegen Ende der Jugendphase eine relativ stabile Identität auszubilden, so werden heute beide Bezeichnungen aufgegeben. Wegen der Unmöglichkeit der Gewinnung einer ungebrochenen Identität könne man höchstenfalls vom Erwerb einer „paradoxen Identität“ (Copray) im Jugendalter sprechen oder von der Aufhebung von Nicht-Identität angesichts der vielen Widersprüche. „Jugend“ im Sinne des obengenannten Moratoriums sei gar nicht mehr existent. Denn einerseits hat sich die Jugendphase zeitmäßig enorm ausgeweitet und umfaßt eine Zeitspanne von etwa zwanzig Lebensjahren, „sie ist dadurch charakterisiert, daß zunehmend mehr junge Menschen nach der Schulzeit oder der Berufsausbildung zwar in sozialer, moralischer, intellektueller, politischer, erotisch-sexueller Hinsicht selbständig sind, jedoch wirtschaftlich noch keineswegs auf eigenen Beinen stehen“ (Lechner 264). Anderseits hat die frühzeitige Integration der Heranwachsenden „in die Pflichten – Freuden, Leiden, Abhängigkeiten – gesellschaftlichen Konsums (Mode, Möbel, Fahrzeuge, Medien)“ die pädagogische Provinz Jugend längst zerstört und geheime Miterzieher eingeschleust (Zinnecker 40). Auf der Suche nach der eigenen Identität und der Aneignung von Lebenserfahrung spielen heute zunehmend nicht mehr Elternhaus noch Schule und Ausbildungsstätte oder Vereine und Verbände eine Rolle, sondern fast ausschließlich die Gruppe der Gleichaltrigen, die „Clique“. In den Cliquen finden sie „Schutz vor dem zerstörerischen Anpassungsdruck einer krisenhaften Gesellschaft. Nach eigener Art können sie hier ihr Leben organisieren, Sprach- und Lebensstile entwickeln, Lebenserfahrungen mitteilen und nach sinnstiftenden und kreativen Formen der Lebensbewältigung suchen“ (Lechner 289). In ihren Lebensbereichen legen die Jugendlichen großen Wert auf Differenzierung und Individualität. Ihre Individualität wollen sie ausprobieren und ausleben, ihre Grenzen wollen (und müssen) sie sich selbst setzen. Dabei wollen sie von den Erwachsenen und ihren Institutionen ernstgenommen werden, während gleichzeitig große Vorbehalte gegenüber der Erwachsenenkultur bestehen.

Die Lebenswelten der jungen Menschen sind oft in einer Art „Patchwork“ aus verschiedenen Weltanschauungen und Interessen, aus unterschiedlichen kulturellen und religiösen Einflüssen, sowie aus schnell wechselnden Vorbildern, Berufswünschen und Modetrends zusammengesetzt.

Ein epochaler gesellschaftlicher Wertewandel in den westeuropäischen Ländern und eine globale Sinnkrise erschweren die Aufgabe der Heranwachsenden erheblich, angesichts der Widersprüchlichkeit ihrer Lebenswelten ein tragendes Sinnsystem aufzubauen. Als Ursachen für den Mangel an Zukunftsperspektive und Lebenssinn unter jungen Menschen können benannt werden: Erstens die aktuelle wirtschaftliche, politische und ökologische Situation, zweitens die fehlende soziale Integration junger Menschen als Voraussetzung für individuelles Sinnerleben und drittens der Mangel an überzeugenden Sinnvorgaben und an einem verbindlichen System von Überzeugungen, Symbolen, Ideen und Idealen in der Gegenwartsgesellschaft (Lechner 286).

Während sich die Mehrheit der jüngeren Jugendlichen an ein Leben angesichts der Zukunftskrise insofern gewöhnt hat, als sie sie gewollt oder ungewollt bereits internalisiert haben und sie als Auslöser und Horizont persönlicher und kultureller Veränderungen keine Bedeutung mehr hat, sieht Copray bei jungen Erwachsenen noch ein Potential des Protestes und des Widerstandes gegen die von ihm so bezeichnete „suizidale" Kultur der Leistungs- und Konsumgesellschaft. In der Suche dieser jungen Erwachsenen nach ihrem wahren Selbst und in ihrem Streben nach Selbst-Verwirklichung sieht er einen zukunftsfähigen Ansatz, um mit der Existenz angesichts der Zukunftskrise umzugehen.

Das Bedürfnis nach Selbstverwirklichung und die Suche nach dem „wahren Selbst", die Norbert Copray vor allem jungen Erwachsenen bescheinigte, haben weder mit Egoismus, noch mit Trieborientierung und Arbeitsscheu zu tun, sondern mit deren Selbstwahrnehmung ihrer Existenz in einer totalen Konsumgesellschaft: „Mehrheitlich haben die jungen Erwachsenen unsere Gesellschaft als Konsumgesellschaft begriffen und sich selbst als Menschen, die gerade ihren letzten Schliff bekommen, um vollwertige Subjekte des Konsums zu sein" (Copray 1,204). Aus dieser Erkenntnis ziehen sie allerdings sehr unterschiedliche Schlußfolgerungen. Für die einen bedeutet es, ein möglichst mächtiges und geldmachendes Subjekt der Konsumgesellschaft zu sein; andere richten sich auf einem mittleren Niveau ein, sie wollen genießen, ohne sich zu verausgaben. Eine dritte Gruppe verweigert sich dem Anspruch, Subjekt des Konsums zu sein, weil sie erkannt hat, daß der totale Konsum sie selbst, andere und die Welt kaputt macht. Diese jungen Erwachsenen verstehen unter Selbstverwirklichung die Aufgabe, „an einer ständigen Kongruenz und Konvergenz von sich selbst sowie der Gemeinschaft mit anderen zu arbeiten" (Copray 1,205). Denn aus Protest und Widerstand gegen die Konsumgesellschaft ergibt sich für sie die Notwendigkeit, Konzepte von einem anderen Subjektsein zu entwerfen. Sie wollen Subjekte einer vitalen Kultur sein, Subjekte von und in Gemeinschaft mit anderen Menschen und dem ganzen Erdkreis.

Die Entwicklung der Theorie vom Selbst des Menschen hat im Zusammenhang mit der Narzißmustheorie Sigmund Freuds begonnen. Im Rückgriff auf den antiken Mythos vom Jüngling Narziß unterschied Freud einen primären und einen sekundären Narzißmus. „Der *primäre Narzißmus* ist ein früher Zustand bei Kindern, die ihre Lebensenergie und Zuwendung auf sich selbst richten, nachdem sie sich aus der Symbiose mit der Mutter zu lösen beginnen und bevor sie ihre Zuwendungslust auf andere Personen richten. *Sekundärer Narzißmus* entsteht, wenn jemand aufhört, sich mit seiner Liebe und Zuwendung anderen Personen zuzuwenden und sein Selbst zum einzigen Zielpunkt seiner Zuwendung macht" (Copray 1,164f.). Ausgehend von diesem „orthodoxen" Verständnis kann mit Copray unter „Narzißmus" verstanden werden: Die Bezeichnung eines frühen, kindlichen Stadiums des Menschen als Vorform der Subjektivität und Selbstliebe; die Bestimmung einer spezifischen Qualität von Beziehungen, die ein Mensch zu sich selbst und zu anderen Objekten und Subjekten realisiert; die Markierung einer pathologischen Abwehrorganisation, die sich auf innere Trieb- und äußere Beziehungskonflikte stützt; die Beschreibung eines notwendigen psychischen Prozesses des menschlichen Selbst, der die Lebens- und Überlebensfähigkeit sichert; die Typologie eines neuen Sozialisationssubjekts unter veränderten gesellschaftlichen Bedingungen. Zwischen narzißtischen Störungen und einem gestörten Narzißmus muß also unterschieden werden. Der sekundäre Narzißmus, sofern er im Verständnis Helmut Kohuts synonym mit Selbstwerdung verwendet wird, ist durchaus gesund. Junge Erwachsene wählen – so Copray –, um einen ihnen drohenden katastrophalen Narzißmus abzuwehren, „Narzißmus als Lebensform", was bedeutet, daß sie den „sekundären Narzißmus" genannten Prozeß der Selbst-Findung möglichst lange offen halten wollen. Das „Selbst" ist dabei: „die primäre bio-psychosoziale Organisationsstruktur und Form des Menschen; das normative Prinzip und die Unverfügbarkeit der Person; die Urform des menschlichen Geistes; die individuelle Disposition der Persönlichkeit; die erfüllte Identität und Ganzheit der Person". Formal gesehen enthält das Selbst zwei Kriterien der menschlichen Existenz: „Seine Normativität mißt den Sinn und Zweck von Prozessen, inwieweit sie der Entwicklung des Menschen zugute kommen. Es enthält also ein ursprüngliches Organ für den Sinn menschlicher Existenz. Als Urform menschlichen Geistes und als Organisationsprinzip eines lebendigen Systems, das im Austausch mit seiner Umwelt und anderen Systemen steht, mißt es die Entwicklung der Person, oder besser gesagt: Das Selbst ist die Dynamik der Person. Es sorgt für und reguliert die ständige Weiterentwicklung des Menschen, um seine Lebens- und Handlungsfähigkeit auf dem höchst möglichen Stand zu erreichen, zu bewahren und zu gewährleisten" (Copray 1,163). Das konkrete Selbst eines Menschen ist allerdings von außen her kaum zu erfassen. Erfaßt werden kann immer nur seine Selbstäußerung, vornehmlich in der Form des Ich beziehungsweise des Du. Auch kann das Selbst ohne Bezug auf das Du, also Nicht-Selbst, gar nicht bestehen, denn ohne Kommunikation ist das Selbst leer und kann seine Aufgabe als Dynamik und Selbstbewegung des Menschen nicht wahrnehmen, umgekehrt aber ist eine Kommunikation ohne Selbst orientierungslos. Die Verwirklichung des wahren Selbst ist nicht nur das private Ziel der Suche nach Ganzheit und Einheit einiger Jugendlicher, es ist möglicherweise für die gesamte Gesellschaft eine Chance, zukunftsträchtig mit den weltweiten Krisensymptomen umzugehen. Der sekundäre Narzißmus der Jugend „kann eine Selbst-Überschreitung sein, die die ökologische Entsprechung realisiert, damit das universale Organisationsprinzip der Erde und das individuelle Organisationsprinzip der Person durch Selbst-Erfahrung und -Reflexion zur Übereinstimmung kommen" (Copray 1,156f.). So entwickeln die Jugendlichen an Selbstverwirklichung ausgerichtete Lebensstile und erarbeiten neue, praktisch vollzogene, Verständnisse von Intimität, Politik und Sinn. Auch diesbezüglich sind es die Erwachsenen, die heute von den Jugendlichen zu lernen haben (vgl. generationsübergreifende Vergleichsstudien wie Zinnecker).

Wie kann man sich einen Menschen vorstellen, dem ein Stück weit Selbstverwirklichung gelingt? Maslow hat folgenden Katalog wichtiger Eigenschaften aufgestellt:

„1. An der Wirklichkeit orientiert; effiziente Wahrnehmung; sichere und auch schnelle Beurteilung anderer.

2. Akzeptiert sich selbst, den anderen und die Welt in dem, was er wirklich ist, nicht was er gerne sein will; nicht heuchlerisch.

3. Hohe Spontaneität; unbeeinflußtes, natürliches Verhalten; kann unkonventionell auftreten.

4. Problemzentriert, nicht selbstzentriert; arbeitet am Problem, nicht an sich selbst; nicht sehr introspektiv.

5. Neigung zur Distanz, manchmal großes Bedürfnis nach Zurückgezogenheit; nicht völlig von anderen abhängig; kann sich allein amüsieren; kann sich distanzieren und allein konzentrieren; wirkt eventuell auf andere distanziert.

6. In sich autonom und unabhängig; nur von sich selbst abhängig; ausgeglichen.

7. Frische Anerkennung anderer Menschen und der Welt, nicht gelang-

weilt – statt: ‚Das kenne ich schon' zu sagen, ist für sie ‚jeder Sonnenuntergang so schön wie der erste' oder ‚das zehntausendste Baby noch genauso ein Wunder' wie das erste.

8. Hat sozusagen mystische oder tiefe innere Erfahrungen; macht manchmal den Eindruck, nicht in dieser Welt zu sein.

9. Starke Identifikation mit den Mitmenschen, aber ohne empathische Vereinigung; hat eine ‚älterer Bruder'-Persönlichkeit; hilfsbereit, genuines Interesse am Wohl der Menschheit.

10. Tiefe und intime Beziehungen nur mit wenigen Menschen; hat besondere Freunde oder einen kleinen Freundeskreis; sucht sich seine Freunde genau aus, gibt ihnen alles; von Kindern leicht berührt und bewegt.

11. Stark demokratisch ausgerichtete Werte; kann mit arm und reich Beziehungen anknüpfen und von allen lernen; Klasse, Rasse oder Stellung seiner Bezugspersonen sind unwichtig.

12. Versteht den Unterschied zwischen den Mitteln zur Erlangung seines Ziels und den gerechten, anzustrebenden Zielen; sehr ethisch und moralisch, auch wenn sich seine Vorstellungen von richtig und falsch von den üblichen unterscheiden mögen; Ziele und Zwecke stehen im Vordergrund.

13. Philosophischer und launiger, innenmotivierter Sinn für Humor; lacht nicht über Grausamkeiten; ausgeprägtes Gefühl für Unstimmigkeiten; ist kein Witzereißer, sondern sieht eher im Alltag den Witz.

14. Enorme Fähigkeit zur Kreativität, ein Vermögen, das bei allen selbstverwirklichten Personen am meisten vorhanden ist; hat keine besonderen Begabungen, sondern ein neues Gefühl zum Leben, kindliche Kreativität, frisches Herangehen an die Welt.

15. Schwimmt gegen den Strom, sehr offen für neue Erfahrungen, resistent gegen Konformität" (zitiert nach Copray 1,209f.).

Allerdings darf eine so verstandene Verwirklichung des Selbst nicht als ein Instrument der Anpassung an die bestehenden Verhältnisse benutzt werden. Vor allem die Eigenschaft des selbstverwirklichten Menschen, problemzentriert und nicht selbstzentriert zu arbeiten, muß im Zusammenhang mit der Eigenschaft, gegen den Strom schwimmen und resistent gegen Konformität sein zu können, gesehen werden. Besonders für junge Menschen heute ist es geradezu überlebensnotwendig, zugleich problem- und selbstzentriert zu arbeiten, fühlen sie sich doch „von dem Bündel gegenwärtiger Krisen bedroht, weil es ihre Grund- und Metabedürfnisse sowie deren Befriedigung als auch deren Bedingungen gefährdet" (Copray 1,211). Innerhalb der Hierarchie der Grundbedürfnisse des Menschen – 1. Die physiologischen Bedürfnisse nach Luft, Nahrung, Wasser und körperlichem Wohlbefinden; 2. die Sicherheitsbedürfnisse; 3. das Bedürfnis nach Zugehörigkeit; 4. das Liebesbedürfnis; 5. Bedürfnisse der Achtung und Selbstachtung und 6.

das Selbstverwirklichungsbedürfnis – sind nach Maslow die höheren Bedürfnisse, speziell das Bedürfnis der Selbstverwirklichung, subjektiv weniger dringlich, zumal sie sich eher aufschieben lassen als die Grundbedürfnisse nach Nahrung und Unversehrtheit. Für die Erfahrung von Glück und tieferem Lebenssinn spielen sie aber eine große Rolle. Auch sind die Bedürfnisse, wenn auch hierarchisch gestuft, doch untereinander verbunden, da die Befriedigung der höheren Bedürfnisse die der Grundbedürfnisse voraussetzt. Wenn also Selbstverwirklichung an bestimmte materielle Bedingungen gebunden ist, ergibt sich eine große Mitverantwortung der BewohnerInnen des reichen Nordens, den Menschen im Süden die Verwirklichung höherer Bedürfnisse nicht zu verunmöglichen. Denn „wenn unser Standard von Individualität an den Lebensstandard geknüpft ist, dann kann man dieses dem ‚Rest der Welt‘ nicht verwehren, wenn Individualität gleichzeitig ein wertvolles Gut ist“ (K. Pangritz in „I.N.F.A.M.“, Verbandsorgan des Bundesverbandes der Katholischen Jungen Gemeinde, 4/1994). Sollen aber alle Menschen die Möglichkeit zur Befriedigung höherer Bedürfnisse haben, dann kann es nur darauf hinauslaufen, daß wir abgeben und auf Teile unseres heutigen individuellen Standards verzichten, „damit alle, auch die folgenden Generationen, eine möglichst große Anzahl Möglichkeiten individueller Entfaltung haben“ (ebd.). Dies stellt ein kritisches Korrektiv der derzeitigen Verteilung der Möglichkeiten zur Bedürfnisbefriedigung im Nord-Süd-Gefälle der Weltgesellschaft dar.

2. Kirchliche Jugendarbeit als Begleitung bei der Selbstverwirklichung von Menschen

Angesichts der paradoxen Identität, die junge Menschen heute nur imstande sind auszubilden, führt ein Ansatz, der Identität mit dem persönlichen, unverwechselbaren Selbst gleichsetzt und Hilfe zur Identitätsentwicklung im Sinne von Selbstentdeckung und -verwirklichung bietet, weiter als Konzepte, die vorgeben, man könne sich in all den Widersprüchen mit seinem Ich identisch durchhalten.

„Selbst-Verwirklichung“ war lange Zeit in christlicher Theologie und Praxis ein „Unwort“, assoziiert wurden reine Immanenz, neomarxistische Emanzipationskonzepte oder Egozentrik und Egoismus. Haltungen, die allesamt der christlich motivierten Hinwendung zum Mitmenschen zuwiderlaufen. So schreibt Hermann Stenger im Vorwort zur zweiten Auflage seines Buches „Verwirklichung des Lebens aus der Kraft des Glaubens. Pastoralpsychologische und spirituelle Texte": „Das Wort ‚Verwirklichung' soll zum Ausdruck bringen, daß es sich um die Gestaltung des Lebensprozesses handelt in der Perspektive des Glaubens, um die Verwirklichung unseres Geschaffen- und Erlöstseins. Das Ganze ist ein Plädoyer gegen die Werdescheu – im Hochmittelalter als acedia, als ‚Trägheit', bezeichnet – und für den humanen und spirituellen Werdewillen. Wenn das ‚Selbst-' bei dem Wort ‚Verwirklichung' weggelassen wurde, dann nicht um die Selbstfindung und Selbstwerdung zu desavouieren, sondern um das weitverbreitete Mißverständnis einer egozentrischen und egoistischen Deutung fernzuhalten" (Stenger 7).

Gemäß den Formulierungen der Synode ist kirchliche Jugendarbeit pädagogisches Handeln der Kirche aus ihrem diakonischen Auftrag mit dem Ziel der Selbstverwirklichung des Menschen. Da Selbstverwirklichung nicht „eigenwirksame Entfaltung des monadischen Subjekts, sondern Entfaltung aller Möglichkeiten des sozialen Selbst" meint, stellt sich dem Menschen bei der Suche nach dem wahren Selbst auch die Frage nach dem, „was sein Leben endgültig trägt und hält" (Bartholomäus 166). Für Christen verwirklicht sich das Selbst nicht nur in Kommunikation mit den Mitmenschen, sondern auch in ihrer Tiefendimension mit Gott als dem Grund allen Seins; in der Jugendarbeit soll die Sinn- und Hoffnungsperspektive des Evangeliums für die Selbst-Identität Jugendlicher fruchtbar gemacht werden. Durch eine theologisch inspirierte Begleitung bei der Selbstverwirklichung junger Menschen in der Jugendarbeit wird dabei nicht Heil vermittelt, sondern Heil und Selbstverwirklichung verbleiben in einer dialektischen Spannung. Selbstverwirklichung macht für das Heil offen und sensibel, denn „das Heil im Glauben zu ergreifen werden im Normalfall am ehesten die Menschen fähig sein, die hinter ihren Möglichkeiten nicht zu weit zurückgeblieben sind" (ebd.).

2.1. Die Bedeutung der religiösen Entwicklung für die Selbstverwirklichung

Während die Mitte kirchlichen Verkündigungshandelns, das sich aus dem Sendungsauftrag der Kirche begründet, Gott selbst ist und unterrichtliches Handeln in der Schule durch die Vermittlung von Wissen und Kenntnissen die Erklärung der Welt oder des Kosmos in den Mittelpunkt stellt, steht im Zentrum des Erziehungshandelns der Mensch.

Zielperspektive religionspädagogischen Handelns in der Erziehung ist die humane Entfaltung des Menschen, beabsichtigt ist seine mögliche Selbstverwirklichung und das Erlangen von Lebensweisheit im Horizont von Religion, die in unserem Zusammenhang die christliche Religion ist. Grundlage ist die Auffassung von der lebenslangen Sinn- und Erziehungsbedürftigkeit des Menschen, religionspädagogisch-erzieherisches Handeln im engeren Sinne ist allerdings auf die Kindheit und Jugendzeit begrenzt. Die sogenannte Jugendzeit kann dabei, wie wir oben gesehen haben, möglicherweise eine Lebensspanne bis zum dreißigsten Lebensjahr umfassen, einen relativ langen Zeitraum also, der seinerseits unterschiedliche Phasen der Orientierung bezeichnet. Primäre Orte erzieherischen Handelns sind zunächst die Familie und/oder eine analoge Kleingruppe. Das Handeln besteht vor allem im Anregen, in der Ermutigung und Begleitung bei der Selbstentfaltung im Lichte christlicher Religion. „Erziehung erwächst aus dem Wunsch von Menschen, was ihrem Leben Sinn gibt und es lebenswert macht, anderen Menschen mitzuteilen, zu denen sie eine unmittelbare Beziehung haben. Damit wollen sie ihnen Anteil geben an den erprobten und bewährten Lebensmöglichkeiten, aus denen sie selbst existieren" (Bartholomäus 84).

Angesichts der beschriebenen Situation junger Menschen heute wird mehr denn je deutlich, daß es dabei vor allem um das „personale Angebot", den Aufbau von Beziehung und das Schaffen von Räumen geht, und nicht um die Vermittlung von zunächst fremden Werten und Normen. Für die Personen, die junge Menschen bei ihrer Selbstwerdung im Lichte des christlichen Glaubens und auf dem Hintergrund eigener kirchlicher Bindung begleiten wollen, ergibt sich zusätzlich eine besondere Herausforderung aus der kritischen, bisweilen ablehnenden, Haltung Jugendlicher gegenüber der Kirche als Institution.

Bezüglich des Verhältnisses von Erziehung und Glaube ist zu betonen, daß Erziehung ein humanes Geschehen bleibt, das seine menschenfreundlichen Möglichkeiten aus dem Evangelium bezieht. Denn: „ob sich Erzieher auf die in der Reich-Gottes-Botschaft liegenden Möglichkeiten einlassen oder nicht, hat für ihre Erziehung Folgen. In dieser Sicht werden Erziehung und Glauben, Natur und Übernatur, Geschichte und heilende Herrschaft Gottes weder verwechselt noch getrennt" (Bartholomäus 93). Wenn ChristInnen erziehen, erziehen sie als Glaubende aus Glauben im Glauben, d. h. Glaube ist einerseits Motiv und anderseits Sinnhorizont dieser Erziehung. Ziel ihres Handelns aber ist die Selbstverwirklichung des Menschen, womit die Entfaltung und die Gestaltung all jener Möglichkeiten im Menschen gemeint ist, die zu einem erfüllten und glücklichen Leben führen. Insofern fällt das Ziel einer religiös-christlichen Erziehung also nicht mit dem theologisch begriffenen Lebensziel des Menschen zusammen.

Kirchliche Jugendarbeit interessiert sich für „Menschwerdung" auch im Sinne der religiösen Entwicklung des Menschen. Friedrich Schweitzer definiert diese religiöse Entwicklung als „lebensgeschichtliche Veränderung von Erfahrungen, Vorstellungen, Gefühlen usw. sowie der personalen Beziehungen, soweit sie damit verbunden sind, was jeweils als religiös verstanden wird. Sie beschreibt einen Rahmen, in dem sich die engeren, formal und inhaltlich präziseren Definitionen von religiöser Entwicklung sinnvoll einzeichnen lassen" (Schweitzer 174). Religiöse Entwicklung darf aber nicht als Vollkommenheitsstreben aufgefaßt werden. Ein Streben nach religiöser Perfektion ist theologisch abzulehnen, denn es endet höchstens in Selbstüberforderung und Selbstzerstörung. Vielmehr umfaßt religiöse Entwicklung im Horizont christlicher Theologie zum einen die Möglichkeit der je genaueren und selbständigeren Erkenntnis des Glaubens sowie die Orientierung an einer Liebesethik. Insofern stimmt theologische Anthropologie mit der Kritik an den Fortschritts- und Wachstumsideologien überein.

Das Leitziel religiöser Entwicklung ist für Bernhard Grom eine reife Persönlichkeit mit einer reifen Religiosität, die im Erleben verwurzelt ist und deren Erfahrungsansätze im Grundvertrauen, einer positiven Lebenseinstellung und im prosozialen Empfinden eines Menschen liegen. Den Begriff der Religiosität faßt Grom entsprechend weit: „Unter Religiosität wird die Bereitschaft von Menschen verstanden, sich selbst, die Mitmenschen und die Welt in Beziehung zu einem Übermenschlich-Göttlichen . . . zu erleben und zu denken und sich gemäß dieser persönlichen Erfahrung oder entsprechend den diesbezüglichen Überzeugungen und Weisungen einer Glaubensgemeinschaft zu verhalten" (Grom, Religionspäd. Psychol. 16).

Gestützt auf empirische Untersuchungen der (Religions)Psychologie sieht Grom die Fähigkeiten zu Grundvertrauen, positiver Lebenseinstellung und prosozialem Empfinden schon im frühen Kindesalter beim Menschen angelegt. Sie können durch eine ungestörte Entwicklung des Kindes und durch dem jeweiligen Entwicklungsstand entsprechende religiös motivierte Interventionen in der Familie, in der Schule und in der Jugendarbeit auf eine reife Religiosität hin entfaltet werden. So kann sich aus dem Grundvertrauen das religiöse Vertrauen auf ein unbedingtes Bejahtsein von Gott entwickeln; die positive Lebenseinstellung kann zur dankbaren Zustimmung zu einer umgreifenden Güte und Größe werden, und das prosoziale Empfinden entfaltet sich zu einem altruistischen Mitlieben mit der unbedingten Zuwendung zu allen (ebd.).

Als besondere Entwicklungsaufgaben des Jugendalters ergeben sich aus diesem Ansatz: Erstens der Aufbau von Selbstwertschätzung - auch durch das Sich-Bejahtwissen von Gott; zweitens die Entwicklung einer positiven Lebenseinstellung - auch durch eine Spiritualität des Genießens in Danksagung; drittens der Aufbau prosozialen Empfindens und Verhaltens - auch durch das Mitlieben mit Gott und Jesus; viertens die Entwicklung der Fähigkeit, weltanschaulich argumentieren und kritisch denken zu können. Als Voraussetzung bedarf es zunächst einer allgemeinen Befähigung zu innerer Sammlung als der Grundlage von kultivierter Emotionalität, von Selbstfindung und religiöser Meditation, aus der sich dann religiöse Erfahrungsbereitschaft und Gebetsdialog entwickeln können. Die Entwicklungsaufgaben korrespondieren mit den neuen kognitiven, affektiven und sozialen Möglichkeiten, über die junge Menschen in der nachpubertären Phase verfügen und die sie auch für neue religiöse Inhalte aufnahmebereit machen.

Sozialwissenschaftliche Theorien machen deutlich, daß auch die religiöse Dimension zur menschlichen Entwicklung gehört, daß sie sogar einen wesentlichen Bestandteil dieser Entwicklung bildet und wie alle anderen Entwicklungsdimensionen der Pflege und Unterstützung durch die Erziehung bedarf, allerdings läßt sich daraus nicht auf die Notwendigkeit einer bestimmten religiösen Erziehung schließen.

Religiöse Impulse sind in der Lebensphase zwischen Kindheit und Erwachsenendasein eine wichtige Unterstützung bei der Identitätsfindung, so gebrochen und „patchworkartig" diese Identität sich auch ausnehmen mag. Insofern kann kirchliche Jugendarbeit, trotz weitestgehender Säkularisierung und weltanschaulichem Pluralismus in den westlichen Industriegesellschaften, bei der Bewältigung der besonderen Entwicklungsaufgaben des Jugendalters begleiten und unterstützen, und zwar durch eine explizit religiöse Erziehung im Sinne einer religiös begründeten Lebenshilfe und einer sozialen Ethik.

So ist die Kirche zum Angebot einer „Identitätshilfe" (Lechner) herausgefordert. Diese besteht darin, den jungen Menschen bei ihrer gefährdeten Subjektwerdung beizustehen. Das kann einerseits durch individuelle Begleitung und Beratung seitens Erwachsener geschehen, zum anderen durch das Angebot von Gruppen, in denen Jugendliche selbst einander dabei helfen, Leben zu erfahren, zu verstehen und zu gestalten. „Das Spezifikum solcher kirchlichen Identitätshilfe liegt im Beitrag zu einer Subjektwerdung im Horizont des Glaubens“ (Lechner 305).

Theologisch gesehen orientieren sich verschiedene Konzepte kirchlicher Jugendarbeit gerade deshalb am Ansatz einer Begleitung bei der Selbstwerdung, weil Gott in der jüdisch-christlichen Überlieferung insofern als „Inbegriff der Selbstverwirklichung“ (Copray) gelten kann, als er sich selbst als derjenige bezeichnet, „der er ist (und sein wird), als jemand, der keine Differenz kennt zwischen der Tatsache, wer er ist, und dem Willen, wie er sein will“ (Copray 1,210). Und insbesondere Jesus gilt als Person, in der Selbst und Ich zur Übereinstimmung kommen.

Seit dem Zweiten Vatikanischen Konzil dominiert ein stark diakonisch akzentuiertes Konzept der Jugendarbeit: „Das damit verbundene Ziel des Dienstes an der Subjektwerdung junger Menschen und an einer humanen gesellschaftlichen Entwicklung ergibt sich ... einerseits aus einer neuen sozialen Lage, in der die Identität des Menschen zum Problem wird, und andererseits aus einer im Konzil aufgebrochenen neuen Sicht der Kirche als Dienerin der Menschheit“ (Lechner 189). Die Würzburger Synode formuliert in ihrem Beschluß „Ziele und Aufgaben kirchlicher Jugendarbeit“: „Der Mensch verfolgt das Ziel, sich selbst zu verwirklichen. Er nennt dieses Ziel Glück, Liebe, Friede, Freude, Heil – und selbst im Scheitern läßt er nicht von diesem Ziel. Die Suche nach diesem Ziel prägt sich beim jungen Menschen besonders darin aus, daß er nach Herkunft, Ziel und Sinn seines Lebens fragt, sein persönliches, unverwechselbares Selbst, seine Identität sucht, sich nach Glück sehnt und von seinen Mitmenschen angenommen sein möchte. Hier muß eine kirchliche Jugendarbeit ansetzen. Sie muß den jungen Menschen erleben lassen, daß gerade der christliche Glaube mehr als alle anderen weltanschaulichen Angebote den Weg zur Selbstverwirklichung freimacht und somit auf seine Frage nach Sinn, Glück und Identität antwortet, die immer auch die Frage nach dem Glück, dem Heil und der Identität aller einschließen muß“.

2.2. Ein konkretes Ziel: Wiedergewinnung der Transzendenzfähigkeit

Kirchliche Arbeit mit jungen Menschen kann für Copray „in gesteigertem Maße zur Wiedergewinnung der Transzendenzfähigkeit und damit zur Zukunftsfähigkeit beitragen“ (Copray 2,118). Transzendenzfähigkeit ist nicht etwas, worüber jemand verfügt und es den anderen beibringt, vielmehr ist sie „eine gemeinschaftliche Kompetenz, die notwendigerweise eine gleichberechtigte Kommunikation zugleich voraussetzt wie auch ermöglicht“ und die sich besonders in vier Bereichen entfalten und bewähren muß: Erstens in Bezug auf „die suizidale Kultur und ihr modernes Projekt des Fortschritts, zweitens die kontraproduktive Verfassung von gesellschaftlichen und institutionellen Grundformen des sozialen Umgangs, drittens die Menschen, die der Transzendenz anderer bedürfen, und viertens in Bezug auf sich selbst“. Daraus ergeben sich zunächst vier Formen der Transzendenzfähigkeit:

„– Vitalisierung als die Fähigkeit, Wachstumsprozessen Raum zu gewähren und sich bewußt ökologisch angemessen zu verhalten,
– Kultivierung als die Fähigkeit, mit Menschen in einen an Verständigung und Verstehen orientierten verbindlichen Kommunikationsprozeß einzutreten,
– Barmherzigkeit als Fähigkeit, Not anderer Menschen und Lebewesen wahrzunehmen und sich im Einverständnis für die Befreiung aus der Not zu solidarisieren,
– Mystik als die Fähigkeit, die Selbstverwirklichung sowohl nach innen wie nach außen erfahrbar in umgreifender Realität zu verwurzeln“ (Copray 2,200).

Mystik kann man mit Copray als Teilkompetenz der Transzendenzfähigkeit begreifen. Mystische Erfahrungen ermöglichen die Überschreitung des „paradoxen Ich“. Durch die Selbsttranszendenz hinter seine widersprüchliche Rollenidentität zurück und über sein Ich hinaus, in das die Widersprüche eingetreten sind, kommt der Mensch zu sich selbst, in der Tiefe seines Selbst erfährt er sich in Wahrheit, das heißt: in Gott gegründet und von Gott freigesetzt. Aber auch sich selbst als Mit-Mensch in der Not eines anderen Menschen zu entdecken, kann mystische Erfahrung zur Selbsttranszendenz sein. Wenn also Menschen in einer Mystik der eigenen Mitte und ihres Grundes einerseits und in einer Mystik der Barmherzigkeit anderseits ihr Selbst verwirklichen, ist das eine Form von

Selbstverwirklichung, die an Jesus Christus Maß nimmt (Copray 2,207).

Und wenn sich Christen der Transzendenzvergessenheit in Kirche und Gesellschaft stellen und in einem gemeinsamen Prozeß der Transzendenzfähigkeit auf eine neue Kultur der Menschheit hinwirken, ist das Evangelisierung als Befreiungspraxis in der Nachfolge Jesu. „Evangelisierung heißt also:

- die Jetztsituation in der Nachfolge Jesu zu transzendieren auf eine dem Reich Gottes gemäßere Situation hin;
- sich zum Nächsten für Menschen in Not machen (Barmherzigkeit!);
- in die Situation anderer eintreten, um von dort her befreiende Schritte einer neuen Lebenspraxis zu suchen;
- zum Subjekt meines Lebens werden durch den Dienst für und mit anderen" (Copray 2,205).

Evangelisierung im Sinne von „das Evangelium tun" ist so die entscheidende Perspektive für eine Arbeit mit jungen Menschen in der Kirche, die eine Verbindung herstellt zwischen der Begründung und dem Horizont einer solchen Arbeit.

Kirchliche Arbeit mit, an und durch junge Menschen ist evangelisierendes Handeln insofern, als junge Menschen die Lebensmöglichkeiten, die das Evangelium ihnen bietet, entdecken und sich aneignen können, sie dabei ihre persönliche Identität finden und ihren eigenen Beitrag dazu leisten, daß die Kirche der Gegenwart „zum Zeichen und zum Werkzeug einer Kultur des Lebens wird" (Lechner 314). Die Zielsetzung einer solchen Arbeit hat ihre kairologische Begründung in „der Grundsehnsucht der Menschen von heute nach Subjektsein, nach solidarischem Zusammenleben und nach einem neuen Verhältnis von Mensch und Natur". Die theologische Begründung bezieht sie aus ihrer Übereinstimmung mit den „drei großen eschatologischen Metaphern des jüdisch-christlichen Glaubens: der Auferweckung des Leibes, dem Reich Gottes und dem neuen Himmel und der neuen Erde". Die umfassende Zielsetzung differenziert sich zunächst in drei Grundziele: in den selbstlosen Dienst an der Subjektwerdung junger Menschen, den Aufbau einer Kultur der Gemeinschaft und Mitwirkung und die Förderung einer Haltung des Friedens, der Gerechtigkeit und der Bewahrung der Schöpfung (Lechner 315–317).

2.3. Indem Kirche Jugendliche bei der Selbstverwirklichung begleitet, verändert sie sich selbst

Religiöse Erziehung kann nur dann erfolgreich sein, „wenn sie zunächst und vor allem auch radikale und provokative Anfragen und Zweifel offen zuläßt, ohne den Glauben der Jugendlichen oder ihre Zugehörigkeit zur Kirche in Frage zu stellen“. Denn es müsse für Jugendliche deutlich sein, „daß sie nicht vor der Alternative stehen, entweder ihre Fragen und Zweifel zu verschweigen und zur Kirche zu gehören oder ihre Gefühle und Gedanken offen auszudrücken und nicht mehr dazuzugehören“ (Schweitzer 235).

Eine besondere Herausforderung ergibt sich aus der Tatsache, daß junge Menschen der Kirche heute eher ablehnend gegenüberstehen, weil sie sie vor allem als eine bürokratische Institution der Erwachsenenkultur wahrnehmen. Während sie von der Kirche einerseits durchaus kompetente Stellungnahmen im gesellschaftlich-politischen Raum und Hilfestellung in krisenhaften Situationen des Lebens erwarten und sie ihr auch zutrauen, setzen sie anderseits einer Bindung an die Kirche und einem eigenen Engagement in ihr eine Subjektivierung und Privatisierung des Glaubens entgegen. Denn sie sind durchaus religiös interessiert und ansprechbar, nur meinen sie, Antworten und Sinnorientierung eher in den neuen spirituellen und kulturellen Bewegungen zu finden.

Damit es überhaupt zu einer fruchtbaren Begegnung kommen kann, die die Unterstützung bei der Selbstwerdung ermöglicht, ist die wichtigste Voraussetzung eine konsequente Orientierung der Kirche an der Situation junger Menschen heute, die „Herstellung einer Kongruenz zwischen dem Subjektsein der Menschen in Gemeinschaft vor Gott und als Gemeinschaft der Glaubenden in der Kirche, [die] Bereitschaft der Kirche, sich selbst auf ein gemeinsames Projekt heilsamerer Gemeinschaft von Menschen hin zu überschreiten“. Kirchliche Arbeit mit jungen Menschen kann zu deren Menschwerdung beitragen, „wenn sie als Raum und Zeit erfahrbar ist, in der Menschen selbst lernen können, Menschen zu werden und zu sein. Nicht diejenigen, die in und durch die Arbeit angesprochen werden sollen, sondern zuerst die, die durch die Arbeit andere ansprechen wollen, müssen selbstverwirklichtes Christsein leben und leben können, ohne durch den kirchlichen Rahmen zusätzliche Widersprüche aufgeladen zu bekommen. Kirche muß sich als Raum und Zeit erweisen, in der Zukunftsfähigkeit als Transzendenzfähigkeit zum (Über-)Leben in der Zukunftskrise widerspruchsfrei eingeübt werden kann“ (Copray 2,118). Eine unverzichtbare Bedingung dafür ist, daß Kirche selbst ihre Transzendenzfähigkeit wiedergewinnt, denn gerade die Unfähigkeit der Kirche zur Transzendenz der eigenen Wirklichkeit und Position ist es, die Kirche für junge Menschen so wenig attraktiv macht, während in ihren Augen die zahlreichen neuen spirituellen, kulturellen und therapeutischen Bewegungen dieser Suche nach Transzendenz Rechnung zu tragen scheinen. Denn während Jugendliche von der Kirche erwarten, sie solle Vorbild, Vergegenwärtigung und Symbol einer vitalen Kultur sein, nehmen sie sie als Bestandteil der suizidalen Kultur wahr.

Martin Lechner hat fünf zentrale Herausforderungen für ein künftiges jugendpastorales Handeln der Kirche genannt:

1. Der Auftrag der Kirche muß heute vor allem in einem selbstlosen Beitrag zur Individuation junger Menschen bestehen;
2. als Antwort auf den Prozeß der Individualisierung muß die Kirche beziehungsreiche Lebensorte zur Verfügung stellen und bei der Sicherung einer Kinder- und Jugendwelt mithelfen;
3. die weitreichende Standardisierung der Lebensgestaltung in unserer Gesellschaft provoziert die Kirche zur Wahrnehmung ihrer prophetischen Aufgabe;
4. das jugendpastorale Handeln der Kirche muß ein besonderes Augenmerk den Verlierern der Wachstumsgesellschaft schenken;
5. das jugendpastorale Handeln der Kirche in einer multireligiösen Gesellschaft muß neue Formen religiöser Sozialisation aufbauen und auf die subjektive „Aneignung“ des Glaubens setzen.

Aus diesen Herausforderungen entsteht nun ein neuer doppelter Anspruch an die Kirche, denn einerseits muß sie ihre Sozialform überprüfen und anderseits „sich selbst daraufhin befragen, ob in ihr jene Themen repräsentiert sind, die in den anderen gesellschaftlichen Systemen keinen Platz mehr haben: die Sinnfragen, die Fragen des Leids, eines humanen Lebens, der Solidarität, der Gerechtigkeit, der Spiritualität u.a.!“ (Lechner 309). P. Dörrenbächer, Geistlicher Leiter des Bundesverbandes der Katholischen Jungen Gemeinde schreibt zum Thema Selbstverwirklichung in der katholischen Kirche: „Will Kirche zur echten Selbstverwirklichung im Geiste Jesu helfen, kann sie das nur, wenn sie ihre Werte in die Wirklichkeit stellt, d. h. immermehr hinsieht und hinhört auf die Lebenswirklichkeit der Menschen in ihrer aktuellen Zeit. Toleranz und Achtung der Würde müssen auch da an oberster Stelle stehen“ („I.N.F.A.M.“ 4/1994). Deshalb sei es auch notwendig, Kirche

„umzubauen“: weg von der hierarchischen Organisation, in der absolute Wahrheiten von oben verkündet werden, hin zu einem Raum, in dem Menschen ihre individuelle Spiritualität gemeinsam entwickeln und leben können. Denn Kirche könne ihren Auftrag in Zukunft nur so erfüllen, indem sie Lebenshilfe aus dem Glauben biete.

2.4. Die Herausforderung: Parteiliche Arbeit mit Mädchen und jungen Frauen

Eine besondere Herausforderung an die notwendige Veränderungsbereitschaft der Kirchen entsteht, wenn es sich bei den jungen Menschen, die sie bei ihrer Selbstverwirklichung begleiten und unterstützen will, um Mädchen und junge Frauen handelt. Aus feministischer Perspektive ist ein besonderes Augenmerk auf die Frage zu richten, ob Begleitung bei der Selbstwerdung für Mädchen und junge Frauen andere Kriterien und Wege verfolgen muß. So erweist sich auf vielen Praxisfeldern in Kirche und Gesellschaft eine gezielte Bevorzugung von Mädchen und Frauen immer noch als notwendig und fruchtbar, denn „schon beim Geschlecht stößt das Selbst an seine Grenzen“ (M. Hähner in „I.N.F.A.M.“ 4/1994). In der gegenwärtigen gesellschaftlichen Situation sind Mädchen und Frauen mit zahlreichen Widersprüchen konfrontiert: trotz rechtlicher Gleichstellung und theoretischer Chancengleichheit in Erziehung, Ausbildung und Beruf treffen sie auf faktische, wenn auch oft verborgene Diskriminierung. Die berufliche Normalbiographie ist weiterhin an der des Mannes orientiert, in wirtschaftlichen Krisenzeiten und in strukturschwachen Regionen werden Frauen vom Arbeitsmarkt verdrängt. Frauen, die im Berufsleben stehen, sind mehrheitlich der Mehrfachbelastung von Beruf, Haushalt und Kindererziehung ausgesetzt. Auftauchende Widersprüche, die individuell zu wahren Zerreißproben werden können – angesichts des faktisch fortbestehenden Machtgefälles und einer Chancenungleichheit bezüglich ihrer jeweiligen Lebensgestaltung zumindest bei erwachsenen Frauen und Männern, die aber theoretisch kaum mehr thematisiert werden –, deuten gerade heute Mädchen und junge Frauen als persönliches Scheitern und nicht als gesellschaftlich bedingte Unmöglichkeiten. Da es doch möglich ist, als Frau die gleichen Wege zu gehen, wie sie den Männern offen stehen, muß es also an der Einzelnen liegen, wenn ihr dies nicht gelingt. Gleichzeitig weicht die Ideologie der Gleichheit und die damit verbundene tabuisierte fortbestehende Geschlechterhierarchie weibliche Lebenszusammenhänge und Solidaritätserfahrungen auf. Denn in einer Gesellschaft, in der jede ihres Glückes Schmiedin sein kann/muß, und die Lebensrealität von Mädchen und Frauen droht, von einer vermeintlich geschlechtsneutralen Normalität aufgesogen zu werden, leidet der Aufbau von Beziehungen unter Frauen. Zumal das Sichbeziehen von Frauen auf Frauen in allen gesellschaftlichen Bereichen unter dem Verdacht steht, Frauen in einer separaten Welt festhalten zu wollen. Gerade heranwachsende junge Frauen haben oft große Vorbehalte gegenüber Gruppierungen der Frauenbewegung, da sie trotz Respekt vor den Leistungen der sogenannten zweiten Frauenbewegung der siebziger und achtziger Jahre, deren Auswirkungen sie durchaus positiv wertend mit ihrem heutigen Leben in Verbindung bringen, den Verdacht hegen, in eine die-Frau-als-Opfer-Rolle gedrängt zu werden, anstatt Stärkung ihres Selbst zu erfahren. An dieser Stelle muß parteiliche Mädchenarbeit ansetzen, um die Beziehungen unter Mädchen und jungen Frauen zu stärken. Denn die als individuell verschuldet erfahrenen Widersprüche in der eigenen Biographie sind als weitestgehend gesellschaftlich bedingte offenzulegen und Mädchen und Frauen zu ermächtigen, gerade angesichts der Erfahrung faktischer Ausgrenzung und struktureller Gewalt ihr Leben wirklich selbst in die Hand zu nehmen. Parteiliche Mädchenarbeit ist in den vergangenen zehn Jahren ein unverzichtbarer Teil der kirchlichen Jugendarbeit, vor allem der verbandlichen Jugendarbeit und der Mädchensozialarbeit, geworden.

Parteiliche Mädchenarbeit bildet eine Herausforderung an Theorie und Praxis kirchlicher Jugendarbeit und ist insofern eine notwendige Anfrage an die Veränderungsbereitschaft der Kirchen, als die besonderen kirchlichen Lebensbedingungen – wie z. B. eine weitgehend geschlechtliche Arbeitsteilung in der Kirche oder die kirchlichen Sexualnormen zuungunsten der Mädchen und Frauen oder ein Festhalten an einer traditionell geschlechtsspezifischen Sozialisation für Mädchen und Jungen in kirchlichen Sozialisationsinstanzen – bisher eher zur Entwicklung einer eingeschränkten Identität von Mädchen und jungen Frauen (übrigens auch von Jungen und Männern) beitragen.

Auch im Bereich der Theoriebildung kirchlicher Jugendarbeit im Rahmen der Religionspädagogik haben Forscherinnen, wie in anderen Disziplinen auch, den methodischen Verdacht gehegt, daß die in den meisten Arbeiten über junge Menschen allgemein formulierten Positionen implizit mit „dem Jugendlichen“ den männlichen Jugendlichen im Blick hatten.

3. Die Aufgabe der Religionspädagogik als Teildisziplin Praktischer Theologie: Entwurf einer Handlungstheorie kirchlicher Jugendarbeit

In der wissenschaftlichen Theologie wird über kirchliche Jugendarbeit im Rahmen des Fachs Religionspädagogik reflektiert. *Gegenstand der Religionspädagogik* als einer Disziplin praktischer Theologie ist nach Wolfgang Bartholomäus die *Gesamtwirklichkeit religiösen Lernens und religionspädagogischen Handelns (und Lehrens) der Christen.* Dieses Handeln erfolgt in den drei Handlungsformen der *Verkündigung* (Handlungort: Gemeinde), der *Erziehung* (Handlungsorte: Familie und Jugendverband) und des *Unterrichts* (Handlungsort: Schule).

Dabei bezieht sich Religionspädagogik, sofern der Begriff die Theorie im weiteren Sinne bezeichnet, auf zwei Grundfunktionen der Kirche, die ihrerseits zwei Teildisziplinen der Religionspädagogik zugeordnet sind: auf die kerygmatische Funktion des Verkündigungshandelns in der *Katechetik* und auf die diakonische Funktion der Erziehung und des Unterrichts in der *Religionspädagogik* im engeren Sinne.

Die religionspädagogischen Praxisfelder ergeben sich aus der Zuordnung der genannten Handlungsformen zu ihren jeweiligen didaktischen Orten: zur Gemeindekatechese, zur religiösen Familienerziehung und kirchlichen Jugendarbeit sowie zum schulischen Religionsunterricht.

Das Forschungsinteresse der Religionspädagogik erwächst formal aus der Gegebenheit, daß sie theologische Disziplin ist, und material aus der Botschaft und dem Wirken Jesu, dem sie sich als theologische Disziplin verpflichtet weiß. Begründet in den Freiheitserfahrungen, die Jesus den Menschen ermöglicht hat, ist das religionspädagogische Interesse ein „theologisch inspiriertes Interesse an der Freiheit, die Christsein ist“. Diese Freiheit, die Christsein ist, ist die Freiheit von jeglicher Knechtschaft und Unterdrückung, sei es durch physische oder strukturelle Gewalt, durch äußere oder verinnerlichte Instanzen und Autoritäten, die den Menschen unfrei und abhängig machen. Sie ist zugleich Freiheit zu, und zwar zu umfassender Gemeinschaft und Solidarität, und sie wurzelt in einer neuen Gottesbeziehung, in der die Entfremdung von Gott radikal überwunden ist. Leider ist diese christlich verstandene Freiheit oft zu einem „welt- und geschichtslosen Erlösungsbegriff (Gott und die Seele) verdünnt und nicht auch auf die konkreten gesellschaftlichen und kirchengesellschaftlichen Verhältnisse bezogen" worden, die (auch im Namen von Religion) individuelle und soziale Unfreiheit hervorbringen (Bartholomäus 105f.). Andererseits fallen der biblisch-christliche und der neuzeitlich-emanzipatorische Freiheitsbegriff nicht in eins, denn, gegründet auf die Freiheitserfahrungen, die die Menschen mit ihrem Gott in der Geschichte gemacht haben, ist im Verständnis jüdisch-christlichen Glaubens Gott selbst Subjekt und Garant der Freiheit. Die Freiheit wird dem Menschen letztlich geschenkt, er muß sie nicht selbst herstellen. Sie ermöglicht ihm, zu sich selbst, zu seinen Gefühlen und Überzeugungen zu stehen und auch seine Schuld anzunehmen, ohne sie verdrängen oder auf andere projizieren zu müssen. Die Freiheit, zu der Christus uns befreit hat (Gal 5,1), ist zugleich ein Geschenk, das verpflichtet; verpflichtet zur Anerkennung der Freiheit anderer und zu ihrer Freisetzung. Der Wille zur Freiheit des Anderen bezieht sich dabei nicht nur auf den unmittelbar Nächsten, sondern hat auch eine politische Dimension im Eintreten für die Armen und die Marginalisierten der eigenen und der Weltgesellschaft und im Einsatz für die Erhaltung gesunder Lebensräume. Die so verstandene Freiheit schließt auch das gläubige Vertrauen mit ein, daß Gott die Freiheit des Menschen vollenden wird und die Welt am Ende der Tage nicht „zum Teufel gehen" läßt.

3.1. Das Verhältnis von Theologie und Pädagogik

Weil das Interesse der Religionspädagogik an der Freiheit des Menschen das Interesse an einer Freiheit ist, die sich nur theologisch begründen und reflektieren läßt, da sie an Jesus Christus Maß nimmt und im Glauben an ihn, den Vater und den Geist gründet, hat Religionspädagogik ihren wissenschaftstheoretischen Ort in der Theologie. Dabei wird die Religionspädagogik, auch wenn sie davon ausgehen muß, daß religiöse Lern- und Lehrprozesse nicht allein in und durch die Kirchen angestoßen werden (und heute vielleicht zunehmend außerhalb ihrer stattfinden), dennoch weiterhin mit den Kirchen in Verbindung stehen, da man davon ausgehen kann, daß die Menschen, die sich in den Kirchen einfinden, an solchen religiösen Lern- und Lehrprozessen interessiert sind. Auch schränkt die Anbindung an die Theologie die Religionspädagogik als relativ autonome Pädagogik in ihrer diakonischen Funktion nicht ein, steht sie doch im Rahmen der Religionspädagogik als

Gesamtdisziplin praktischer Theologie neben der Katechetik als explizit theologischer Disziplin mit kerygmatischer Funktion. „Relativ autonome Pädagogik" bedeutet keine Normativität der Theologie für die Pädagogik in dem Sinne, daß die Religionspädagogik Anwendungswissenschaft für die Theologie ist, gemeint sind dabei die biblische und die systematische Theologie als wissenschaftliche Reflexionen der Offenbarung. Vielmehr hat Theologie gegenüber der Religionspädagogik eine doppelte Funktion: zum einen als „negative Norm" auf der Ebene der Basisentscheidungen der Religionspädagogik, denn „eine pädagogische Theorie, die die Theologie in ihre (metawissenschaftlichen) Basisentscheidungen aufgenommen hat, kommt zu religionspädagogischen Aussagen, die sich im Verhältnis der Nicht-Widersprüchlichkeit zur Theologie befinden, d. h. die theologisch verantwortet werden können". Dem voraus geht die Sensibilität für die empirisch-anthropologische Erkenntnis, „daß der erziehungsbedürftige Mensch sinnbedürftig und darin auch für Religion offen ist, und für die theologisch-anthropologische Erfahrung, daß er als (Gottes) Geschöpf, als (durch Sünde) Gebrochener und (durch Erlösung) Geheilter neben der humanen Entfaltung (durch Erziehung) auch der gnadenhaften Heilung (durch Verkündigung und Glaube) bedarf, wenn sein Leben gelingen soll" (Bartholomäus 115). Die andere, die innerwissenschaftliche, Funktion der Theologie für die Religionspädagogik ist die einer Bezugswissenschaft neben den pädagogisch relevanten Human- und Sozialwissenschaften. Das bezugswissenschaftliche Verhältnis ist ein dialogisches insofern, als einerseits die Religionspädagogik auf Informationen aus den theologischen Nachbardisziplinen angewiesen ist, da sie nicht alle für religiöses Lernen und Lehren relevanten theologischen Kenntnisse selbst erheben kann, und sie andererseits ihre eigenen Einsichten den anderen theologischen Disziplinen zu vermitteln hat, damit deren Kenntnisse überhaupt zur Lösung religionspädagogischer Anliegen fruchtbar gemacht werden können.

3.2. Das Verhältnis der Religionspädagogik zu den theologischen Nachbardisziplinen

Religionspädagogik ist wie die anderen Disziplinen praktischer Theologie keine „Anwendungswissenschaft", die die methodischen Schritte zur Vermittlung systematisch-theologisch oder historisch-kritisch erhobener Erkenntnisse und Inhalte zu liefern hätte.

Theologische Kriterien für religionspädagogische Theorien und Konzepte können aus der systematischen Theologie gewonnen werden (vgl. die Kategorien für eine Anthropologie des Jugendalters aus den Existentialien des Menschseins nach Karl Rahner in Günter Biemers „Handbuch kirchlicher Jugendarbeit") oder den historisch-kritischen Fächern sowie der Bibeltheologie des Ersten und Zweiten Testaments entstammen (vgl. die Entwicklung eines Modells kirchlicher Jugendarbeit aus der Kategorie der Prophetie in der jüdisch-christlichen Tradition durch Ottmar Fuchs in „Prophetische Kraft der Jugend"). Aber stärker als bisher müßten umgekehrt Erkenntnisse und Desiderate aus der Praktischen Theologie auf die systematisch-theologische Theoriebildung (z. B. auf die Ekklesiologie, aufgrund der Herausforderungen kirchlicher Jugendarbeit) zurückwirken und als Anstoß für neue Forschungen gewürdigt werden.

Auch haben gerade für die religionspädagogischen Praxisfelder der Katechese, der Erziehung in Familie und Jugendarbeit und des Unterrichts die Theorie und Praxis feministischer Theologie große Bedeutung gewonnen, von der sich die universitäre Theoriebildung in weitaus höherem Maße, als dies bisher der Fall ist, herausfordern lassen muß. Denn während in der Praxis religiöser Erziehung und Bildung schon allein zahlenmäßig die Frauen die Mehrheit bilden, werden an den Hochschulen und im Lehramt die Inhalte und die maßgeblichen Strukturen fast ausschließlich von Männern und vom männlichen Blickwinkel in der Theoriebildung bestimmt.

3.3. Das Verhältnis von Theorie und Praxis

Die Arbeit in den verschiedenen Praxisfeldern ist auf die Religionspädagogik als wissenschaftliche Disziplin angewiesen, um einerseits mit Hilfe ihrer Methodik auf die gegenwärtige Praxis und die jeweiligen sie bedingenden Faktoren zu reflektieren und um anderseits diese Praxis mit neuen Forschungsergebnissen und Konzepten zu konfrontieren, sofern sie einer Veränderung bedarf – weil sich z. B. die Lebenssituation junger Menschen im ausgehenden 20. Jahrhundert im Vergleich zu den 70er Jahren geändert hat.

Wenn zukünftiges Handeln theoretisch entworfen wird, muß es sich an der Praxis messen lassen. Eine Evaluation der Ergebnisse wird eine Weiterentwicklung der Konzepte ergeben, die sich erneut in der Praxis bewähren müssen. Eine notwendige Theoriebildung aufgrund einer veränderten Ausgangssituation in der Praxis einerseits, sowie eine Veränderung von Praxis durch Konfrontation mit Erkenntnissen der theoretischen Forschung anderseits bilden die Grundlage für ein Theorie-Praxis-Verhältnis, das sich am besten mit dem Bild einer spiralförmigen Bewegung von gegenseitiger Herausforderung und Befruchtung beschreiben läßt.

3.4. Die Psychologie als wichtige Bezugswissenschaft einer praktischen Theologie

Für eine spezielle Disziplin „Religionspsychologie" gibt Bernhard Grom als Begründung: „Das Religiöse ist – wie Kunst und andere Bereiche – im Leben von einzelnen, von Gruppen und von Kulturen etwas so in sich Zusammenhängendes, Komplexes und Vielfältiges, daß es die Psychologie nur dann befriedigend erforschen kann, wenn sie es (auch) als eigenen Themenbereich behandelt und nicht nur am Rande anderer Fragen und Disziplinen berührt – so sehr es stets im Kontext des gesamten menschlichen Erlebens, Erkennens und Verhaltens zu sehen ist" (Grom, Religionspsychologie 367). Eine wichtige Vorfrage in diesem Zusammenhang ist, wie denn „das Religiöse" zu definieren sei, und Grom bestimmt – wie oben schon zitiert –, daß als „religiös" alles zu bezeichnen und zu erforschen sei, „was für Menschen eine Beziehung zu etwas Übermenschlichem und Überweltlichem beinhaltet, wie immer sie dieses auffassen und erleben mögen" (ebd. 368). Wenn also Religionspsychologie im allgemeinen Sinne die psychosozialen und intrapsychischen Bedingungen von faktisch vorhandenen Beziehungen zum Übermenschlichen zu untersuchen hat, gleich ob diese in einem psychisch gesunden oder gestörten Kontext, in alltäglichen oder außergewöhnlichen Erlebnissen erfahren werden, ist Religionspsychologie ein Fach der Angewandten Psychologie, das aber immer in großer Nähe zu den Grundlagenfächern der Psychologie (Allgemeine, Persönlichkeits-, Entwicklungs-, Sozial- und Physiologische Psychologie) bleibt. Eine engagierte Wissenschaft ist sie dort, wo sie ermittelt, welche religiösen Einstellungen das psychische Wohlbefinden beeinträchtigen oder fördern. Religionspsychologie im speziellen und praktischen Sinne „tritt als Teil der Anwendungsfächer Klinische und Pädagogische Psychologie und gleichzeitig auch als Teil der Praktischen Theologie in den Dienst einer bestimmten Glaubensgemeinschaft, um unter psychologischer Rücksicht zu untersuchen, wie deren Erziehungs-, Bildungs- und Beratungsziele wirksam erreicht werden können" (Grom, Religionspsychologie

369f.). Aus systematischen Gründen wird Religionspsychologie deshalb je nach Arbeitsbereich in Pastoralpsychologie und Religionspädagogische Psychologie unterschieden.

Wenn aus den Fächern der Psychologie und der Psychotherapie Konzepte in Bereiche der Seelsorge und der religiösen Bildung und Erziehung herübergeholt werden, muß man sich im klaren darüber sein, daß man sich stets auch Menschenbilder und Weltanschauungen einhandelt, die in diesen Konzepten stecken. Mit diesen Implikaten muß man sich theologisch auseinandersetzen, dabei kann es dazu kommen, daß entsprechende Konzepte wegen ihrer Implikate zurückzuweisen sind, es sei denn, man könnte die Konzepte sozusagen „reinigen" – auf alle Fälle ist der Prozeß der Auseinandersetzung offenzulegen und eigens zu problematisieren.

Wenn in praktisch-theologischer Theoriebildung von der Vereinbarkeit von psychologischen und theologischen Konzepten die Rede ist, geht es meist speziell um die Vereinbarkeit von christlich theologischem Denken und dem Menschenbild der Humanistischen Psychologie nach C. Rogers.

Da hier Menschwerdung als Bemühen um Selbstverwirklichung und kirchliche Jugendarbeit als Begleitung bei der Selbstwerdung junger Menschen gedeutet und ausgefaltet wurden, soll eine Gegenüberstellung von theologischem Menschenbild und Rogers' Menschenbild in den Blick genommen werden, um aus dieser Perspektive zu klären, was mit dem Selbst gemeint ist, das werden soll:

Im theologischen Menschenbild ist der Mensch als Geschöpf Gottes verantwortlich für seine Welt. Durch die Abwendung von Gott verliert der Mensch Freiheit und Geborgenheit. Er handelt deshalb schuldhaft an sich selbst und seinen Mitmenschen. Erlösung findet der Mensch in der Annahme durch Gott im Christusgeschehen, das im seelsorgerlichen Bereich durch die Beziehung zum Seelsorger erfahrbar wird, gestaltet durch Annahme, Liebe und Wahrhaftigkeit. Der Mensch findet so durch Christus zu Gott, zu sich selbst und seinen Mitmenschen zurück. Aus der neugewonnenen Bindung an Gott gewinnt er Freiheit von verknechtenden Zwängen, und er übernimmt Verantwortung für seine Welt. Der durch Christus erlöste Mensch lebt weiter in Anfechtung auf Hoffnung hin.

Dem Menschenbild nach Rogers gemäß ist der Mensch von seiner Grundnatur her konstruktiv, sozial und verantwortlich für die Welt. Durch negative Erfahrungen im Sozialisationsprozeß verliert der Mensch seine Freiheit und entwickelt destruktives Verhalten sich selbst und seinen Mitmenschen gegenüber. Er gewinnt die Möglichkeit der Selbstaktualisierung durch die Beziehung zum Therapeuten, gestaltet durch Akzeptieren, emotionale Wärme und Echtheit. So findet der Mensch zu einem konstruktiven Selbst und zu seinen Mitmenschen zurück. Er gewinnt Freiheit von gesellschaftlichen Zwängen und übernimmt Verantwortung für die Welt. Die in der Therapie begonnene Selbstaktualisierung bleibt ein Prozeß auf die Selbstkongruenz hin (Helga Lemke: Theologie und Praxis annehmender Seelsorge, Stuttgart 1978, 38).

Es lassen sich deutliche Berührungspunkte zwischen der christlichen Lehre und der humanistischen Psychologie feststellen. Besonders in der Zuwendung Jesu zu den Bedürftigen und den Kranken an Leib und Seele, wie sie uns die Evangelien überliefert, erleben die Menschen liebende Annahme und bedingungslose Akzeptanz um ihrer selbst willen. Für die Arbeit mit jungen Menschen in der kirchlichen Jugendarbeit können alle, auch die nichttherapeutischen, Impulse heilsam werden, die die Möglichkeit bieten, aus der Unfreiheit im Sinne von Orientierungslosigkeit und/oder destruktivem Verhalten herauszufinden und zu Freiheit und Verantwortung für sich und die Welt zu gelangen. Das Verhalten derer, die Räume zur Selbstaktualisierung der Jugendlichen bieten, wird sich an den Haltungen des Akzeptierens, der emotionalen Wärme und der Echtheit orientieren.

Literatur

Bartholomäus, Wolfgang: Einführung in die Religionspädagogik, München 1983.

Biemer, Günter: Der Dienst der Kirche an der Jugend. Grundlegung und Praxisorientierung (Handbuch kirchlicher Jugendarbeit 1), Freiburg - Basel - Wien 1985.

Copray, Norbert: Jung und trotzdem erwachsen. Band 1: Zur Situation junger Erwachsener in der Zukunftskrise, Düsseldorf 1987; Band 2: Zu Umgang und Arbeit mit jungen Erwachsenen in der Zukunftskrise, Düsseldorf 1988.

Fuchs, Ottmar: Prophetische Kraft der Jugend? Zum theologischen und ekklesiologischen Ort einer Altersgruppe im Horizont des Evangeliums, Freiburg - Basel - Wien 1986.

Gilligan, Carol: Die andere Stimme. Lebenskonflikte und Moral der Frau (Übersetzung aus dem Amerikanischen), Neuausgabe München 1988, 4. Auflage 1993.

Grom, Bernhard: Religionspädagogische Psychologie des Kleinkind-, Schul- und Jugendalters, Düsseldorf 1981, 4. Auflage 1992.

– : Religionspsychologie, München 1992.

Handbuch religiöser Erziehung, hg. u.a. von Werner Böcker, Band 1: Lernbedingungen und Lerndimensionen, Düsseldorf 1987; Band 2: Handlungsfelder und Problemfelder, Düsseldorf 1987.

Hemel, Ulrich: Theorie der Religionspädagogik. Begriff – Gegenstand – Abgrenzungen, München 1984.

Jugend, Religion und Modernisierung. Kirchliche Jugendarbeit – Aufgaben und Chancen, hg. von Karl Gabriel und Hans Hobelsberger, Opladen 1994.

Lechner, Martin: Pastoraltheologie der Jugend. Geschichtliche, theologische und kairologische Bestimmung der Jugendpastoral einer evangelisierenden Kirche (Studien zur Jugendpastoral 1), München 1992.

Mette, Norbert: Religionspädagogik (Leitfaden Theologie 23), Düsseldorf 1994.

Pissarek-Hudelist, Herlinde: Feministische Theologie und Religionspädagogik, in: Jahrbuch der Religionspädagogik 6, hg. u.a. von Peter Biehl, Neukirchen-Vluyn 1990, 153–173.

– : Die Herausforderung theologischer Frauenforschung an den Fachbereichen Katechetik/Religionspädagogik, in: Weiblichkeit in der Theologie. Verdrängung und Wiederkehr, hg. von Elisabeth Moltmann-Wendel, Gütersloh 1988, 2. Auflage 1991, 112–148.

Rebell, Walter: Psychologisches Grundwissen für Theologen. Ein Handbuch, München 1988.

Schweitzer, Friedrich: Lebensgeschichte und Religion. Religiöse Entwicklung und Erziehung im Kindes- und Jugendalter, München 1987, 3. Auflage 1994.

Stenger, Hermann: Verwirklichung des Lebens aus der Kraft des Glaubens. Pastoralpsychologische und spirituelle Texte, Freiburg – Basel – Wien 2. Aufl. 1989.

Zinnecker, Jürgen: Jugend der Gegenwart – Beginn oder Ende einer historischen Epoche?, in: Neue Widersprüche. Jugendliche in den achtziger Jahren, hg. von Dieter Baacke und Wilhelm Heitmeyer, Weinheim 1985, 24–45.

Hans-Jürgen Guth

Menschwerdung und Kirchenrecht. Kirchenrecht und Mensch-Werdung

1. Menschwerdung als Inkarnation

Was ist mit Menschwerdung gemeint, die im theologischen Kontext auch mit dem lateinischen Fachterminus als Inkarnation bezeichnet wird? Im neuen „Katechismus der Katholischen Kirche" findet sich unter der Überschrift „Die Menschwerdung" folgende Definition dieses theologischen Begriffs: „Im Anschluß an die Sprechweise des hl. Johannes (‚Verbum *caro* factum est – das Wort ist Fleisch geworden': Joh 1,14) nennt die Kirche das Geschehnis, daß der Sohn Gottes eine menschliche Natur annahm, um in ihr unser Heil zu wirken, ‚Inkarnation' [Fleisch- oder Menschwerdung]. ... Der Glaube an die tatsächliche Menschwerdung des Sohnes Gottes ist das entscheidende Kennzeichen des christlichen Glaubens: ‚Daran erkennt ihr den Geist Gottes: Jeder Geist, der bekennt, Jesus Christus sei im Fleisch gekommen, ist aus Gott' (1 Joh 4,2)" (Katechismus 148f [461,463]).

Unter der Überschrift „Wahrer Gott und wahrer Mensch" heißt es dort weiter: „Das ganz einzigartige und einmalige Ereignis der Menschwerdung des Sohnes Gottes bedeutet nicht, daß Jesus Christus zum Teil Gott und zum Teil Mensch wäre oder daß er das Ergebnis einer unklaren Vermischung von Göttlichem und Menschlichem wäre. Er ist wahrhaft Mensch geworden und dabei doch wahrhaft Gott geblieben. Jesus Christus ist wahrer Gott und wahrer Mensch" (ebd. 149 [464]).

„καὶ ὁ λόγος σὰρξ ἐγένετο", so lautet die zentrale Stelle im Prolog des Johannesevangeliums im griechischen Original (Joh 1,14). Wenn auch „σάρξ" zunächst Fleisch bedeutet, dient sowohl das hebräische Äquivalent „basar" als auch das griechische „σάρξ" im biblischen Kontext zur Bezeichnung der ganzen menschlichen Wirklichkeit, so daß der Begriff „Menschwerdung" im Deutschen den Sachverhalt an sich präziser wiedergibt als die wörtliche Übersetzung „Fleischwerdung".

Menschwerdung und Kirchenrecht? Für einige Kirchenrechtler scheint dies ganz einfach. Zur Begründung von Recht in der Kirche dient ihnen das Inkarnationsprinzip. Der Eichstätter Kanonist Peter Krämer faßt diese von ihm abgelehnte Position prägnant so zusammen: „Die Kirche ist der fortlebende Christus, die Fortsetzung der Menschwerdung Christi. Wie aber Christus eine wahre menschliche Natur angenommen hat, ist die Kirche eine wahre menschliche und damit zugleich rechtliche Gemeinschaft. Denn auch für die Kirche gilt der Grundsatz: Ubi societas, ibi ius, d. h. wo Gesellschaft (Gemeinschaft), dort Recht; wo immer Menschen sich vereinigen, bildet sich Recht" (Krämer 1992, 15). Peter Krämer lehnt diese Begründung des Kirchenrechts aus der Menschwerdung ab, weil sie die Einmaligkeit der Menschwerdung relativiere und die geschichtliche Bedingtheit der Kirche überhaupt nicht berücksichtige. Auch gerate die Kirche dabei in Gefahr einer unkritischen Ideologisierung, wenn ihre rechtliche Ordnung als Fortsetzung der Menschwerdung Gottes verstanden werde. Peter Krämer nennt als Vertreter dieser Richtung Wilhelm Bertrams, Alfons Maria Stickler und Hans Heimerl. Zurecht bemerkt der Tübinger Kirchenrechtler Richard Puza, daß die Begründung des Kirchenrechts im Inkarnationsprinzip mehr oder weniger unausgesprochen auch auf einen anderen Ansatz rekurriert: „Die Kirche ist der fortwährende Christus; wie Christus eine wahre menschliche Natur angenommen hat, so ist die Kirche auch eine wahre menschliche Gesellschaft und deshalb hat sie auch rechtlichen Charakter. Es tritt hier also zum Inkarnationsprinzip der rechtsphilosophisch-naturrechtliche Ansatz ubi societas ibi ius hinzu" (Puza 54).

2. Das Zweite Vatikanische Konzil

Der Frankfurter Kirchenrechtler Reinhold Sebott hingegen glaubt in Art. 8 der Dogmatischen Konstitution über die Kirche „Lumen Gentium" des Zweiten Vatikanischen Konzils eine Stütze für die inkarnatorische Begründung des Kirchenrechts gefunden zu haben. Reinhold Sebott schreibt: „Die Kirche ist ein rechtlich bestimmbares Mysterium. Das Zweite Vatikanische Konzil faßt diese Wahrheit in dem folgenden Satz zusammen: ‚Wie ... die angenommene Natur dem göttlichen Wort als lebendiges, ihm unlöslich geeintes Heilsorgan dient, so dient auf eine ganz ähnliche Weise das gesellschaftliche Gefüge der Kirche dem Geist Christi, der es belebt, zum Wachstum seines Leibes (vgl. Eph 4,16).' Damit ist auf die inkarnatorische Grundlegung auch des Kirchenrechts hingewiesen" (Sebott 215). Hiergegen ist mit Peter Krämer festzuhalten, daß das

Konzil die Kirche zwar als komplexe Wirklichkeit beschreibt, die aus menschlichen und göttlichen Elementen besteht, sie aber nur in analoger Weise zur Inkarnation Christi in Beziehung setzt. „Die Kirche steht zum Mysterium der Inkarnation Christi nur in einem analogen Verhältnis“ (Krämer 1992, 16).

Der erste Absatz von Art. 8 „Lumen Gentium“ lautet eigentlich wie folgt: „Der einzige Mittler Christus hat seine heilige Kirche, die Gemeinschaft des Glaubens, der Hoffnung und der Liebe, hier auf Erden als sichtbares Gefüge verfaßt und trägt sie als solches unablässig; so gießt er durch sie Wahrheit und Gnade auf alle aus. Die mit hierarchischen Organen ausgestattete Gesellschaft und der geheimnisvolle Leib Christi, die sichtbare Versammlung und die geistliche Gemeinschaft, die irdische Kirche und die mit himmlischen Gaben beschenkte Kirche sind nicht als zwei verschiedene Größen zu betrachten, sondern bilden eine einzige komplexe Wirklichkeit, die aus menschlichem und göttlichem Element zusammenwächst. Deshalb ist sie in einer nicht unbedeutenden Analogie dem Mysterium des fleichgewordenen Wortes ähnlich. Wie nämlich die angenommene Natur dem göttlichen Wort als lebendiges, ihm unlöslich geeintes Heilsorgan dient, so dient auf eine ganz ähnliche Weise das gesellschaftliche Gefüge der Kirche dem Geist Christi, der es belebt, zum Wachstum seines Leibes (vgl. Eph. 4,16)“ (vgl. dazu den Kommentar von Aloys Grillmeier, in: Lexikon für Theologie und Kirche, 2. Auflage, Das Zweite Vatikanische Konzil, Bd. 1, Freiburg i.Br. 1966, 170–176, und Müller; Mühlen).

Die Inkarnation Christi hat als einmaliges unüberbietbares Ereignis auch für das Zweite Vatikanische Konzil keine Fortsetzung in der Kirche gefunden. Eine Aussage in scheinbar anderer Richtung findet sich jedoch bei dem Tübinger Theologen Johann Adam Möhler (1796–1838): „So ist denn die sichtbare Kirche, von dem eben entwickelten Gesichtspunkte aus, der unter den Menschen in menschlicher Form fortwährend erscheinende, stets sich erneuernde, ewig sich verjüngende Sohn Gottes, die andauernde Fleischwerdung desselben, so wie denn auch die Gläubigen in der Heiligen Schrift der Leib Christi genannt werden“ (Möhler 389). Dieses Zitat ist, wie die Einschränkung „von dem eben entwickelten Gesichtspunkte aus“ schon andeutet, vollkommen aus seinem Kontext gelöst. Hierauf hat der jetzige Bischof der Diözese Rottenburg-Stuttgart Walter Kasper bereits 1962 in seiner Dissertation hingewiesen: „Vielmehr gilt diese Aussage nach Möhler nur von einem bestimmten ‚eben entwickelten Gesichtspunkte aus‘. Welches ist dieser Gesichtspunkt? Kein anderer als der, daß Christus auch nach seiner Himmelfahrt auf sichtbare Weise, mit sichtbaren Mitteln fortwirkt, und zwar in der Kirche, sie ist ‚seine Anstalt, in der er fortlebt, sein Geist fortwirkt und das von ihm gesprochene Wort ewig forttönt'. Nur unter diesem Gesichtspunkt gilt die genannte Beschreibung des Wesens der Kirche. Die Kirche ist der fortlebende Christus nur insofern, als Christus in ihr fortlebt und fortwirkt. Die Aussage Möhlers will, mit anderen Worten, dialektisch verstanden sein" (Kasper 1962, 141).

Auch den Text von „Lumen Gentium" gilt es nicht nur in seinem Kontext, sondern auch in seiner differenzierten Aussage zu sehen. Der Münchner Kanonist Winfried Aymans schreibt hierzu: „Das Mysterium der Kirche wird schließlich als eine ‚einzige komplexe Wirklichkeit' beschrieben, in der Menschliches und Göttliches in einer nicht unbedeutenden Analogie zum Geheimnis der Inkarnation verbunden ist" (Aymans – Mörsdorf 10f). Hans Küng stellt zurecht fest: „Von einer Identifikation kann keine Rede sein" (Küng 287).

Daß der Text des Konzils nur von einer Analogie, wenn auch einer bedeutenden, spricht, kann selbst Reinhold Sebott nicht übersehen. „Was von Christus, dem Herrn der Kirche, ihrem Grund und ihrem Urbild von den ersten Konzilien gesagt wurde, das gilt nach dem Zweiten Vatikanischen Konzil zwar nicht in absolut gleicher, aber in analoger Weise von der Kirche: Sie ist in einer nicht unbedeutenden Analogie dem Mysterium des fleischgewordenen Wortes ähnlich" (Sebott 192). Wie er hier dennoch einen Hinweis auf „die inkarnatorische Grundlegung auch des Kirchenrechts" in der Kirche sehen kann, bleibt sein Geheimnis ebenso wie die Begründung seiner Definition von Kirche als „ein rechtlich bestimmbares Mysterium" (ebd. 215; s. oben).

Reinhold Sebott zeigt leider auch in anderer Beziehung wenig Sensibilität. Vielmehr verschärft er durch seine eigene Formulierung die Darstellung des evangelischen Kirchenrechtlers Hans Dombois (Dombois 317), auf den er zum Beleg seiner Behauptungen in der Anmerkung zu folgender Stelle verweist: „Reste dieser Annahme oder Nichtannahme haben wir noch bei einigen Primitiven z. B. bei den Zigeunern. Das Neugeborene wird eine Zeitlang in kaltes Wasser gehalten. Überlebt es dies, so wird es in die Familie aufgenommen. Hier sind sicher biologische Motivationen im Spiel (unwertes Leben soll ausgemerzt werden), aber auch rechtliche. Das gilt selbst dann, wenn die einzelne Zigeunerfamilie sich dessen nicht mehr bewußt sein sollte“ (Sebott 201). Von „Zigeunern“ und „Zigeunerfamilie“ zu sprechen, ist rassistische Sprechweise. Es war erklärtes Ziel nationalsozialistischer Politik, die als „Zigeuner“ bezeichneten Roma und Sinti als unwertes Leben „auszumerzen“. Auch Kanonisten sollten dies bei ihren Formulierungen bedenken!

3. „Das Kirchenrecht steht mit dem Wesen der Kirche in Widerspruch“ (Rudolf Sohm)

Vielen angehenden Theologiestudentinnen und Theologiestudenten, aber auch viele Theologinnen und Theologen und in der Seelsorge Tätigen kommt sicher zunächst dieses in den Sinn, wenn sie an Kirchenrecht denken. Vielleicht denken sie ähnliches wie der evangelische Jurist und Kirchenrechtler Rudolf Sohm (1841–1917). In seinem 1892 in Leipzig erstmals erschienenen Buch „Kirchenrecht. Erster Band. Die geschichtlichen Grundlagen“ bezeichnet Rudolf Sohm bereits auf der ersten Seite im ersten Absatz diese These als seinen Grundgedanken. Auch auf der letzten Seite des ganzen Buches heißt es im letzten Satz am Ende seiner 700 Seiten umfassenden Darstellung abschließend: „Das Wesen des Kirchenrechtes steht mit dem Wesen der Kirche in Widerspruch.“

Dies ist an sich nicht die schlechteste Voraussetzung, sich mit dem Kirchenrecht zu beschäftigen. Daß Kirchenrecht eine Realität ist, die auch diejenigen kennen sollten, die ihr skeptisch und kritisch gegegenüberstehen, erweist sich spätestens im Konfliktfall. Die zitierte These von Rudolf Sohm zeigt bereits an, daß es so etwas wie Recht in der Kirche gibt und daß es auch eine wissenschaftliche Auseinandersetzung mit diesem Recht gibt. Denn einen Widerspruch zwischen Kirchenrecht und Kirche kann es ja nur geben, wenn es in der Kirche auch tatsächlich Kirchenrecht gibt. „Daß das Kirchenrecht eine Realität ist, daß es Kirchenrecht gibt, kann niemand ernsthaft bezweifeln. Die Existenz des Kirchenrechts wird auch nicht von den modernen antijuristischen Strömungen infrage gestellt. Auch die Notwendigkeit des Kirchenrechts wird nicht angezweifelt“ (Puza 36).

Daß Wissenschaftlerinnen und Wissenschaftler sich mit dem Kirchenrecht beschäftigen, belegt schon die Person und das Werk von Rudolf Sohm, der sowohl katholischen wie evangelischen Kirchenrechtlerinnen und Kirchenrechtlern entscheidende Impulse gegeben hat. Auch Reinhold Sebott entwickelt seine „Fundamentalkanonistik" in Auseinandersetzung mit Rudolf Sohm und der Rezeption seiner Thesen. Der in Nijmegen lehrende Kanonist Knut Walf zieht in einer Rezension dieses Buches abschließend folgendes Fazit: „Das Buch beweist, was Sebott in seinem ersten Satz trefflich schreibt: ‚Das katholische Kirchenrecht ist seit mindestens 50 Jahren in der Krise' (11). Betrachtet man mit Sebott die Rezeptionsgeschichte der Ideen Sohms, dürfte sie – will sagen die Krise – noch lange oder gar bis zum Ende fortdauern." Ob das katholische Kirchenrecht wirklich durch Rudolf Sohm in eine Krise geraten ist, von der es sich bis auf den heutigen Tag nicht erholt hat, kann hier dahingestellt bleiben. Eines ist jedenfalls sicher, Kirchenrecht wurde und wird weiterhin gelehrt und gelernt.

4. Das Studium des Kirchenrechts

Wenn jemand z. B. an der Katholisch-Theologischen Fakultät der Universität Tübingen studieren will, führt, wie an den anderen katholisch-theologischen Ausbildungsstätten, kein Weg an einer Prüfung auch in diesem Fach vorbei. Sollte sich dabei Interesse an einer vertieften Auseinandersetzung mit dem Kirchenrecht entwickeln, gibt es die Möglichkeit, dieses Fach als Schwerpunktfach zu wählen, d. h. in der Regel neben einem verstärkten Besuch von Seminaren auch die Diplom- bzw. Zulassungsarbeit in diesem Fach zu schreiben. Eine Promotion zum Dr. theol. mit einer im Fach Kirchenrecht geschriebenen Arbeit ist darüberhinaus an allen katholisch-theologischen Ausbildungsstätten mit Promotionsrecht möglich.

Im Fach Kirchenrecht gibt es aber auch die Möglichkeit z. B. am Kanonistischen Institut der Universität München in einem sechssemestrigen Aufbaustudium das Lizentiat im Kirchenrecht zu erwerben und zum Dr. iur. can. zu promovieren. In Deutschland kann das Lizentiat im Kirchenrecht außer in München nur noch an der Universität Münster erworben werden.

Außer an den katholisch-theologischen Fakultäten gibt es auch an fast allen juristischen Fakultäten Lehrstühle für Kirchenrecht. Im juristischen Staatsexamen ist Kirchenrecht jedoch nur ein von wenigen Studenten gewähltes Wahlpflichtfach. Für die am Kirchenrecht Interessierten ist es natürlich hilfreich, auch etwas von der Rechtswissenschaft zu verstehen. Eine erste, vorzügliche Einführung bietet das speziell für Nicht-Fachleute geschriebene Buch von Uwe Wesel (vgl. Quellen- und Literaturverzeichnis.

Auch an den evangelisch-theologischen Fakultäten werden kirchenrechtliche Lehrveranstaltungen angeboten, dort meist unter der Rubrik „Kirchenordnung". Dies soll nicht heißen, daß es kein evangelisches Kirchenrecht gibt. Eine solche Akzentuierung deutet jedoch bereits an, daß eine in lutherischer bzw. reformatorischer Tradition stehende Disziplin sich in ihrem Selbstverständnis von einem katholischen Kirchenrecht unterscheidet.

Neben katholischem Kirchenrecht und evangelischem Kirchenrecht gibt es auch noch das Staatskirchenrecht, das sowohl staatliche gesetzliche Regelungen, die die Kirchen und Religionsgemeinschaften betreffen, zu seinem Gegenstand hat, als auch die zwischen Staaten und Religionsgemeinschaften geschlossenen Verträge. Die Verträge zwischen katholischer Kirche und einzelnen Staaten werden, insofern sie nicht nur Einzelmaterien regeln, gewöhnlich als Konkordate bezeichnet, wie z. B. das heute noch gültige zwischen dem Heiligen Stuhl und dem Deutschen Reich am 20. Juli 1933 geschlossene Reichskonkordat. Hiermit sind wir an sich schon bei einem anderen Zweig des Kirchenrechts, nämlich dem, der rechtshistorisch arbeitet.

5. Wesen und Aufgabe der Kirchenrechtswissenschaft

Auf die Frage, was aber nun das Wesen und die Aufgabe der auch Kanonistik genannten Kirchenrechtswissenschaft eigentlich sei, hat der Gründer des Kanonistischen Instituts an der Universität München Klaus Mörsdorf (1909–1989) im ersten Buch seines dreibändigen „Lehrbuch des Kirchenrechts" die folgende kurze und prägnante Antwort gegeben: „Die Kanonistik ist eine theologische Disziplin mit juristischer Methode" (Mörsdorf 36). Die Frage aber ist umstritten, ob das Kirchenrecht nicht doch eine theologische Disziplin mit „theologischer Methodologie" ist, eine Position, wie sie der am 1. März 1995 im Alter von 63 Jahren verstorbene Bischof von Lugano Eugenio Corecco schon als junger Professor für Kirchenrecht vertrat (Corecco 1980, 98; 1983, 24). Nach Winfried Aymans (Aymans – Mörsdorf 57–75) wird neben diesen beiden Auffassungen die Kanonistik auch als juristische Disziplin mit juristischer Methode (Fürst; Hervada) oder als theologische und juristische

Disziplin mit theologischer und juristischer Methode (May – Egler 17–22 und Heimerl – Pree 20–22) oder gar als kanonistische Disziplin mit kanonistischer Methode definiert. „Die Kanonistik ist eine Wissenschaft mit spezifischem Charakter und hat ihre eigene Methode, die kanonistische!" (Aymans – Mörsdorf 63). Einer Reduktion der Kirchenrechtswissenschaft auf eine reine Rechtstechnik nehme ihr letztendlich den Wissenschaftscharakter und komme schon deshalb nicht in Frage (ebd. 62f.). Winfried Aymans entscheidet sich für folgende Formel: „Die Kanonistik ist eine theologische Disziplin, die gemäß den Bedingungen ihrer theologischen Erkenntnisse mit juristischer Methode arbeitet" (ebd. 71).

Ebenso ungelöst ist die Frage, ob das Kirchenrecht in der Theologie eher zur Gruppe der praktischen Fächer oder der systematischen Fächer zugezählt werden soll. Die mehr rechtshistorisch arbeitende Kanonistik könnte sicher auch zur historischen Fächergruppe gerechnet werden, so daß nur die Gruppe der exegetischen Fächer wohl eindeutig nicht in Betracht zu ziehen ist. Neben diesen ungeklärten und offenen Fragen, kann auch die Diskussion um die Begründung und Grundlegung des kirchlichen Rechts keineswegs als abgeschlossen gelten. So z. B. auch ausdrücklich Peter Krämer (1987, 437).

Ein Versuch, diese Probleme vermittelnd zu lösen, hat Walter Kasper im Handbuch der Fundamentaltheologie unternommen: „So muß das Kirchenrecht eine Rechtsordnung aufstellen, die einerseits der neuen Gerechtigkeit des Evangeliums und andererseits der menschlichen Gerechtigkeit und dem menschlichen Rechtsempfinden entspricht. Die Vermittlung beider Gesichtspunkte dürfte das Grundproblem einer sachgemäßen Theologie des Kirchenrechts sein. Dem Kirchenrecht als theologischem Fach obliegt die Aufgabe, die konkrete rechtliche Ordnung der Kirche auf ihre Menschlichkeit wie auf ihre Christlichkeit hin zu bedenken und auszulegen. Dies bedeutet, daß das Fach Kirchenrecht innerhalb einer theologischen Fakultät eine eigene Stellung einnimmt; von der Tradition wie von der Sache her ist es eher den systematischen als den praktisch-theologischen Fächern zuzuordnen" (Kasper 1988, 273).

Die Rechtsordnung der Kirche, das Kirchenrecht, hat jedenfalls keinen inkarnatorischen Charakter, wie anfangs bereits ausgeführt. Die Menschwerdung Christi als einmaliges unüberbietbares Ereignis ist weder wiederholbar noch fortsetzbar. Aussage des Zweiten Vatikanischen Konzils und damit Lehre der Kirche ist vielmehr, daß, wie das Menschliche und Göttliche in Christus eine Einheit, auch „die irdische Kirche und die mit himmlischen Gaben beschenkte Kirche“ nur „eine einzige komplexe Wirklichkeit“ bildet. Aus der Menschwerdung Gottes läßt sich die Rechtsordnung der Kirche nicht begründen.

Doch werfen wir noch einen kurzen Blick auf diese Rechtsordnung. Was ist geltendes Recht der katholischen Kirche?

6. Ein Blick auf das geltende Kirchenrecht

Seit dem 27. November 1983 gilt in der römisch-katholischen Kirche der am 25. Januar desselben Jahres von Papst Johannes Paul II. promulgierte Codex Iuris Canonici. Mit „Promulgation“ bezeichnet die juristische Fachsprache die amtliche Veröffentlichung eines Gesetzestextes durch den Gesetzgeber selbst. Der Codex Iuris Canonici (abgekürzt: CIC) ist ein Gesetzbuch für die gesamte lateinische Kirche (Can. 1 CIC 1983). Der authentische Gesetzestext ist genauso wie der im Jahr 1917 promulgierte erste Codex Iuris Canonici in lateinischer Sprache abgefaßt. Während es verboten war, den CIC von 1917 in eine andere Sprache zu übersetzen („Nemini liceat, sine venia Sanctae Sedis hunc Codicem denuo imprimere aut in aliam linguam vertere“), ist der CIC 1983 in die jeweiligen Landessprachen übersetzt und meist in zweisprachigen Ausgaben veröffentlicht. So ist die Lateinisch-Deutsche Ausgabe im Auftrag der Deutschen, der Berliner, der Österreichischen und der Schweizer Bischofskonferenz sowie der Bischöfe von Bozen-Brixen, Luxemburg, Lüttich, Metz und Straßburg herausgegeben worden. Sie erschien 1994 bereits in der vierten Auflage. Dies erleichtert natürlich nicht nur jedem Gläubigen, sondern auch Theologiestudentinnen und -studenten den Zugang zum gesamtkirchlichen Recht. Bindend ist jedoch allein der lateinische Text. Deshalb geht es nicht ganz ohne Lateinkenntnisse. Der CIC 1983 gliedert sich in sieben Bücher:

1. De Normis Generalibus	Allgemeine Normen
2. De Populo Dei	Volk Gottes
3. De Ecclesiae Munere Docendi	Verkündigungsdienst der Kirche
4. De Ecclesiae Munere Sanctificandi	Heiligungsdienst der Kirche
5. De Bonis Ecclesiae Temporalibus	Kirchenvermögen
6. De Sanctionibus in Ecclesia	Strafbestimmungen in der Kirche
7. De Processibus	Prozesse

Außer dem CIC gibt es noch den Codex Canonum Ecclesiarum Orientalium (abgekürzt: CCEO) für die mit Rom unierten Ostkirchen. Dieser wurde am 18. Oktober 1990 promulgiert und trat am 1. Oktober 1991 in Kraft. Von diesem sog. Orientalencodex gibt es bisher neben der lateinischen Originalausgabe als zweisprachige Ausgabe nur die von der Canon Law Society of America herausgegebene lateinisch-englische Ausgabe Code of Canons of the Eastern Churches (vgl. Quellen- und Literaturverzeichnis).

Diese beiden Gesetzbücher enthalten aber nicht alle gesetzlichen Regelungen der Gesamtkirche. Um nur ein Beispiel zu nennen: Die Auflösung der nichtsakramentalen Ehe durch päpstlichen Auflösungsbescheid ist in der amtlich nicht publizierten, sondern nur den Ortsordinarien von der Glaubenskongregation zugesandten „Instructio pro solutione matrimonii in favorem fidei“ vom 6. Dezember 1973 geregelt. Die Anwendung dieser auch „Privilegium Petrinum“ genannten Eheauflösung behandelt der Codex Iuris Canonici von 1983 nicht. Da diese Materie durch den CIC 1983 nicht umfassend geordnet ist, muß aus Can. 6 § 1 n. 4 CIC – („Can. 6 – § 1. Hoc Codice vim obtinente, abrogantur: . . . 4° ceterae quoque leges disciplinares universales materiam respicientes, quae hoc Codice ex integro ordinatur.“ – ‘Can. 6 – § 1. Mit Inkrafttreten dieses Codex werden aufgehoben: . . . 4° auch die übrigen allgemeinen Disziplinargesetze, welche eine Materie betreffen, die durch den Codex umfassend geordnet wird“) – geschlossen werden, daß diese Instructio der Glaubenskongregation auch nach Inkrafttreten des CIC 1983 weiterhin Gültigkeit hat.

Diese Interpretation wird auch durch die kuriale Praxis bestätigt. Aus einem im Archiv für katholisches Kirchenrecht veröffentlichten Reskript der Sacra Congregatio pro Doctrina Fidei vom 14. Dezember 1983 über die Auflösung einer Ehe zugunsten des Glaubens geht hervor, daß diese Instructio und diese Normen auch nach Inkrafttreten des CIC 1983 weiter angewandt werden. Soweit dieses Beispiel, es bleibt festzuhalten: Sowohl außerhalb des Codex Iuris Canonici als auch außerhalb des Codex Canonum Ecclesarium Orientalium gibt es gesamtkirchliches Recht in der Kirche.

Neben dem gesamtkirchlichen, auch universalkirchlich genannten Recht gibt es aber auch noch partikularkirchliches Recht, d. h. teilkirchliches Recht. Dieses Partikularrecht kann als Diözesanrecht für den Bereich einer Diözese oder aber für mehrere Diözesen z. B. von einer Bischofskonferenz erlassen werden. Während die gesamtkirchlichen Gesetzestexte in der Regel in den „Acta Apostolicae Sedis" (abgekürzt: AAS) veröffentlicht werden, werden die diözesanen Gesetze und die Gesetzestexte der Bischofskonferenz meist in den Amtsblättern der einzelnen Diözesen veröffentlicht, wie z. B. dem kirchlichen Amtsblatt für die Diözese Rottenburg-Stuttgart. Nur wenige nationale Bischofskonferenzen geben wie die Österreichische Bischofskonferenz ein eigenes Amtsblatt heraus.

7. Menschwerdung als Mensch-Werdung

Kirchliche Gesetze und Gesetzesblätter, von den Acta Apostolicae Sedis bis zum diözesanen Amtsblatt, wo ist da von Mensch-Werdung die Rede?

Wenn Menschwerdung auch Mensch-Werdung meint in dem Sinne, daß jeder Mensch sich als Mensch in einem ständigen Prozeß der Menschwerdung befindet und in diesem Prozeß der Mensch-Werdung der Unterstützung der Kirche bedarf, dann kann nur „das von Gott dem Menschen zugesagte Heil" (siehe hierzu z. B. Kraus) Ziel jeglichen kirchlichen Rechts und Handelns sein. „Das Heil des Menschen", in der Sprache der Kanonistik traditioneller Weise als „salus animarum", d. h. Seelenheil bezeichnet, umfaßt den ganzen Menschen.

Der Grundsatz „salus animarum suprema lex" wird als oberste Maxime des Kirchenrechts zur zentralen Aussage, an der sich alles Recht in der Kirche messen lassen muß. Das Heil der Seelen ist oberstes Gesetz (siehe hierzu insbesondere Schüller 293–319). Auch der Codex Iuris Canonici spricht nunmehr an markanter Stelle und zwar im allerletzten Satz von der Sorge um die „salus animarum", die in der Kirche immer das oberste Gesetz sein muß. „Can. 1752 – In causis translationis applicentur praescripta canonis 1747, servata aequitate canonica et prae oculis habita salute animarum, quae in Ecclesia suprema lex esse debet. (Bei Versetzungssachen sind die Vorschriften des can. 1747 anzuwenden, unter Wahrung der kanonischen Billigkeit und das Heil der Seelen vor Augen, das in der Kirche immer das oberste Gesetz sein muß)."

Diese Sorge um die „salus animarum" schließt immer auch die Sorge um das konkrete Seelenheil jedes einzelnen Menschen ein. „Das Kirchenrecht hat in seiner pastoral-diakonischen Funktion die Aufgabe, zum Seelenheil des Menschen ([als einzelnem] in der Gemeinschaft) beizutragen. Das wird im CIC jetzt an mehreren

Stellen ausgesprochen, so insbesondere im letzten Canon: ,Salus animarum suprema lex'" (Puza 29). Das Heil der Seelen ist keine erst im Jenseits sich verwirklichende Größe, sondern beginnt hier und jetzt mit der Mensch-Werdung. Ähnlich auch der Münsteraner Kirchenrechtler Klaus Lüdicke: „Die Kirche existiert, um dem Reich Gottes auf Erden den Weg zu bereiten, um die Menschen zu heiligen als Vorbereitung auf Gottes Reich" (Münsterischer Kommentar, nach 1752).

Mit der Gottebenbildlichkeit des Menschen – Gottebenbildlichkeit meint keine Umkehrung der Menschwerdung Gottes, also keine Gotteswerdung oder wie auch immer geartete Vergöttlichung des Menschen (vgl. vielmehr Gen 1,27: „Gott schuf den Menschen nach seinem Bilde; nach dem Bilde Gottes schuf er ihn. Als Mann und Frau schuf er sie") –, jedes Menschen, ob schwarz oder weiß, Frau oder Mann, geht die Forderung nach einer radikalen, auch kirchenrechtlichen Respektierung der Würde der menschlichen Person als Mindestvoraussetzung der Förderung ihres „salus animarum" einher.

Quellen und Literatur

Aymans, Winfried und Klaus Mörsdorf: Kanonisches Recht. Lehrbuch aufgrund des Codex Iuris Canonici 1, Paderborn 1991.

Bertrams, Wilhelm: Quaestiones Fundamentales Iuris Canonici, Rom 1969.

Code of Canons of the Eastern Churches. Latin-English Edition. Translation prepared under the auspices of the Canon Law Society of America, Washington, D.C. 1992.

Codex Iuris Canonici. Codex des kanonischen Rechtes. Lateinisch-deutsche Ausgabe mit Sachverzeichnis. Herausgegeben im Auftrag der Deutschen und der Berliner Bischofskonferenz, der Österreichischen Bischofskonferenz, der Schweizer Bischofskonferenz, sowie der Bischöfe von Bozen-Brixen, von Luxemburg, von Lüttich, von Metz und Straßburg, Kevelaer 1983, 4. Auflage 1994.

Corecco, Eugenio: Theologie des Kirchenrechts. Methodologische Ansätze, Trier 1980.

– : Theologie des Kirchenrechts, in: Handbuch des katholischen Kirchenrechts, hg. von Joseph Listl, Hubert Müller, Heribert Schmitz, Regensburg 1983, 12–24.

Dombois, Hans: Das Recht der Gnade. Ökumenisches Kirchenrecht 1, Witten 1961.

Fürst, Carl Gerold: Vom Wesen des Kirchenrechts, in: Internationale katholische Zeitschrift Communio 6 (1977) 496–506.

Heimerl, Hans: Aspecto Christologico del Derecho Canonico, in: Ius Canonicum 6 (1966) 25–51.
– und Helmuth Pree: Kirchenrecht. Allgemeine Normen und Eherecht, Wien 1983.
Hervada, Javier: Pensamientos de un Canonista en la hora presente, Pamplona 1989.
Instructio pro solutione matrimonii in favorem fidei und Normae procedurales pro conficiendo processu dissolutionis vinculi matrimonialis in favorem fidei der Sacra Congregatio pro Doctrina Fidei vom 6. Dezember 1973, abgedruckt in: Archiv für katholisches Kirchenrecht 142 (1973) 474–479, lateinischer Text und deutsche Übersetzung in: Nachkonziliare Dokumentation 39: Kirchliches Prozeßrecht, Trier 1976, 60–77.
Kasper, Walter: Die Lehre von der Tradition in der Römischen Schule, Freiburg - Basel - Wien 1962.
– : Die Wissenschaftspraxis der Theologie, in: Handbuch der Fundamentaltheologie 4, hg. von Walter Kern, Hermann Josef Pottmeyer, Max Seckler, Freiburg - Basel - Wien 1988, 242–277.
Katechismus der Katholischen Kirche, München u.a. 1993.
Krämer, Peter: Kirchenrecht. I. Katholisches Kirchenrecht, in: Staatslexikon 3, hrsg. von der Görres-Gesellschaft, Freiburg - Basel - Wien 7. Auflage 1987, Sp. 435–440.
– : Kirchenrecht. Wort - Sakrament - Charisma 1, Stuttgart 1992.
Kraus, Georg: Allgemeiner Heilswille Gottes, in: Lexikon der katholischen Dogmatik, hg. von Wolfgang Beinert, Freiburg 1987 und Leipzig 1989, 8–11.
Küng, Hans: Die Kirche, München 1977, Taschenbuchausgabe 1992 (Zitat aus der 2. Auflage 1980).
May, Georg und Anna Egler: Einführung in die kirchenrechtliche Methode, Regensburg 1986.
Möhler, Johann Adam: Symbolik oder Darstellung der dogmatischen Gegensätze der Katholiken und Protestanten nach ihren öffentlichen Bekenntnisschriften, hg. von Josef Rupert Geiselmann, Bd. 1, Köln 1958.
Mörsdorf, Klaus: Lehrbuch des Kirchenrechts auf Grund des Codex Iuris Canonici 1: Einleitung. Allgemeiner Teil und Personenrecht, Paderborn 11. Auflage 1964.
Mühlen, Heribert: Das Verhältnis zwischen Inkarnation und Kirche in den Aussagen des Vaticanum II, in: Theologie und Glaube 55 (1965) 171–190.
Müller, Hubert: De analogia verbum incarnatum inter et ecclesiam (L.G. 8 a), in: Periodica de re morali canonica liturgica 66 (1977) 499–512.
Münsterischer Kommentar zum Codex Iuris Canonici, hg. von Klaus Lüdicke, Loseblattsammlung seit 1985, Essen, Stand: 23. Ergänzungslieferung Oktober 1994.
Puza, Richard: Katholisches Kirchenrecht (UTB 1395), Heidelberg 1986, 2. Auflage 1993.

Reskript der Sacra Congregatio pro Doctrina Fidei vom 14. Dezember 1983 über die Auflösung einer Ehe zugunsten des Glaubens, in: Archiv für katholisches Kirchenrecht 152 (1983) 534.

Schüller, Thomas: Die Barmherzigkeit als Prinzip der Rechtsapplikation in der Kirche im Dienste der salus animarum. Ein kanonistischer Beitrag zu Methodenproblemen der Kirchenrechtstheorie, Würzburg 1992.

Sebott, Reinhold: Fundamentalkanonistik. Grund und Grenzen des Kirchenrechts, Frankfurt/M. 1993.

Sohm, Rudolph: Kirchenrecht 1: Die geschichtlichen Grundlagen, Leipzig 1892.

Stickler, Alfons Maria: Das Mysterium der Kirche im Kirchenrecht, in: Mysterium Kirche in der Sicht der theologischen Disziplinen 2, hg. von Ferdinand Holböck und Thomas Sartory, Salzburg 1962, 571–647.

Walf, Knut: Kirchenrecht, Krisenrecht (Besprechung von Sebott, Fundamentalkanonistik, s. oben), in: Imprimatur 27 (1994) 83.

Wesel, Uwe: Fast alles, was Recht ist. Jura für Nicht-Juristen, Frankfurt/M. 1992.

Leonhard Hell

Dankbares Denken. Menschwerdung als Herausforderung und Gegenstand dogmatischer Theologie

Die Dogmatik hat im Gefüge der theologischen Disziplinen die Aufgabe der zusammenhängenden Darstellung der Glaubenslehre der Kirche in der Form wissenschaftlicher Reflexion. In dieser vorläufigen Begriffsbestimmung treffen so viele Dinge zusammen, die einem heutigen Leser Unbehagen bereiten, daß über sie nicht einfach hinweggegangen werden kann.

1. Das dreifache Unbehagen an einer dogmatischen Wissenschaft von der kirchlichen Lehre

1.1. Das anrüchige Wortfeld „Dogma-dogmatisch-Dogmatik"

Zunächst sind es das Wort „Dogmatik" und die mit ihm unmittelbar zusammenhängenden Ausdrücke „Dogma" und „dogmatisch" selbst, die dieses Unbehagen aufkommen lassen. Im alltäglichen, entscheidend von den Medien mitbestimmten Gebrauch hat diese Wortgruppe heute vor allem im Bereich der Politik, namentlich in Hinblick auf die in Umgestaltung befindlichen Staaten des vormals sogenannten Ostblocks Konjunktur. Hier waren und sind „Dogmatiker" diejenigen, die die Zeichen der Zeit immer noch nicht begriffen haben, die ewig Gestrigen, die sich gegen alle historische Erfahrung und Einsicht immer noch an den längst geknickten Strohhalm der reinen sozialistischen Lehre klammern, die ihren dahinschwindenden Privilegien nachtrauern und die Welt nicht mehr verstehen. Kurz: Eine zu Recht vom Aussterben bedrohte Spezies.

Nun darf man keineswegs annehmen, dieser von überaus negativen Beiklängen begleitete Wortgebrauch sei erst eine Erscheinung unserer Tage. Die abschätzige Benutzung von Begriffen ist meist so alt wie diese selbst. In unserem Fall wird sie besonders greifbar in Immanuel Kants absichtsvoller Etikettierung der – so wenigstens sein Anspruch – von ihm überwundenen Philosophie als „dogmatisch" bzw. „Dogmatismus". Es ist hier natürlich nicht der Ort, diese Auseinandersetzung philosophiegeschichtlich zu analysieren:

Wir können uns darauf beschränken, das Bedeutungsspektrum zu skizzieren, das mit diesen Ausdrücken verbunden ist. „Dogmatisch“ ist hiernach ein Denken, das, in Unkenntnis seiner Voraussetzungen, die Grenzen der eigenen Möglichkeiten bedenkenlos überspringt, ein unkritisches Verhältnis zu seinen Ergebnissen hat und diese in doktrinärer und despotischer Weise anderen überstülpt (vgl. z. B. die Vorrede zur zweiten Auflage der „Kritik der reinen Vernunft“ [I. Kant, Werke in 6 Bänden, hg. v. Wilhelm Weischedel, Darmstadt 1956–1964, Bd. 2, 20–41]). Es steht somit nicht nur in unaufhebbarem Gegensatz zu Kants eigener, kritischer Philosophie, sondern grundsätzlich zu derjenigen Bewegung, die das Bewußtsein des modernen Menschen nachhaltig geprägt hat: die Aufklärung. Sie ist – um hier noch bei Kant zu bleiben, der die klassische Bestimmung dieses Phänomens geboten hat – „*der Ausgang des Menschen aus seiner selbst verschuldeten Unmündigkeit*“ und mit dem „Wahlspruch“ verbunden: „Habe Mut, dich deines *eigenen* Verstandes zu bedienen“ (ders., Beantwortung der Frage: Was ist Aufklärung?, in: Werke Bd. 6, 53). Daß wir uns hier unmittelbar auf dem in diesem Beitrag zu verhandelnden Gebiet befinden, wird nicht nur insofern deutlich, als Kant „den Hauptpunkt der Aufklärung. . .vorzüglich in *Religionssachen* gesetzt“ haben wollte (ebd. 60). Er kommt auch auf die Frage des kirchlichen Dogmas selbst zu sprechen: „Aber sollte nicht eine Gesellschaft von Geistlichen, etwa eine Kirchenversammlung, . . . berechtigt sein, sich eidlich unter einander auf ein gewisses unveränderliches Symbol zu verpflichten, um so eine unaufhörliche Obervormundschaft über jedes ihrer Glieder und vermittelst ihrer über das Volk zu führen, und diese so gar zu verewigen?“ (Ebd. 57) Kants Antwort ist eindeutig: „Ich sage: das ist ganz unmöglich. Ein solcher Kontrakt, der auf immer alle weitere Aufklärung vom Menschengeschlechte abzuhalten geschlossen würde, ist schlechterdings null und nichtig“ (ebd.). Um es in der Sprache unseres Themas zu sagen: Festhalten am Dogma und Mensch werden schließen einander aus.

Kann es im Ernst, nach all dem, was heute unter dem Stichwort „dogmatisch“ verstanden wird und was vergangene Zeiten bereits daran auszusetzen hatten, noch Sinn haben, „dogmatische Theologie“ betreiben zu wollen? Entfällt nicht mit der allseits anerkannten, ja geradezu von jedermann geforderten Weigerung, Dogmen aller Art anzuerkennen oder sie gar anderen aufzuoktroyieren, die Grundlage für alles dogmatische Denken? Gilt dies nicht verstärkt im Bereich der Religion, einem der nach heutiger Überzeugung individuellsten, privatesten Bezirke menschlichen Lebens? Ist nicht zudem in diesem intimen Bereich der Begegnung des Menschen mit dem heiligen Geheimnis, das die christliche mit vielen anderen Religionen „Gott“ nennt, jede menschliche Sprache von vornherein überstiegen? Sind damit nicht alle sprachlichen Festlegungen ihres Anspruchs entkleidet, als verbindlich auftreten zu können?

1.2. Läßt sich von Gott etwas lehren?

Das zuletzt Angesprochene weist auf ein weiteres tiefsitzendes Unbehagen hin, das sich mit der oben gegebenen Kurzdefinition dogmatischer Theologie verbindet: Kann es Religion, die doch primär als erlösende Gottesbeziehung gedacht werden muß, überhaupt in Form von Lehre geben, also als System zusammenhängender Sätze, die noch dazu mit einem ganz spezifischen Wahrheitsanspruch versehen auftreten? Kann über Gott und seine Beziehung zum Menschen in klaren und deutlichen Begriffen gesprochen werden? Sind nicht bestenfalls symbolische oder metaphorische Formen der Rede in der Lage anzudeuten, was sich eigentlich der Aussage entzieht? Gesteht dies nicht die kirchliche Lehrverkündigung selbst ein, wenn sie in der berühmten Formel des 4. Laterankonzils (1215) sagt: „... zwischen dem Schöpfer und dem Geschöpf kann man keine so große Ähnlichkeit feststellen, daß zwischen ihnen keine noch größere Unähnlichkeit festzustellen wäre“ (Heinrich Denzinger, Kompendium der Glaubensbekenntnisse und kirchlichen Lehrentscheidungen, 37. Aufl., hg. v. Peter Hünermann, Freiburg/Brsg. u.a. 1991, Nr. 806, in Zukunft zitiert: DH 806). Wendet man diese Aussage, wie dies in der Geschichte der Rezeption dieses Textes immer geschehen ist, auch auf die menschliche Rede über Gott an, so behauptet sie deren grundsätzliche Unangemessenheit. Wie kann es aber angesichts einer Redeweise, die ihren Gegenstand zwar anzielt, ihn aber nie erreicht, einen Anspruch auf wahre Lehre geben? Wie soll eine solche Lehre, die schon in jedem einzelnen ihrer Teile den Zusammenhang mit ihrem Gegenstand nicht garantieren kann, selbst als zusammenhängendes Ganzes auftreten können?

1.3. Wissenschaft vom Endgültigen?

Hiermit ist der letzte Teil der Definition dogmatischer Theologie berührt und zugleich ein weiteres Unbehagen: Wie kann angesichts der Probleme mit dem „Dogmatischen“ überhaupt und der dogmatischen Rede von Gott im besonderen gar noch von Wissenschaft die Rede sein? Erfordert nicht unser vor allem am Modell der Naturwissenschaften geschulter Begriff wissenschaftlichen Arbeitens unverzichtbar die grundsätzliche Nachprüfbarkeit der Ergebnisse am untersuchten Gegenstand, die jederzeitige Revidierbarkeit der Formulierungen und den hypothetischen Charakter der Erklärungen? Ist somit eine Wissenschaft von Gott und seiner letztgültigen Offenbarung, in der es um das Heil des Menschen geht, nicht von vornherein ausgeschlossen? Gehört nicht zur Wissenschaft notwendig der freie Austausch von Argumenten, die unvoreingenommene Offenheit gegenüber unerwarteten Ergebnissen und der alleinige Durchsetzungsanspruch des besseren Arguments? Ist dies angesichts des feststehenden Charakters kirchlicher Lehre und ihrer gerade in der katholischen Kirche in besonderer Weise gegebenen institutionellen Sicherung innerhalb dogmatischer Theologie jemals realisierbar? Noch grundsätzlicher gefragt: Wozu braucht man und wie entsteht eine Wissenschaft, wenn im Grunde gar nichts Neues mehr entdeckt, gar nichts Unvorhergesehenes in den Blick kommen soll?

Bevor versucht wird, diese Fragen wenigstens ansatzweise mit dem Selbstverständnis dogmatischer Theologie zu konfrontieren, ist es zunächst nötig, einen Schritt zurückzutreten, um sich über einige geschichtliche und begriffliche Voraussetzungen zu verständigen.

2. „Dogma“ und „Dogmatik“: Ein Blick in die Begriffsgeschichte

Der das entstehende Christentum umgebende hellenistische, also von griechischer Sprache, Kultur und Bildung geprägte Raum kennt das Wort „dogma“ in zweifacher Bedeutung: Zum einen meint es eine philosophische Lehre; der Zusammenhang mehrerer bestimmter solcher Lehren bildet die Grundlage einer philosophischen Schule oder religiösen Gemeinschaft; solche Gruppierungen tragen nicht selten den Namen „hairesis“, der ursprünglich „Auswahl“ bedeutet und noch heute im – allerdings negativ belegten – Fremdwort „Häresie“ fortlebt. Die auswählende Zustimmung (hairesis) zu einer bestimmten Reihe philosophischer Meinungen (dogmata) bildet also den Lehr- und oft auch Lebenszusammenhang einer Schule.

In einen ganz anderen Bereich verweist uns die zweite Bedeutung des Wortes „dogma“: In der Rechtssprache bezeichnet es einen Beschluß, ein Gesetz oder eine Vorschrift. Beide Bedeutungen liegen, wenn man die Herkunft des Wortes untersucht, allerdings nicht so weit auseinander, wie dies auf den ersten Blick erscheinen mag: Das Verb „dokein“ (meinen, scheinen, erscheinen), das der Substantivbildung „dogma“ zugrunde liegt, kann eben, im ersten Bereich angewandt, auf das verweisen, was in philosophisch-religiöser Hinsicht als *richtig* erscheint, während es im Rechtsbereich dasjenige im Auge hat, was dem Gesetzgeber als *recht* erscheint.

Blicken wir nun auf den frühen christlichen Gebrauch des Wortes „dogma“, so könnte man zunächst vermuten, der philosophisch-religiöse Sektor des Bedeutungsspektrums wäre derjenige, an den sich Christen zur Bezeichnung ihrer Gottes- und Lebenslehren anschließen. Dies ist aber keineswegs der Fall. Es ist nicht ohne eine gewisse Ironie der Begriffsgeschichte, daß der späterhin so hochgehaltene Ausdruck „dogma“ in der christlichen Literatur anfänglich nur äußerst spärlich und erstmalig zudem in höchst prekärer Umgebung erscheint: So heißt es im zweiten Kapitel des Lukasevangeliums: „In jenen Tagen erließ Kaiser Augustus den Befehl, alle Bewohner des Reiches in Steuerlisten einzutragen“ (Lk 2,1). Das deutsche Wort „Befehl“ übersetzt dabei das Wort „dogma“ des griechischen Urtextes. In den christlichen Bereich selbst führt uns erst eine zweite neutestamentliche Stelle: Das im 15. Kapitel der Apostelgeschichte geschilderte sogenannte Apostelkonzil faßt den Beschluß, daß Nichtjuden, die Christen werden wollen, hierzu nicht erst den Umweg über den Eintritt in das Judentum wählen müssen. Die Beschlußfassung der Versammlung wird mehrfach mit dem genannten Verb „dokein“ im Sinn von „rechtsgültig beschließen“ bezeichnet (vgl. Apg 15,22.25.28); ihre Ergebnisse werden dementsprechend „dogmata“ genannt (Apg 16,4). Diese beiden Stellen sind im Neuen Testament die wichtigsten für unseren Begriff unmittelbar einschlägigen Zeugen; sie stammen zudem aus zwei Werken, die bekanntlich (vgl. Lk 1,1–4 mit Apg 1,1–3) demselben Verfasser zugeschrieben werden. Beidesmal handelt es sich um eine Übernahme aus dem rechtssprachlichen Bereich. Die wenigen sonstigen neutestamentlichen Verwendungen von Wörtern aus dem hier interessierenden Wortfeld eröffnen ebenfalls keine entscheidend neuen Perspektiven (vgl. Eph 2,15; Kol 2,14).

Auch die weitere Bezeugung des Wortes „dogma" in der Geschichte des christlichen Altertums ist recht spärlich; zwar tritt bei den sogenannten Kirchenvätern, also den kirchlichen Schriftstellern der ersten Jahrhunderte, zu dem rechtssprachlichen Begriff auch die philosophische Variante hinzu; Lehren des Christentums können als „dogmata" bezeichnet werden; allerdings bezeichnet auch hier „dogma" von sich aus weder die Zugehörigkeit zum religiösen Bereich noch dessen spezifisch christliche Ausprägung. Nicht einmal die Konzilien der Alten Kirche, denen sich durch die Verknüpfung von kirchlicher Festlegung christlicher Lehre mit der Gesetzeskraft des sich nunmehr als christlich verstehenden Römischen Reiches die im Wort „dogma" bereits angelegte Verbindung philosophischer und juristischer Begrifflichkeit geradezu aufdrängen mußte, greifen für ihre Beschlüsse auf diesen Ausdruck zurück.

Wie immer gibt es auch in diesem Fall bedeutsame Ausnahmen: Der im heutigen Südfrankreich wirkende Mönch und Theologe Vinzenz von Lérins, der in seiner Zeit eher eine Randfigur dargestellt haben dürfte und vor allem durch kritische Äußerungen zum einflußreichen Werk des Augustinus hervorgetreten ist, hatte eine besondere Vorliebe für das Wort „dogma" entwickelt. Diese ist verbunden mit einer klar konservativ strukturierten Vorstellung von der Glaubenslehre, die er in die klassisch gewordene Formel gegossen hat, man müsse allein an dem „festhalten, was überall, was immer und was von allen geglaubt wurde" („id teneamus, quod ubique, quod semper, quod ab omnibus creditum est": Commonitorium primum (verfaßt 434), II, 3, hier zitiert nach: Willy Rordorf – André Schneider, Die Entwicklung des Traditionsbegriffs in der Alten Kirche, Bern-Frankfurt/M. 1983, 184f). Zwar dürfe es durchaus und müsse es sogar einen Fortschritt im Glauben geben, allerdings nur auf der Basis unumstößlich selbiger und unveränderlicher Grundsätze (vgl. dass. XXIII, 28, in: ebd. 190f). Gefahr entstehe immer durch „Neuerungen" („novitates") und die damit verbundene „Preisgabe der alten Wahrheit der allgemeinen Lehre" („universalis dogmatis antiqua veritate dimissa": dass. XXVIII, 39, in: ebd. 192–195).

Die mittelalterlichen Theologen, die nun im Rahmen von Kloster- und Kathedralschulen, seit dem 12./13. Jahrhundert dann vor allem auch an den nun entstehenden Universitäten, erstmals eine Theologie in einer am Wissenschaftsstandard der Zeit orientierten Form ausbildeten, dürften hier nicht anders als Vinzenz gedacht haben; jedoch benutzten sie den Begriff „dogma" weitgehend nicht.

Seine Stelle vertrat derjenige der Glaubensartikel (articuli fidei), die der Sache nach in der Heiligen Schrift und dem Wortlaut nach im Glaubensbekenntnis enthalten sind; sie halten, wie ein bedeutsamer Text des großen mittelalterlichen Theologen Thomas von Aquin (gest. 1274) zeigt (vgl. s.th. II-II, 1, 6; lies: Summa theologiae [Zusammenfassende Darstellung der Theologie], secunda secundae [2. Hälfte des 2. Teils], quaestio 1 [1. Fragestellung], articulus 6 [6. Unterabschnitt]), in formaler Hinsicht die Mitte zwischen der wesentlich einen, aber dem Menschen in ihrer Umfassendheit unerschwinglichen Wahrheit Gottes einerseits und den zahllosen in der Bibel enthaltenen Wahrheiten andererseits; so bilden sie den unumstößlichen Ausgangspunkt aller Glaubenslehre (sacra doctrina). Dies gilt für den Glauben des Einzelnen ebenso wie für die Verkündigung der Kirche als ganzer, in besonderer Hinsicht jedoch auch für die universitäre Theologie, die in der Form von Fragestellung (quaestio) und durch Statuten bis ins Detail geregelter Diskussion (disputatio) nach Abwägen aller Autoritäts- und Vernunftargumente zu einem Lehrentscheid (determinatio) des Professors (magister, doctor) gelangt, der jedoch nur innerhalb dieses akademischen Rahmens, der vom kirchlichen Leben weitgehend getrennt ist, eine gewisse Gültigkeit besitzt. Diese schulmäßige Form der Theologie (theologia scholastica) hat zwar viele Themen der dogmatischen Theologie erstmals aufgeworfen und bestimmt mit manchen ihrer Fragestellungen bis heute die dogmatische Diskussion; jedoch ist sie selbst nicht das unmittelbare Vorbild der späteren Dogmatik. Diese ist eine Erscheinung der Neuzeit und ohne die Umbrüche des 16. Jahrhunderts nicht zu erklären.

Die letzten Ursachen und die einzelnen Entwicklungslinien des erneuten Aufkommens und der langsamen Durchsetzung des „Dogma“-Begriffs sowie der Bezeichnung „Dogmatik“ für die zusammenfassende Darstellung christlicher Glaubenslehre sind noch nicht ausreichend erforscht; dennoch können einige Sachverhalte benannt werden, die in jedem Fall zu dieser Entwicklung beigetragen haben: Zum einen war es die Notwendigkeit einer abgrenzenden Darstellung der konfessionellen Gestalt der Lehre der jeweiligen Kirche, sodann die – gegenüber dem vormals weitaus stärker selbständigen und auf sich konzentrierten Universitätsstudium des Mittelalters – nunmehr deutlich an der Ausbildung für das Predigt- und Pfarramt orientierte Reform der theologischen Studien, nicht zuletzt aber auch die durch zahlreiche Ausgaben belegte Wiederentdeckung des Werkes des oben erwähnten Vinzenz von Lérins. All dies steht zudem im Horizont eines durch die verunsichernden Erfahrungen des kopernikanischen Weltbildwechsels sowie der sozialen und religiösen Umbrüche heraufgeführten Bedürfnisses, sich der vielfach erschütterten Position sich selbst, der Welt, der Kirche und Gott gegenüber neu und gelegentlich wohl auch etwas krampfhaft zu versichern.

Wissenschaftsgeschichtliche Phänomene treten hinzu: Unabhängig von der Theologie bilden auch andere Wissenschaften, wie die Medizin und die Rechtswissenschaft, Abteilungen aus, die sie ihres lehrhaften und nicht unmittelbar erfahrungs- oder praxisbezogenen Charakters wegen „dogmatisch“ nennen; theologieintern ergibt sich eine Notwendigkeit neuer Bezeichnungen ebenfalls aus dem Grunde, daß in einem im 16. Jahrhundert beginnenden und erst im 19. Jahrhundert weitgehend abgeschlossenen Prozeß das theologische Studium durch Differenzierung und Spezialisierung in verschiedene Einzelfächer gegliedert wird, deren eines nun immer häufiger unter der Bezeichnung „dogmatische Theologie“ geführt wird, da es schwerpunktmäßig auf die Erkenntnis der Inhalte des Glaubens ausgerichtet ist.

Parallel hierzu verläuft die Karriere des Wortes „Dogma“, das nun zunehmend seinem Bedeutungsbereich des Lehrhaften und auf Erkenntnis Ausgerichteten denjenigen des amtlich Bestimmten und rechtlich Bindenden hinzufügt, bis hin zu jener Formulierung des 1. Vatikanischen Konzils (1869/70), die heute gemeinhin als im römisch-katholischen Bereich gültige Definition des Begriffsinhalts dessen angesehen wird, was mit dem Ausdruck „Dogma“ bezeichnet wird: „Mit göttlichem und katholischem Glauben ist . . . all das zu glauben, was im geschriebenen oder überlieferten Wort Gottes enthalten ist und von der Kirche – sei es in feierlicher Entscheidung oder kraft ihres gewöhnlichen und allgemeinen Lehramtes – als von Gott geoffenbart zu glauben vorgelegt wird“ (DH 3011). Auch wenn hier wie in den meisten Äußerungen des kirchlichen Lehramtes bis heute das Wort „Dogma“ auffällig gemieden wird, so sind hier doch die Grundbestandteile seiner Bedeutung versammelt: 1. Der kognitive, d. h. auf Erkenntnis ausgerichtete und in sprachlicher Form faßbare Charakter; allerdings handelt es sich dabei um eine spezifische Form des Erkennens, das nicht auf neutrales Anerkennen, sondern auf engagiertes Bekennen zielt; hierdurch ist auch die sprachliche Form bestimmt: Sätze des Glaubens können nie allein beschreibende Sprache, sie müssen immer zugleich personale, Gott anredende Sprache sein. 2. Die institutionell gesicherte Bezeugung.

3. Das Enthaltensein in Heiliger Schrift und kirchlicher Überlieferung sowie, verbunden damit, 4. der Anspruch göttlicher Offenbarung. Dementsprechend wäre Dogmatik derjenige Teilbereich theologischer Wissenschaft, der das Wort Gottes an die Menschen (4.), wie es in der Heiligen Schrift ursprünglich bezeugt, in der kirchlichen Überlieferung weitergetragen und ausgelegt (3.) sowie in der gegenwärtigen Gemeinschaft der Glaubenden bewahrt und verkündet wird (2.), als solches sich aber an das Wahrheitsbewußtsein jedes Einzelnen richtet (1.), als Zusammenhang (System) seiner Inhalte (Dogmen) darstellt.

Nun drängt sich jedoch erneut die Problematik auf, ob dieser kurze Durchgang durch die Begriffsgeschichte nicht selbst noch einmal dieselben Fragen nach Sinn und Möglichkeit von so etwas wie dogmatischer Theologie aufkommen läßt; ergibt sich nicht aus ihm ebenso der Zweifel, ob sich in menschlicher Sprache angemessen von Gott und seiner Offenbarung reden läßt, ob nicht die grundsätzliche Abgeschlossenheit und somit Unveränderlichkeit der möglichen Inhalte christlicher Glaubenslehre, wie sie durch den Umfang der Heiligen Schrift und des Glaubensbekenntnisses gegeben sind, der Entwicklung der (Selbst-)Erkenntnis des Menschen und somit seiner Selbstwerdung im Wege stehen und ob zuletzt die Freiheit des gläubigen Individuums nicht am vorgeordneten Anspruch der kirchlichen Bindung des Glaubens und seiner lehrhaften Darstellung zunichte wird?

3. Sinn, Möglichkeit und Ort dogmatischer Theologie

3.1. Entlastung durch Begrenzung ihrer Aufgabe und Offenlegung ihrer Voraussetzungen

Obgleich all die genannten Fragen und Zweifel Gegenstand ehrlichen Nachdenkens in Theologie und Kirche sein müssen, muß nicht ein einzelner Zweig der Theologie, hier die Dogmatik, ihre ganze Last auf sich nehmen; z. B. ist es nicht ihre Aufgabe, die grundsätzliche Sinnhaftigkeit von Religion, Glaube, Glaubensgemeinschaft, Offenbarung, unter Absehung von der besonderen Gestalt christlicher Religion, Menschen nahezubringen, die sich selbst nicht als Christen verstehen. Dogmatik ist vielmehr denkende Arbeit am christlichen Glauben, innerhalb dieses Glaubens und für die Gemeinschaft dieses Glaubens. Somit steht sie unter ganz bestimmten Voraussetzungen: Sie sucht sich ihre Themen ebensowenig aus wie ihre Argumente; sie geht aus vom tatsächlichen Vorhandensein christlichen Glaubens in vielen Einzelnen und in deren Gesamtheit; mit diesen teilt sie die Überzeugung, daß sich der unmittelbarer Erfahrung definitiv entzogene Grund und Halt von Mensch und Welt, der selbst zugleich ihr letztes Ziel ist, in Ereignissen erfahrbarer Wirklichkeit von sich aus dieser Welt zu ihrem Heil mitgeteilt hat und daß diese erlösende Selbstmitteilung ihren Niederschlag gefunden hat in menschlichen Zeugnissen unterschiedlichster Art; diese sind als Menschenwerk nicht selbst dieses Nahekommen Gottes, allerdings die von dieser göttlichen Anrede selbst hervorgerufene menschliche Antwort, die daher die Kraft hat, auch über das ursprüngliche Geschehen und Zeugnis hinaus wiederum Anrede zu sein und ihr entsprechende Antworten zu bewirken. Nur auf dieser Basis, also auf der Grundlage von Offenbarung und Heiliger Schrift, ist Dogmatik sinnvoll und möglich.

Wird sie damit aber nicht zugleich überflüssig? Gibt es neben einer Fundamentaltheologie, die versucht, den christlichen Glauben mit der menschlichen Vernunft ins Gespräch zu bringen, und biblisch-exegetischen Disziplinen, die die Heilige Schrift heutigen Lesern erschließen und verständlich machen, überhaupt noch einen Platz für eine dogmatische Theologie? Ist sie vielleicht nur eine auf die jeweilige Gegenwart bezogene Variante historischer Theologie, die in beschreibender Weise ein Bild von der gerade in einer bestimmten Konfession herrschenden Lehre zeichnet? So zumindest scheint es eine berühmte Definition zu verstehen, in der der bedeutendste evangelische Theologe des 19. Jahrhunderts, Friedrich Schleiermacher, die Dogmatik begreift als „Kenntnis der jetzt in der evangelischen Kirche geltenden Lehre" und sie konsequenterweise der historischen Abteilung der Theologie zuweist (Kurze Darstellung des theologischen Studiums zum Behuf einleitender Vorlesungen (1810/1830), § 195 [hg. v. Heinrich Scholz, Darmstadt, 5. Aufl., 1982, 73]). Wäre das aber nicht eher die Aufgabe des kirchlichen Lehramtes, das, etwa durch Publikation von Katechismen oder im Hinblick auf einzelne Lehrfragen durch Dokumente verschiedener Organe, kenntlich macht, was jetzt in der Kirche gilt? Zur Wissenschaft wird Dogmatik jedenfalls erst, wenn sie ihre Aufgabe der Darstellung kirchlicher Lehre zum einen in systematischer Weise und zum anderen in kritischer Absicht wahrnimmt.

3.2. *Dogmatische Theologie als systematische Darstellung kirchlicher Lehre*

Systematisch verfährt die dogmatische Theologie in zweierlei Hinsicht: Zum einen sucht sie alle für die Lehre der Kirche einschlägigen Zeugnisse auf, angefangen mit der Bibel bis hin zu den Äußerungen gegenwärtiger kirchlicher Lehrverkündigung; neben dieser vertikalen Systematizität auf der Zeitachse ist es vor allem aber die horizontale, die die Dogmatik prägt: Sie stellt die Glaubenslehre in ihrem inneren Zusammenhang dar; sie weist auf, daß es sich bei den einzelnen Glaubensartikeln oder Dogmen nicht um eine Aneinanderreihung einzelner Lehren handelt, die separat für wahr gehalten werden müßten oder auch nur könnten; wie die Wahrheit aller christlichen Lehre in dem einen Gott begründet ist, so geschieht auch ihr Aufweis in der Darstellung ihrer Kohärenz, das heißt, ihrer notwendigen sachlichen Verknüpfung: So spricht etwa das 1. Vatikanische Konzil an der schon erwähnten Stelle davon, daß die „vom Glauben erleuchtete Vernunft" den „Zusammenhang ... der Geheimnisse" (DH 3016) erforschen kann, und das 2. Vatikanische Konzil (1962–65) bekennt sich dazu, daß es „eine Ordnung bzw. ‚Hierarchie' der Wahrheiten der katholischen Lehre gibt" (DH 4192).

3.3. *Dogmatische Theologie als kritische Darstellung kirchlicher Lehre*

Das zuletzt genannte Zitat weist bereits auf das zweite Charakteristikum der Dogmatik hin: Zwar sind für die Dogmatik alle in der Kirche gültigen Zeugnisse für die christliche Lehre einschlägig und alle Aspekte dieser Lehre bedeutsam; keinesfalls aber alle auf gleiche Weise: In der Gewichtung der verschiedenen Gestalten der Bezeugung wie in derjenigen verschiedener Inhalte der Lehre gibt es eine Rangordnung oder ‚Hierarchie'; um sie zu wahren, ist unterscheidendes Urteilen, also Kritik vonnöten. Kritik allerdings nicht in dem Sinne, als ob das Denken außerhalb des Glaubens selbst über Entscheidungsmerkmale verfügte, um einzelne Glaubenswahrheiten für wichtig oder unwichtig zu erklären. Auch kann es in der Dogmatik nicht um eine grundsätzliche Kritik des Glaubens gehen. Kritisches Unterscheiden ist jedoch erfordert aus dem Glauben und im Glauben. Wie solche Kritik möglich ist, darauf weist bereits die angeführte Textstelle des 2. Vatikanischen Konzils selbst hin, indem sie die „Hierarchie der Wahrheiten“ an deren jeweiligem „Zusammenhang mit dem Fundament des christlichen Glaubens“ bemißt. Wie die systematische so ist auch die kritische Dimension dogmatischer Arbeit somit auf die Zeugnisse wie auf die Inhalte der christlichen Lehre bezogen: „Fundament des christlichen Glaubens“ ist in ersterer Hinsicht die Heilige Schrift, in letzterer die Selbstoffenbarung des dreifaltigen Gottes. Nur was dieser Sache des Glaubens und ihrem geistgewirkten biblischen Ursprungszeugnis entspricht, hat Anspruch darauf, als Inhalt christlicher Lehre anerkannt werden zu können. Dies schließt nicht im geringsten aus, daß in der Glaubenslehre auch von Welt und Mensch die Rede sein kann und muß und daß auch nachbiblische Zeugnisse der Kirche Maßstab der Formulierung dieser Lehre werden können und müssen; allerdings hat schon Thomas von Aquin darauf hingewiesen, daß eine solche Rede erst dann zu Theologie wird, wenn sie Gott als Grund und Ziel von Mensch und Welt bedenkt (vgl. s.th. I, 1, 7), und daß sie nur dann etwas zu Recht als Glaubensartikel benennt, wenn sie das eindeutige Zeugnis der Bibel auf ihrer Seite hat (vgl. s.th. I, 1, 10).

3.4. Dogmatik als kirchliche Wissenschaft

Scheint nun nicht aber eine dogmatische Theologie, die sich solchermaßen grundlegend an der Heiligen Schrift orientiert und ihren Wahrheitsanspruch durch kohärente Darstellung ihrer Gehalte bewährt, der Kirche überhaupt nicht mehr zu bedürfen; steht diese mit ihren Institutionen und Lehren nicht vielmehr dem Ziel biblischer Ausrichtung und wissenschaftlicher Autonomie im Wege? Wer diese Frage bejaht, verkennt den Charakter des Glaubens ebensosehr wie den der Heiligen Schrift: Glaube ist nämlich keine Ansammlung feststehender Richtlinien für Denken und Handeln, sondern vielmehr eine personale, individuelle wie gemeinschaftliche, Ausrichtung des Lebens auf seinen letzten Grund und sein letztes Ziel hin; ebensowenig ist die Bibel lediglich ein literarisches Zeugnis für eine bestimmte, wenn auch noch so bedeutsame Stufe der religionsgeschichtlichen Entwicklung des Vorderen Orients; das ist sie zweifellos auch und als solche eigener Untersuchung wert; dies allein macht sie aber noch keineswegs zur Heiligen Schrift; dies wird und ist sie nur als ursprüngliches und in seiner Gültigkeit angenommenes Zeugnis eines Glaubens, der – jedenfalls im Falle des Neuen Testaments – zunächst auch unabhängig von ihr existiert hat und auch nach ihr nicht als Buchreligion, sondern als Glaube an das lebendige Wort Gottes, das in Schrift und Kirche wirksam begegnet, fortlebt. Von hier aus kann dann auch die Aussage des 2. Vatikanischen Konzils recht verstanden werden, die Bibel sei „in demselben Geist, in dem sie geschrieben wurde, auch zu lesen und auszulegen", und hierzu gehöre, daß man „auf den Inhalt und die Einheit der ganzen Schrift achtet, unter Berücksichtigung der lebendigen Überlieferung der ganzen Kirche und der Analogie des Glaubens" (DH 4219). Dogmatische Theologie liest also die Heilige Schrift als in der Kirche ent- und verstandene, als ein in all seiner literarischen wie inhaltlichen Differenziertheit abgeschlossenes Ganzes, und sie kann dies nur, weil der christliche Glaube sich auf die Schrift als sein bleibend gültiges Zeugnis bezieht. Der dem Wort Gottes und ihm allein vertrauende Glaube und eine ihm entsprechende Theologie können nur schriftgemäß sein, weil die Schrift glaubensgemäß ist.

Dogmatische Theologie ist aber nicht nur insofern kirchlich, als sie in ihrer Auslegung des Schriftzeugnisses dessen kirchliches Verständnis die Zeiten hindurch bis in die Gegenwart zur Geltung bringt, sie ist es auch in einem noch engeren Sinn: Als Darstellung christlicher Glaubenslehre ist sie von vornherein auf eine Größe bezogen, die außerhalb der Gemeinschaft dieses Glaubens gar nicht existiert; wäre sie nicht Funktion in der und für die Kirche, bliebe sie gänzlich funktionslos. Um es mit Karl Barth, dem bedeutendsten evangelischen Theologen dieses Jahrhunderts, zu sagen: „Dogmatik ist ja eine Funktion der christlichen *Kirche.* Die *Kirche* prüft sich selbst, indem sie Dogmatik treibt . . . Dogmatik außerhalb der Kirche ist keine Möglichkeit" (Die kirchliche Dogmatik, Bd. 1, Halbbd. 1, Zollikon-Zürich 1932, 16; Abk.: KD I/1, 16). In diesem Gedanken der „Selbstprüfung" zeigt sich nun aber zugleich, daß mit der Zugehörigkeit der Dogmatik zur Kirche notwendig auch derjenige wissenschaftlich-kritischer Distanz verbunden ist, wenn die Dogmatik ihren Dienst in und an der Kirche erfüllen können soll. Nur kritische Dogmatik, die gegenüber der jeweiligen kirchlichen Verkündigung eine klärende und reinigende Arbeit aufgrund des Zeugnisses der Schrift und ihrer maßgeblichen Auslegung in der kirchlichen Überlieferung leistet, ist auch kirchliche Dogmatik.

Hieraus ergibt sich eine erste Antwort auf die oben gekennzeichneten skeptischen Anfragen: Dogmatik schreibt nicht vor, was zu glauben ist, sie läßt vielmehr sich vorgeben, was sie auszulegen und darzustellen hat. Innerhalb dieser Vorgabe, die in sprachlicher Form durch das Ursprungszeugnis der Schrift und das weitergehende Geschehen des kirchlichen Verständnisses dieses Ursprungszeugnisses markiert ist, hat sie jedoch durchaus eine kritisch urteilende Funktion. Diese Aufgabe kann sie jedoch nur durch Kriterien wahrnehmen, die ihrer Vorgabe selbst entnommen sind: Sie kann die Glaubenslehre der Kirche nur an deren Glauben selbst messen. Daß dies keineswegs, wie man zunächst vielleicht vermuten möchte, auf eine wechselseitige Bestätigung von kirchlichem Lehramt und theologischer Wissenschaft hinausläuft, zeigt die konfliktreiche Geschichte ihres Verhältnisses zur Genüge.

Auf die beiden grundlegenden Fragen, ob überhaupt von *Endgültigem* gesprochen werden kann bzw. ob vom Endgültigen *gesprochen* werden kann, vermag dogmatische Theologie allerdings erst zu antworten, wenn sie ihre zentralen Inhalte selbst ins Spiel gebracht hat. Dogmatik ist keine Religions- oder Sprachphilosophie, die im vorhinein zum Inhalt christlichen Glaubens ausmachen könnte, wovon sie und in welcher Weise sie zu reden hat. Das all den in diesem Band zusammengetragenen Artikeln gemeinsame Thema „Mensch werden“ ist nun in hervorragender Weise geeignet, auf dem Wege solch einer inhaltlichen Darstellung zugleich diese Grundlagenprobleme dogmatischer Theologie ins rechte Licht zu rücken.

4. „Mensch werden“ als Thema dogmatischer Theologie

4.1. Eindeutige Vorgaben aus Schrift und Tradition?

Der aus der Perspektive der Dogmatik naheliegendste, überdies wohl auch heute noch jedem Christen gegenwärtige Inhalt christlichen Glaubens, den das Stichwort „Mensch werden“ wachruft, ist derjenige der Menschwerdung des Gotteswortes oder Gottessohnes. Zudem scheint hier eine selten klare Ausgangsbasis gegeben, was die biblischen und kirchlichen Zeugnisse angeht. Das in seiner ökumenischen Geltung unübertroffene, weil in allen konfessionellen Gruppierungen der christlichen Kirche als gültiger Ausdruck des Glaubens anerkannte nizäno-konstantinopolitanische Glaubensbekenntnis, das – wie sein Name sagt – auf die Formulierungsarbeit der beiden ersten allgemeinen Konzilien der Alten Kirche in

Nizäa (325) und Konstantinopel (381) zurückgeht, sagt in seinem zweiten, von Jesus Christus sprechenden Artikel unzweideutig, daß in ihm der ewige Gottessohn „Mensch geworden“ sei (DH 150). Daß dies allgemeines Bekenntnis aller christlichen Kirchen sein kann und muß, verwundert nicht weiter, heißt es doch im ersten Kapitel des Johannesevangeliums: „Und das Wort ist Fleisch geworden und hat unter uns gewohnt, und wir haben seine Herrlichkeit gesehen, die Herrlichkeit des einzigen Sohnes vom Vater, voll Gnade und Wahrheit“ (Joh 1, 14). Die etwas andere Ausdrucksweise, die nicht von Mensch-, sondern von Fleischwerdung (daher das aus dem Lateinischen stammende Fremdwort „Inkarnation“) spricht, braucht hier nicht zu irritieren, kann doch aus dem Vergleich mit anderen Passagen des Johannesevangeliums, aber auch aus vielen weiteren biblischen Zeugnissen gezeigt werden, daß hier nichts anderes gemeint ist als der Eintritt des Gottessohnes unter die Bedingungen endlichen menschlichen Daseins (vgl. Klaus Berger, Theologiegeschichte des Urchristentums, Tübingen – Basel 1994, 198–204). Zudem kann auch das genannte Glaubensbekenntnis unmittelbar hintereinander und in offenkundig synonymer Bedeutung von Fleischwerdung und Menschwerdung sprechen (vgl. DH 150). Daß diese Aussage also in prominenter Weise zum Inhalt christlichen Glaubens gehört und in übereinstimmender Weise von gewichtigen Texten aus Heiliger Schrift und kirchlicher Überlieferung gelehrt wird, kann keinem Zweifel unterliegen. Die Aufgabe dogmatischer Theologie, so scheint es, ist in diesem Fall schnell erledigt. Daß dieser Schein trügt, dürfte bald ebenso deutlich werden.

Zunächst ist an das oben Gesagte zu erinnern: Dogmatische Theologie wird ihrer Aufgabe nicht gerecht, wenn sie einzelne Schriften oder gar nur einzelne Stellen der Bibel betrachtet; sie hat als spezifische Aufgabe, das biblische Zeugnis als ganzes zum Tragen zu bringen. In diesem besonderen Fall muß dies auch heißen, daß neben dem zitierten johanneischen Beleg keine zweite Bibelstelle beigebracht werden kann, die – trotz mancher paralleler Vorstellungen (vgl. Berger 214f. 225–227.277f.656f.) – die Lehre einer Menschwerdung des ewigen Gotteswortes in Jesus Christus in gleicher Deutlichkeit formuliert. Zudem hat die Dogmatik in ihrem Umgang mit biblischen Texten von den exegetischen Disziplinen zu lernen: Diese geben, bei aller Umstrittenheit der Datierung und Auslegung gerade der ersten Verse des Johannesevangeliums, zu bedenken, daß es sich hier zwar eventuell um alte, vielleicht sogar vorchristliche Elemente handelt, die in diesem Text benutzt wurden, seine uns vorliegende Gestalt jedoch zu dem Spätesten gehören könnte, das im Neuen Testament enthalten ist (vgl. Philipp Vielhauer, Geschichte der urchristlichen Literatur, Berlin – New York 1975, 453 – 460). Die der Dogmatik abverlangte gesamtbiblische Perspektive hat nun zwar keinerlei Anlaß, ältere Texte gegenüber jüngeren für bedeutsamer zu halten, sie muß aber berücksichtigen, daß es Aussagen gibt, die in der Entwicklung der Verständigung des ursprünglichen Christentums über seinen Glauben erst in einer späteren Phase der Reflexion hervorgetreten sind. Sie ist aber auch umgekehrt genötigt zu beachten, daß die Kirche in ihrer Kanonentscheidung, also in ihrer Sammlung und Abgrenzung christlicher Schriften, in denen sie das Wort Gottes zuverlässig bezeugt fand, nicht allein die späteren, entfalteteren Glaubenszeugnisse berücksichtigt hat, sondern eben auch frühere, die ebenfalls, wenn auch in oft ganz anderer Sprache, beanspruchen, die Bedeutung Jesu Christi in angemessener Weise zur Geltung zu bringen. Das heißt nun zum einen, daß die dogmatische Auslegung des biblischen Zeugnisses die gesamte Bandbreite urchristlicher Interpretation der Person, Botschaft und Lebenspraxis Jesu von Nazaret ins Spiel bringen muß; sie darf sich nicht von vornherein auf die ‚theologischste' oder dem späteren kirchlichen Bekenntnis nächste Deutung beschränken; sie hat neben dem fleischgewordenen Gotteswort auch den endgültigen Propheten, den vollmächtigen Lehrer, den zum Gericht kommenden Menschensohn, den leidenden Gottesknecht, den neuen Menschen von Gott her, den Messias Israels, den wahren Hohenpriester, den in der Auferstehung von den Toten eingesetzten Gottessohn und Herrn zu bedenken, und was der neutestamentlichen Titel für Jesus Christus mehr sind. Von sich her ist keiner dieser gläubigen Verstehensversuche wertvoller oder näher bei der Sache als der andere; so kann grundsätzlich jede dieser Deutungen als zentrale Perspektive oder bevorzugter Zugang gewählt werden; ihre dogmatische Auslegung muß dann allerdings darauf achten, daß dabei nicht das Niveau der übrigen Formulierungen des Bekenntnisses zu Jesus Christus unterschritten wird: Auch die Rede von Jesus als dem Lehrer oder Propheten muß, wenn sie den im Glauben erkannten Christus erreichen will, die Tiefe dessen ausloten, die mit der Rede vom menschgewordenen Gotteswort angezeigt ist.

Ähnliches gilt für den Umgang mit dem nachbiblischen kirchlichen Bekenntnis. Noch stärker ist bei diesem jedoch darauf zu achten, ob seine Formulierungen, gerade auch dann, wenn sie sich derselben Begriffe bedienen wie die Heilige Schrift, damit inhaltlich dasselbe aussagen oder auch nur aussagen wollen. Zwar setzt dogmatischer Umgang mit diesen Texten voraus, daß sie denselben Glauben bezeugen, von dem auch die Bibel spricht; damit steht aber noch keineswegs zugleich fest, daß in einem geschichtlich gewandelten Denk- und Begriffshorizont gleiche Worte auch gleiche Sachverhalte bezeichnen. Wenn etwa das 1. Konzil von Konstantinopel vom fleisch- oder menschgewordenen Gotteswort spricht, so steht dies dort im begrifflichen Rahmen einer nur allmählich und unter tiefgreifenden innerkirchlichen Konflikten entstandenen Unterscheidung des einen göttlichen Wesens und der drei göttlichen Personen, wobei nun die zweite dieser Personen Subjekt der Menschwerdung ist – ein Hintergrund, der bei der gleichlautenden Formulierung im Prolog des Johannesevangeliums so eben noch nicht gegeben ist. Auch wenn man die Ausbildung dieses trinitätstheologischen, also die Dreiheit von Vater, Sohn und Geist in der Einheit des einen Gottes denkenden, Begriffsrahmens als unausweichliche Folge der im Johannesevangelium begegnenden Rede vom ewigen Gotteswort, seiner Fleischwerdung und seiner fortdauernden Gegenwart im Heiligen Geist versteht, ist doch zu bedenken, daß eine aus dem (noch weithin nichtchristlichen) Denken des 4. Jahrhunderts n. Chr. entnommene und weiterentwickelte Begriffssprache späterem Verstehen auch im Wege stehen kann; die Dogmatik hat hier eine klärende Übersetzungsleistung zu vollbringen, wenn nicht schwerwiegende Mißverständnisse in Kauf genommen werden sollen. Ein Beispiel, das die evangelische wie katholische Dogmatik unseres Jahrhunderts in besonderem Maße bewegt hat, ist der in diesem Kontext besonders wichtige Begriff „Person“; da nämlich dessen Verständnis, das sich zunächst an einem allgemeinen Seinsbegriff orientierte und in der Person eine individuelle Verwirklichungsform des allgemeinen menschlichen Wesens sah, sich grundlegend wandelte, und man darunter spätestens seit Beginn der Neuzeit zunehmend das seiner selbst bewußte Zentrum menschlichen Denkens und Handelns verstand, so konnte die ungeschützte und unkritische Rede von drei göttlichen Personen den Glauben an den einen, aber dreifaltigen Gott in einen Drei-Götter-Glauben verfälschen.

Noch bedeutsamer aber, als die durch solche Klärung des geschichtlichen Wandels von Begriffsinhalten vermeidbaren Fehlinterpretationen, sind im Falle des Bekenntnisses zu Jesus Christus als dem menschgewordenen Gotteswort Mißverständnisse, denen diese Rede zu allen Zeiten in gleichem Maße ausgesetzt war, wenn auch mit verschiedenen Folgen. Es handelt sich hierbei um die, von Predigt, Katechese und Frömmigkeitsformen nicht selten noch unterstützte, Verzerrung oder gar Entstellung des in diesem Bekenntnis eingeschlossenen „unterschiedenen Zusammen“ von ewigem Gott und geschichtlichem Menschenleben.

Zunächst kann vom biblischen Zeugnis her am wahren Menschsein Jesu kein Abstrich gemacht werden: „Sein Leben war das eines Menschen“ (Phil 2,7); dies bedeutet nicht nur das Unterworfensein unter Raum und Zeit, Geburt und Tod, sondern noch vieles mehr: Mensch-Sein gibt es nur als Mensch-Werden, in Wachsen und Lernen (Lk 2,52), im Sich-Entscheiden gegen verlockende, aber unwahrhaftige Alternativen (Mt 4,1–11), in der Herausforderung durch überraschende Begegnungen (Mk 7,24–30), im Umgang mit Mißerfolg (Mk 6,1–6). „Mensch werden“ bedeutet für jeden Einzelnen zudem eine notwendige und höchst begrenzte Auswahl aus dem Menschenmöglichen: So gehörten, nach allem, was wir wissen, weder die Erfahrungsbereiche von Sexualität und Gründung einer Familie noch etwa diejenigen von Kunst oder Wissenschaft zum individuellen Leben Jesu von Nazaret, obwohl sie zweifellos wesentliche Teile menschlichen Lebens ausmachen. Keine dieser Bedingungen, und dies ist die klare Aussage des Neuen Testaments, hat Jesus übersprungen; er ist daher keiner, „der nicht mitfühlen könnte“ (Hebr 4,15). Dies hat auch die neben dem nizänokonstantinopolitanischen Glaubensbekenntnis bedeutsamste Lehrentscheidung der Alten Kirche, diejenige des Konzils von Chalkedon (451), klar herausgearbeitet, wenn sie im Hinblick auf „die Menschwerdung des Herrn“ lehrt, er sei „vollkommen in der Menschheit“, „wahrhaft Mensch“ sowie „der Menschheit nach uns wesensgleich“ (DH 300f). Dies gilt auch dann, wenn wir das reichlich statische Verständnis menschlicher Existenz, das hinter dieser Aussage steht, für ergänzungsbedürftig halten.

Buchstäblich im gleichen Atemzug lehrt dieses Konzil jedoch auch, daß der eine Herr Jesus Christus – „ein und derselbe“, wie das Konzil nicht müde wird, immer wieder einzuschärfen – als „vollkommen in der Gottheit“, „wahrhaft Gott“, „der Gottheit nach dem Vater wesensgleich“ (DH 301) zu bekennen ist. Auch dies ist gesagt zum Ausschluß tiefgreifender Mißverständnisse, die sich jedoch in der Geschichte des Christentums nie ganz haben ausräumen lassen. Noch in unserem Jahrhundert mußte Karl Rahner diagnostizieren: „Wenn wir mit den Schemata unserer Alltagssprache sagen: ‚Gott wird Mensch‘, dann denken wir unwillkürlich entweder an eine Verwandlung Gottes in einen Menschen oder verstehen den Inhalt des Wortes ‚Mensch‘ in diesem Satz als Livree, als Gliederpuppe oder so etwas Ähnliches, durch das sich Gott selbst auf der Bühne seiner Weltgeschichte bemerkbar macht. Beide Deutungen dieses Satzes sind aber unsinnig und sind das Gegenteil dessen, was das christliche Dogma wirklich sagen will. Denn Gott bleibt Gott und verwandelt sich nicht, und Jesus ist ein wirklicher, wahrhafter, endlicher Mensch, der Erfahrungen macht, anbetend vor der Unbegreiflichkeit Gottes steht, ein freier und gehorsamer Mensch, in allem uns gleich“ (Schriften zur Theologie Bd. 8, Einsiedeln 1967, 214f).

Was ist es nun aber, „was das christliche Dogma wirklich sagen will“, indem es behauptet, Jesus Christus sei zugleich ganz und gar Gott und ganz und gar Mensch? Zunächst einmal setzt dies voraus, daß es zwischen Gott und dem Menschen keines Dritten, keiner Zwischenträger oder Unterhändler bedarf. Gott, der den Menschen auf Gemeinschaft mit ihm hin geschaffen hat und sie diesem auch anbietet, tut dies als ewiger und weltüberlegener Gott in der geschichtlichen Gestalt eines Menschen. Das Wort Gottes, also Gott selbst in seiner Zuwendung zu seiner Schöpfung, tritt uns im Leben, Reden und Handeln Jesu von Nazaret entgegen. In seiner Menschwerdung wird sichtbar, was mit dem Menschen von Gott her immer gemeint war; an ihm ist abzulesen, was Menschsein sein kann und sein soll.

Welches sind nun die Grundzüge des Lebens Jesu von Nazaret, aus denen Mensch-Werden gelernt werden kann? Kurz gesagt: Gottes Herrschaft als das Heil der Menschen. Jesus läßt in vollmächtigem Wort und wirksamer Tat eine Wirklichkeit zum Zuge kommen, die die Menschen in seiner Umgebung von Krankheit (Joh 9,1–7), Selbstfixierung (Lk 18,9–14), sozialer Isolation (Mk 2,13–17), Machtbesessenheit (Mk 9,33–35) und ausbeuterischem Handeln (Lk 19,1–10) befreit, und die er nicht anders denn als Gottes eigenes Herrschen bestimmt, das auf nichts anderes als dessen freie Annahme durch die Menschen aus ist. „Herrschaft Gottes“ wird darin als Bestimmtsein durch bedingungslose Liebe und hilfreichen Dienst am Anderen verstanden und schließt somit menschliche Herrschaft über Menschen aus (Lk 22,24–27). Die Realisierung solcher „Herrschaft“ ruft jedoch den Widerstand derjenigen Mächte hervor, die in ihr zu Recht ihren Untergang heraufkommen sehen. Sie kristallisieren sich in der physischen Vernichtung ihres Urhebers. Auch im klaren Blick auf sein Todesschicksal erweist sich Jesus von Nazaret jedoch wiederum als derjenige, der nicht auf Selbstbewahrung aus ist, sondern sein Leben bis zum Ende zugleich Gott und den Menschen zur Verfügung stellt (Mk 8,31–37). Das gläubige Bekenntnis seiner Jünger zur Auferweckung Jesu durch Gott bezeugt, daß diejenigen, die sich zu dessen Lebzeiten auf ihn eingelassen hatten, nun erfahren, daß auch der gewaltsame Tod Jesu die Wirksamkeit der in ihm Ereignis gewordenen Gottesherrschaft nicht auszulöschen in der Lage war (Lk 24,13–35). Derselbe Gottesgeist, der die Sache wie die Person Jesu nicht im Tode gelassen, sondern zu neuem, unzerstörbaren Leben erweckt hat (Röm 1,4), war es auch – und dies erkennen die Glieder der urchristlichen Gemeinde mehr und mehr -, der nicht nur in einzelnen Reden und Handlungen Jesu von Nazaret am Werk war, vielmehr sein ganzes öffentliches Auftreten bestimmt (Mk 1,9–11), ja sogar seine gesamte geschichtliche Existenz von Anfang an ermöglicht und geprägt hat (Mt 1,18–25). Derselbe Gottesgeist ist es daher, der Wort, Tat und Person Jesu bleibend gegenwärtig hält und den ihm nachfolgenden Menschen den Eintritt in die Existenzform Jesu, also das Mensch-Werden nach Gottes Absicht, möglich macht (Joh 14,15–31). Wer also von dem durch Jesus geschichtlich in Erscheinung getretenen und seither wirksam gebliebenen Modell, Mensch zu werden, reden will, der muß – will er das Selbstverständnis Jesu und seiner Jünger nicht überspringen – zugleich von Gott reden; von Gott, aus dem allein her Jesus sein Leben versteht und dessen Herrschaft er verkündet – dem Vater; von Gott, dessen Zuwendung zur Welt er in seiner ganzen Person selbst verwirklicht – dem Sohn; von Gott, der diese Selbstmitteilung des Vaters durch den Sohn ermöglicht und trägt – dem Geist.

Dogmatische Theologie hat also, wenn sie danach gefragt wird, was sie zu dem Thema „Mensch werden" zu sagen habe, zunächst auf den wahren Menschen Jesus von Nazaret zu verweisen und von ihm her deutlich zu machen, daß es gerade sein wahres Menschsein ist, wodurch und in dem er „unvermischt, unverändert, ungetrennt und ungeteilt" (vgl. DH 302) zugleich Gottes Wort ist. Sie hat also in ihrer Rede von Jesus Christus von Gott in Christus zu sprechen; dies ist jedoch nicht möglich, ohne auch vom im Ereignis Jesu Christi selbst nahegekommenen Gott zu handeln. Daß Gott in einem Menschen, also in einem Stück Welt und Geschichte, sichtbar wird, setzt wiederum ein bestimmtes Verständnis von demjenigen voraus, das nicht selbst Gott ist, obwohl es ohne Gott nicht sein kann: die Schöpfung. Diese gleichzeitig von Selbständigkeit und Abhängigkeit gekennzeichnete Schöpfung hat ihr deutlichstes Symbol in den nur zusammen realisierbaren Wesenselementen des Menschen: Freiheit und Gemeinschaft. Gerade hierin wird Menschsein aber zur Grammatik der Selbstmitteilung Gottes, die sich in Jesus von Nazaret realisiert. In ihm kommt Gott zur Welt, die Welt zu Gott und der Mensch zu sich selbst. Dieses Zu-sich-Kommen des Menschen durch die Begegnung mit Gott in Jesus Christus geschieht daher immer zugleich auf der individuellen wie der gemeinschaftlichen Ebene: Als Befreiung von der Verkehrung in sich selbst sowie als Eingliederung in das Volk Gottes, das Jesus Christus in Wort, zeichenhaftem Handeln und Dienst an den Menschen in der Welt gegenwärtig sein läßt. Wie der christliche Glaube die Vollendung des Lebens Jesu als Auferstehung und Bei-Gott-Sein bekennt, so hofft er auch auf ein endgültiges Zu-sich-Kommen der Menschen als Bewahrung ihres Lebens in der Auferstehung von den Toten. Dogmatische Rede hat sich also, um dasselbe noch einmal anders und etwas formaler zu sagen, als Zusammenhang der Themenbereiche (Traktate) von Gotteslehre, Christologie, Schöpfungslehre, Gnaden- oder Rechtfertigungslehre, Ekklesiologie (Lehre von der Kirche), Sakramentenlehre und Eschatologie (Lehre von der Vollendung von Welt und Mensch) zu vollziehen.

Nun ist nochmals zurückzublenden auf die zu Beginn formulierten skeptischen Einwände gegen jede Art von Dogmatik. Nicht die wissenschaftlichen Ergebnisse oder Sätze der Dogmatik beanspruchen endgültige Rede vom alles Begreifen und Benennen übersteigenden Grund und Ziel aller Wirklichkeit zu sein; sie versuchen jedoch, und dies zu jeder sowie für jede Zeit neu, dasjenige Ereignis angemessen zur Sprache zu bringen, in dem der Unbegreifliche und Unbenennbare sich selbst in endgültiger und unüberbietbarer, weil rückhaltloser Weise mitgeteilt und sich damit sichtbar und benennbar gemacht hat. Dieses Ereignis zielt auf freie Annahme im Glauben und ist seit Jesu Tod und Auferstehung nur im Zeugnis dieses Glaubens zugänglich. Die Doppelgestalt dieses Zeugnisses besteht in der Heiligen Schrift als dem Buch der Kirche und ebendieser Kirche selbst, die nichts anderes leben und bezeugen will als den in der Heiligen Schrift in unüberholbarer Weise zum Ausdruck gebrachten Glauben an das in der Zeit erschienene Wort des ewigen Gottes.

Die Dogmatik hilft der Kirche ihrer Zeit dabei, sich nicht von

Gottes Wort und damit von dem alleinigen Grund ihrer Existenz zu entfernen. In ihrer Arbeit an der Sprache und dem Begriff des Glaubens will sie diesen Glauben weder begründen noch will sie über diesen Glauben hinausgelangen.

Der Philosoph Georg Wilhelm Friedrich Hegel behauptet, es sei „nicht viel damit gesagt, die Philosophie verdanke der Erfahrung ... ihre erste Entstehung ..., so sehr als man das Essen den Nahrungsmitteln verdanke, denn ohne diese könnte man nicht essen; das Essen wird freilich in diesem Verhältnisse als undankbar vorgestellt, denn es ist das Verzehren desjenigen, dem es sich selbst verdanken soll. Das Denken ist in diesem Sinne nicht weniger undankbar" (Enzyklopädie der philosophischen Wissenschaften im Grundrisse [1830], § 12 [hg. v. Friedhelm Nicolin und Otto Pöggeler, Hamburg, 8. Aufl. 1991, 45]). Er gibt uns hiermit die Gelegenheit, die Dogmatik von anderen Formen des Denkens abzusetzen: Sie verdankt dem Glauben als ihrem Ausgangspunkt in der Erfahrung nicht nur ihre erste Entstehung, sondern hat in ihm auch ihren letzten und einzigen Zweck. Von daher könnte dogmatische Theologie als das dankbare Denken des Glaubens bezeichnet werden.

Grundlegende Literatur

Beinert, Wolfgang: Dogmatik studieren. Einführung in dogmatisches Denken und Arbeiten, Regensburg 1985.

Dogma und Glaube. Bausteine für eine theologische Erkenntnislehre (Festschrift für Walter Kasper), hg. von Eberhard Schockenhoff und Peter Walter, Mainz 1993.

Frey, Christofer: Dogmatik. Ein Studienbuch, Gütersloh 1977, 3. Auflage 1993.

Ganoczy, Alexandre: Einführung in die Dogmatik, Darmstadt 1983.

Kasper, Walter: Art. „Dogma/Dogmenentwicklung" u. „Dogmatik", in: Neues Handbuch theologischer Grundbegriffe. Erweiterte Neuausgabe, hg. v. Peter Eicher, Bd. 1, München 1991, 292–320.

– : Jesus der Christus, Mainz 1974, 11. Auflage 1992.

Pannenberg, Wolfhart: Grundzüge der Christologie, Gütersloh 1964, 7. Auflage 1990.

Barbara Henze

Menschwerdung im Verstehen der Vergangenheit: Eine kirchengeschichtliche Perspektive, erläutert am Fall der Beginen

1. Kirchengeschichte und „Mensch werden“

Ist das Ziel der Geschichtsschreibung, die Menschen der Vergangenheit zu verstehen, dann geschieht „Menschwerdung“ von Menschen verschiedener Zeit, der vergangenen und der gegenwärtigen.

Geschichtsschreibung kann verhindern oder fördern, daß Menschen so zur Geltung kommen, wie sie waren, daß längst Verstorbene wieder Gestalt annehmen. Menschenleben werden durch Geschichtsschreibung rekonstruiert, sie „werden“, und die ForscherInnen haben sie dann verstanden, wenn sich die Rekonstruktion mit dem faktischen Mensch-gewesen-Sein deckt. Die Auseinandersetzung mit den Menschen der Vergangenheit läßt niemanden unberührt. Sie verändert den Blick auf das Leben, auf die eigene Rolle, die man in ihm spielt. Da der Mensch sich selbst verliert, wenn er seine Geschichte verliert, gibt es keine „Menschwerdung“ ohne „Erinnern“. Im Prozeß um die angemessene „Menschwerdung“ vergangener Menschen werden auch HistorikerInnen selbst Mensch, Subjekt ihrer eigenen Geschichte.

Dies kann ein akademischer Lehrsatz bleiben. Marc Bloch (1886–1944) lebte ihn. Als Professor für mittelalterliche Geschichte in Straßburg und an der Sorbonne in Paris charakterisierte er seinen Beruf mit dem Ausspruch des bedeutenden Wirtschafts- und Sozialgeschichtlers Henri Pirenne: „Wäre ich Antiquar, würden mich nur alte Sachen interessieren. Aber ich bin Historiker. Deshalb liebe ich das Leben“ (Bloch, Apologie 38). Diese Liebe zeitigte für Bloch Konsequenzen. Bei Kriegsausbruch 1939 meldete er sich freiwillig zum Militär, arbeitete in der Résistance mit und wurde deswegen von der Gestapo gefoltert und erschossen.

Wie blicken HistorikerInnen auf die Vergangenheit? Aus ihr übermitteltes schriftliches und nicht-schriftliches Material, wie Archivalien und Tagebücher, Möbelstücke oder Kleidung, werden beachtet und dadurch dem Vergessen entrissen. Im Unterschied zum Antiquar, der sich an den vom Staub befreiten Gegenständen als solchen freut, nimmt die Historikerin sie als Indiz für das Leben der Menschen, die mit ihm umgingen, es produzierten oder von ihm bestimmt wurden. Weil es um die Menschen in ihrer jeweiligen Zeit geht und nicht um den Menschen als solchen, ist das Bild der Vergangenheit bunt. Das Leben der Menschen, ihre Gedanken und ihr Wirken, ist in vielfältige Kontexte hineingestellt. Haben Veränderungen dieser Bezüge auf ihr Leben Einfluß und wie? Soll das Leben der Menschen in ihrer Zeit vor Augen kommen, wird das Forschungsgebiet weit: Alles, mit dem sie in Berührung gekommen sein könnten, müßte nach Spuren von ihrem Leben untersucht werden, das familiäre und soziale Umfeld, die Bildungseinrichtungen und die finanziellen Möglichkeiten, der Wohnort und die Literatur, die gelesen wurde, die Ideen, die in der Luft lagen und der Freundeskreis, die politische, kirchliche und wirtschaftliche Groß- und Kleinwetterlage, ... Geschichte, der es um die Menschen geht, strebt immer eine „Global“- oder „Total“-Geschichte an, „fertig“ wird sie nie. Denn mit jedem Blick auf das Leben stellen sich neue Fragen.

Dies gilt auch für die (katholische) Kirchengeschichte. Von den vielen Fragen, die gestellt werden müssen, will man den Menschen der Vergangenheit gerecht werden, liegt ihr eine besonders am Herzen, nämlich die, was früheren Generationen der Glaube an Gott bedeutete, wie er sich in ihrem Leben realisierte, was ihn prägte und was ihn verkümmern ließ, welche Rolle die Sachwalterinnen der christlichen Religion, die Kirchen, spielten. Religiöse, christliche Phänomene kommen in der Kirchengeschichtswissenschaft in zweifacher Hinsicht ins Spiel. Erstens als Gegenstand der Erforschung der Vergangenheit, da Menschen, Institutionen und Situationen mit ihnen in Berührung kamen. Insofern wäre eine Geschichtswissenschaft, die religiöse Phänomene nicht berücksichtigte, gleichwohl aber vorgäbe, den Menschen der Vergangenheit gerecht werden zu wollen, eine schlechte Wissenschaft. Zweitens können Religion und religiöse Phänomene auf die Forscherin bzw. den Forscher selbst einwirken. Da man natürlich auch als Nicht-Christin oder Nicht-Christ Kirchengeschichte betreiben kann, ist dabei die gesamte Spannbreite möglich zwischen der Position, daß man Religion für sich als irrelevant befindet, und der, daß man als konfessionell gebundene(r) Christ(in) forscht. Lehrt man Kirchengeschichte im Rahmen einer theologischen Fakultät, gleich ob protestantisch oder katholisch, dann bekennt man sich damit zu einer bestimmten christlichen Weltanschauung, von der ein wesentliches

Abweichen Grund für den Entzug der Lehrerlaubnis bietet. Ob und, wenn ja, wie kirchengeschichtliches Arbeiten durch eine Einbindung in die Universitätstheologie beeinflußt wird, ist erörterungswürdig. Entscheidend ist, *wie* sich kirchengeschichtliches Arbeiten versteht, und in *welche* Theologie es sich einordnet. Eine Möglichkeit wird im folgenden anhand der Ausführungen zu den Beginen, einer im 13. und 14. Jahrhundert recht bedeutenden Gruppe religiöser Frauen, gezeigt.

2. Kirchengeschichte konkret: Die Beginen

Der chronologisch erste Text, der wahrscheinlich kaum einen Beginenkonvent in der katholischen Kirche unberührt ließ, war der Beschluß des Konzils von Vienne (1311), bestimmte Frauen, „die Beginen genannt werden", zu verfolgen. Von diesem Konzilstext soll im folgenden ausgegangen werden.

2.1. Das Bild der Beginen in normativen Texten

2.1.1. Die Texte des Konzils von Vienne (1311)

Was erfährt man aus den Konzilsbeschlüssen über die Beginen, warum sollten sie verfolgt werden? Die wichtigsten Passagen des Dekrets, das nach den Anfangsworten „Cum de quibusdam mulieribus" genannt wird, lauten (gedruckt: Conciliorum Oecumenicorum Decreta = COD 374, [16]):

Sie sind Frauen, die ein besonderes Gewand tragen, das man als Beginentracht bezeichnet („habitum, qui Beguinarum dicitur, deferant"). Ordensleuten, zu denen sie sich besonders hingezogen fühlen, schließen sie sich an („adhaereant religiosis aliquibus, ad quos specialiter trahitur affectio earundem"). Als seien sie von Geistesverwirrung getrieben, disputieren und predigen einige über die Heiligste Dreifaltigkeit und über die göttliche Wesenheit und vertreten bezüglich der Glaubensartikel und Sakramente der Kirche dem katholischen Glauben widersprechende Meinungen („earum aliquae, quasi perductae in mentis insaniam, de summa Trinitate ac divina essentia disputent et praedicent ac circa fidei articulos et ecclesiastica sacramenta opiniones catholicae fidei contrarias introducant"). Sie verleiten viele einfache Menschen, die sie diesbezüglich täuschen, zu verschiedensten Irrtümern („et, multos super his decipientes simplices, eos in errores diversos inducant") und tun und begehen unter dem Deckmantel der Heiligkeit noch vieles andere, was eine Gefahr für die Seelen bedeutet („aliaque quam

plura periculum animarum parientia sub quodam velamine sanctitatis faciant et committant").
Von welchen Frauen werden sie unterschieden? Sie sind keineswegs Ordensfrauen, da sie niemandem den Gehorsam versprochen haben, nicht auf ihr Eigentum verzichten und keiner approbierten Regel folgen („quae, cum nulli promittant oboedientiam nec propriis renuncient, neque profiteantur aliquam regulam approbatam, religiosae nequaquam exsistunt").

Das Dekret des Konzils verbietet eine solche Lebensweise. Wird sie nicht aufgegeben, exkommunizieren sich die Frauen damit selbst. Ordensleuten wird streng verboten, die Lebensweise in irgendeiner Weise zu unterstützen.

Das Dekret endet mit der Bezeichnung der Ausnahme: Allerdings beabsichtigen wir durch das vorhergehende keineswegs zu verhindern, daß, so es fromme Frauen gibt, die das Gelübde der Enthaltsamkeit abgelegt haben oder auch nicht und ehrsam in ihren Unterkünften leben, die Buße tun und dem Herrn der Tugenden im Geist der Demut dienen wollen, ihnen dies gestattet wird, ganz wie Gott es ihnen eingibt („Sane per praedicta prohibere nequaquam intendimus quin, si fuerint fideles aliquae mulieres, quae promissa continentia vel etiam non promissa, honeste in suis conversantes hospitiis, poenitentiam agere voluerint et virtutum Domino in humilitatis spiritu deservire, hoc eisdem liceat, prout Dominus ipsis inspirabit").

Welche Informationen über die Beginen sind in dem Text enthalten? 1. Beginen tragen eine charakteristische Kleidung. 2. Sie stehen in einer nicht geklärten Beziehung zu den Orden, denn einerseits folgen sie „bestimmten Ordensleuten", andererseits sind sie selbst keine Ordensfrauen, da sich wichtige Konventionen bei ihnen nicht finden, das Gehorsamsgelübde, der Verzicht auf Eigentum und eine approbierte Regel. 3. Sie bilden sich ihre eigenen Meinungen über theologische Fragen und verwirren diesbezüglich die Leute, bringen sogar deren Seelen in Gefahr. 4. Anders als Frauen, die so leben und die sich dadurch selbst exkommunizieren, sind fromme Frauen zu behandeln, die ein Leben in Buße führen. Diese dürfen ihre Lebensweise beibehalten.

Nach dem Dekret geht es also bei den Beginen einerseits um eine Lebensweise, andererseits um ihre Theologie. Die nur vagen Andeutungen zu letzterer – die Beginen verträten Irrtümer bezüglich der Trinität, der Glaubensartikel und der Sakramente – wurden schon bei den Zeitgenossen schnell durch die Aussagen eines weiteren Dekrets des Konzils präzisiert. In „Ad nostrum qui" (COD 383f, [28]) ist die Rede von einer gewissen verabscheuungswürdigen Sekte übler Männer, den Begarden, und ungläubiger Frauen, die gewöhnlich Beginen genannt werden („secta quaedam abominabilis quorundam hominum malignorum, qui Beguardi, et quarundam infidelium mulierum, quae Beguinae vulgariter appellantur"). Besonders in Alemannien tue sie sich durch schlechte Werke und ihre gottlose Lehre hervor. Acht inhaltliche Punkte dieser Irrlehre – in der Literatur als Ketzerei des „freien Geistes" bezeichnet – werden in „Ad nostrum qui" ausgeführt und verurteilt. Folgerichtig wird zur Ausrottung der Irrtümer und Verfolgung der Begarden und Beginen aufgerufen.

Wird „Begine" mit „Mitglied einer häretischen Sekte" gleichgesetzt, dann war es nun leicht möglich, alle Beginen zu verfolgen, selbst dann, wenn der Häresievorwurf nicht im einzelnen erbracht werden konnte. Dabei hatten die Dekrete nicht beabsichtigt, allen Beginen die Lehre vom „freien Geist" zu unterstellen. Dies belegt der Blick in die Entstehungsgeschichte der Dekrete.

2.1.2. Die Konzilsbeschlüsse und das Kirchenrecht

In der letzten Sitzung des Konzils von Vienne, am 6. Mai 1312, erklärte Papst Clemens V., daß alle Konstitutionen des Konzils, gleich ob verlesen oder nicht, dann rechtskräftig werden, sobald sie den Universitäten zugeschickt worden sind (Lecler 157). Die Konstitutionen wurden bearbeitet, doch unterblieb bis zum Tod des Papstes am 20. April 1314 die Versendung (ebd. 168). Erst sein Nachfolger, Papst Johannes XXII., verschickte sie – nach einer erneuten Revision – am 25. Oktober 1317, dem Datum ihres offiziellen Inkrafttretens. Der Papst fügte sie in die Gesetzessammlung der „Clementinen", benannt nach seinem Vorgänger, ein. In der Edition des Corpus Iuris Canonici, der großen mittelalterlichen Rechtssammlung, steht „Cum de quibusdam" im dritten Buch der Konstitutionen Clemens', im 11. Titel und dortigen ersten Kapitel (abgekürzt: Clem. 3.11.1), „Ad nostrum qui" in Clem. 5.3.3. (Corpus Iuris Canonici, hg. von Aemilius Friedberg, 2 Bde., Leipzig 1839, 2. Auflage 1879–1881). Aus dieser Rechtssammlung stammen die obigen Zitate der Konzilsdekrete, ohne daß man wüßte, welcher Anteil von ihnen überhaupt auf dem Konzil beschlossen wurde. Wer wie an den Redaktionsarbeiten beteiligt war, ist nicht mehr nachzuvollziehen. Vom Konzilsverlauf und seinen Beschlüssen sind keine offiziellen Akten erhalten. Es existieren lediglich handschriftliche Aufzeichnungen, die auf eine konziliare Quelle zurückgehen, die in München aufbewahrt und von daher „Münchener Handschrift" genannt wird. In ihr werden die Beginen nur an einer einzigen Stelle, in Nr. 16, erwähnt. Ihnen wird dort verboten, in Konventen zusammen zu leben, es sei denn, eine Tochter oder Nichte wohne in ihrem Haushalt. Nr. 27 hat Ähnlichkeiten mit „Ad nostrum qui", da von einer zu verfolgenden deutschen Gruppe, den Begarden, deren acht Irrtümer aufgelistet werden, die Rede ist. Der Hinweis auf Beginen, der in den „Clementinen" an dieser Stelle steht, fehlt. Die Erweiterung des Kreises der zu verfolgenden Anhänger der Sekte des „freien Geistes" auch auf Beginen scheint daher auf die nachkonziliare Revision durch die päpstliche Kanzlei zurückzugehen (Tarrant 302). Welche Einstellung hatte sie zu den Beginen, d. h. was waren die Beweggründe für die Formulierungen der Kanzlei?

Aus ihrer Hand gibt es im Corpus Iuris Canonici zwei weitere zeitgenössische Dekrete, in denen es um Beginen geht. In dem einen, „Sancta Romana" (in der Sammlung Papst Johannes XXII, genannt Extravagantes, 7.1.), werden „beguini" als ein möglicher Name für eine in Italien und Südfrankreich lebende Gruppe, sonst bekannt als „Fraticellen", genannt. Damit kann der Name „Begine" verschiedenste Gruppen bezeichnen, denn da es um völlig verschiedene Länder geht, können die Beginen von „Sancta Romana" nichts mit denen von „Ad nostrum qui" zu tun haben. Warum sollten dann die von „Ad nostrum qui" die gleichen wie die von „Cum de quibusdam mulieribus" sein (Tarrant 306f)? In „Ratio recta" (Extravagantes Commun. 3.9.1.) gestattete Johannes XXII. Frauen, die bestimmte Auflagen erfüllten, weiterhin nach Art der Beginen zu leben. Die Bischöfe sollten sie nicht verfolgen. Entsprechende Mahnungen schickte Johannes zwischen 1320 und 1326 an diverse Ortsordinarien (Belege bei Tarrant 307 Anm.22). Damit ist die Position der päpstlichen Seite klar: Sie unterscheidet in „Ad nostrum qui" und „Cum de quibusdam mulieribus" drei Arten Beginen, einmal die, die wie die Begarden die Irrtümer der „Lehre vom freien Geist" vertreten und verfolgt werden sollen, dann die, die durch ihre Disputation Leute in Verwirrung bringen und gegen die daher vorgegangen werden soll, und schließlich die frommen Frauen, deren Lebensweise sie lobt (Tarrant 308).

2.1.3. Die Rezeption der Beschlüsse

Wie ist man im kirchlichen Leben mit diesen normativen Texten und ihrer Position umgegangen? Allgemein gesagt: Entscheidend für die Rezeption der päpstlichen Beschlüsse war, ob sie in die konkrete kirchenpolitische Landschaft paßten oder nicht. Wenn man eine Legitimation für das eigene restriktive Vorgehen brauchte, übertrug man den Verfolgungsaufruf pauschal auf alle Beginen, ohne im Einzelfall dem Häresieverdacht nachzugehen. Wollte man aber einen Beginenkonvent schützen, konnte man sich auf die päpstlichen Differenzierungen berufen. So wurden 1317–1319 in Straßburg nur häretische Begarden und ihr weiblicher Anhang verfolgt und erst dann eine generelle Aufhebung des Beginenstandes angeordnet, als der Konflikt zwischen Bettelorden und Pfarrklerus so weit eskaliert war, daß Kompromisse gefunden werden mußten. Zur Erreichung eines solchen Kompromisses wurden die Beginen geopfert (Patschovsky 99f; 104). Die allgemeine Tendenz war die, daß sich nach Vienne die kirchenpolitische Lage für die Beginen verschärfte mit dem Ergebnis, daß es danach das „freie" Beginentum nicht mehr gab, sondern die Beziehung der Konvente zu den Orden rechtlich abgesichert und der Verklösterlichungsprozeß der Konvente forciert wurde (Wilts 198f).

Der Konzilstext, die (nicht immer einheitliche) Position der päpstlichen Kanzlei und das Vorgehen der Bischöfe beschreiben den kirchenamtlichen Stellenwert der Beginen. Wie verhält er sich zur Realität?

2.2. Wer waren die Beginen wirklich?

2.2.1. Was meint „Begine"?

Die Frage, wer die Beginen waren, wird über die Namenserklärung zu beantworten gesucht. Drei verschiedene Hypothesen sind dazu aufgestellt worden. „Begine" kann von „beige" abgeleitet werden, der Farbe ihrer Kleidung aus ungefärbter Wolle, auf die auch „Cum de quibusdam mulieribus" angespielt hatte. Diese Deutung reiht die Beginen in die Armutsbewegung ein, deren Kennzeichen die entsprechend farbige Kleidung war. Zweitens kann der Name eine Verkürzung von „Al-bigen-ser" sein, der Bezeichnung der südfranzösischen Katharer, womit die Zugehörigkeit zu einer häretischen Bewegung ausgedrückt wäre. Drittens sind Personen ins Spiel gebracht worden, auf die sich möglicherweise die Beginen zurückführen lassen, und deren Namen in „Begine" wieder aufgegriffen worden sei. Zur Diskussion stehen die heilige Begga (+ 693) und Lambert le Bègue, ein Priester aus Lüttich. Welche dieser Erklärungen die richtige ist, läßt man heute im allgemeinen offen. Der Blick in die Quellen zeigt, daß mit der Namenserklärung allein wenig gewonnen ist, da „Beginen“ nur eine von vielen Bezeichnungen ist. Die Frauen können auch „Schwestern in der Welt“ genannt werden, oder „sorores, swestriones, suestern, mulieres devotae, virgines continentes, mulieres poenitentes, sanctae, santarellae, beatae, pinzochere [= Büßerinnen]“ (Elm 14). Der Name „Begine“ wird erst seit den 30er/40er Jahren des 13. Jhdts. in den nördlichen Ländern Europas gebräuchlich (Grundmann 185f), in der Bodenseeregion findet er sich im gesamten 13. Jhdt. nur ein einziges Mal, nämlich 1247, in einem Privileg Papst Innozenz‘ IV. bezüglich Beginen in Zürich (Wilts 81 Anm. 242).

Man ist daher dazu übergegangen, nicht den *Namen* „Begine“, sondern die *Lebensweise* einer Begine als ausschlaggebend zu betrachten. Als charakteristisch für das Leben als Begine gilt, daß diese sich ihren Lebensunterhalt selbst verdiente, indem sie in der Textilverarbeitung tätig war, in Klöstern oder Privathaushalten kochte, wusch und putzte oder eine Krankenpflege übernahm. Man findet sie auch am Sterbebett, als Totenwäscherin und bei der Bestattung, desgleichen wurden ihr die Sorge um das Totengedächtnis und die Grabpflege übertragen (Elm 15). Meist lebte sie mit mehreren Frauen zusammen. Die Größe der Zusammenschlüsse konnte zwischen zwei oder drei und mehreren hundert Frauen schwanken. Letztere bildeten als Beginenhöfe eine Welt für sich. Sie waren in Flandern, Brabant, den Niederlanden und Nordfrankreich verbreitet, wo sie z.T. bis ins 20. Jahrhundert hinein existierten. Da es auch einzeln lebende Beginen gab, war die Sozialform überhaupt nicht festgelegt. Desgleichen war offen, nach welchen Regeln das Zusammenleben erfolgte, denn diese gaben sich die verschiedenen Beginengemeinschaften selbst. Ein entscheidender Unterschied zu den Ordensregeln war die Möglichkeit, die Gemeinschaft verlassen zu können. Der andere wesentliche Unterschied lag in der Nichtrealisierung eines Lebens in Klausur. Die Betreuung von Kranken und Sterbenden und handwerkliche Betätigung machten ein Verlassen der eigenen vier Wände erforderlich.

2.2.2. Wo waren Frauen zu finden, die so lebten, und wann lassen sie sich erstmals nachweisen?

Pauschal wird die Frage nach der geographischen Einordnung so beantwortet, daß in Europa vorzugsweise in solchen Gegenden beginische Gemeinschaften nachzuweisen sind, wo die Entwicklung der Städte am weitesten vorangeschritten war, nämlich in den südlichen Niederlanden und im Rheinland, in Südfrankreich und in Norditalien. Auch lebten sie in Spanien, in Polen und in Livland. Tendenziell stieg die Anzahl der Beginenhäuser mit der Größe der Städte. Außerdem konnten sie um so eher Fuß fassen, je größer die Stadt war. Für das Bodenseegebiet sind in den städtischen Zentren am See 14 Konvente nachweisbar, in sämtlichen übrigen 54 Kleinstädten zusammen nur 13; die Zeitverschiebung in den Kleinstädten betrug gegenüber den größeren Städten fast dreißig Jahre (Wilts 41). Im deutschsprachigen Gebiet sind in Basel um 30 Beginenhäuser gezählt worden, in Frankfurt 57 und in Straßburg 85. Die Spitze bildete Köln mit 169 Gemeinschaften, in denen 1320 ca. 1000 Frauen lebten, d. h. 15 % der erwachsenen weiblichen Bevölkerung (Bynum, Religious Women 18). Einige Daten zur zeitlichen Einordnung seien angefügt: 1215 berichtete Jakob von Vitry in seiner „Vita der Maria von Oignies“ über die Lebensweise frommer Frauen, die er in dem Gebiet um Nivelles kennengelernt hatte. Ein Jahr später erwirkte er von Papst Honorius III. die mündliche Erlaubnis, daß „mulieres religiosae“ ein gemeinschaftliches Leben führen durften. Ähnlich früh wie in Brabant muß es auch in Nürnberg – kurz nach 1210 – Beginen gegeben haben; es folgen 1223 Köln, 1233 Osnabrück, 1235 Paderborn, 1241 Nördlingen, 1243 Dillingen, 1244 Straßburg, 1248 Münster, 1255 Hamburg, 1259 Mainz, 1261 Aachen, 1266 Trier, 1271 Basel und Koblenz, 1274 Dortmund (u.a. Wilts 81).

2.2.3. Die Quellenlage

Diese Zahlen sind nur Annäherungen, denn die Quellenlage ist recht kritisch zu bewerten. Angesprochen wurde oben schon das Bezeichnungsproblem – welche Frau rechnet man als Begine und welche nicht? –, es kommt das Problem der Quellengattungen hinzu. Die meisten Quellen, durch die wir von Beginen erfahren, entstammen der Lokalgeschichte oder den Berichten von lokalen Gegebenheiten an Auswärtige. Zu ersteren zählen Kauf- und Stiftungsurkunden bezüglich der von Beginen bewohnten Räumlichkeiten und Protokolle von Stadtratsversammlungen, in denen die wirtschaftliche Konkurrenzsituation für die Zünfte, hervorgerufen durch handwerklich tätige Beginen, thematisiert wird. „Im allgemeinen erscheinen die Beginen erst dann in den Urkunden, wenn sie eine gewisse Bedeutung im städtischen Leben gewonnen haben“ (Degler-Spengler, Beginen (1969) 23). Damit lassen Quellen dieser

Art die nicht-institutionalisierte Anfangszeit im Dunkeln. Man erfährt nicht, seit wann es in einer Stadt Beginen gab und wieviele sie waren, woher sie die Mittel zum Wohnungserwerb hatten und warum sie Beginen wurden (Grundmann 203), denn freiwillige Zusammenschlüsse schlugen sich nicht in formalen Rechtsakten nieder, über sie finden sich daher auch keine Urkunden (Wilts 37). So werden kaum einzeln lebende Beginen sichtbar, desgleichen keine mittellosen. Die Daten über die erstmalige Erwähnung in städtischen Urkunden sind daher vorsichtig zu nutzen, in jedem einzelnen Fall müßten sie durch andere Quellen ergänzt werden. In den Urkunden von Basel z. B. werden „fromme Frauen, die Beginen genannt werden", 1271 erstmals erwähnt, die Colmarer Annalen berichten aber schon für die Mitte des Jahrhunderts über ihre Gegenwart in Basel (Degler-Spengler, Beginen (1969) 22f).

Neben Quellen aus dem städtischen Umfeld sind solche aus dem Umfeld der Klöster und Orden für die Beginengeschichte interessant. Manch ein Beginenkonvent wurde im Laufe der Zeit einem Orden inkorporiert, die meisten traten zwecks seelsorglicher Betreuung mit einem Ordenshaus in Kontakt. Im Bodenseegebiet blieben von den dreizehn vor 1250 gegründeten Gemeinschaften nur vier beginisch, die übrigen neun wandelten sich bis 1260 in Klöster um. Kritisch muß aber auch hier die einseitige Quellenlage betrachtet werden, denn Beginenkonvente, die später in Klöster aufgingen, sind weit besser in den Quellen überliefert als solche, die dies nicht getan haben (Wilts 45f).

Eigene Schriften sind nur von wenigen berühmten Beginen überliefert, wie „Das fließende Licht der Gottheit", um 1250 von Mechthild von Magdeburg (+ 1282) verfaßt, das „Visionenbuch" der Hadewijch von Antwerpen (+ um 1250), die „Sieben Stufen der Liebe" von Beatrijs von Nazareth (+ 1268) und der „Spiegel der einfachen Seele" von Margarete Porete (1310 in Paris als Ketzerin verbrannt). Aus zweiter oder dritter Hand liegen Lebensbeschreibungen von einzelnen weiteren vor, z. B. von der schon erwähnten Maria von Oignies (+ 1213), Ivetta von Huy (+ 1227) und Elisabeth von Thüringen (+ 1231) (vgl. zu ihnen u.a. Dinzelbacher).

2.2.4. Was bedeutet das für unsere Kenntnis von den Beginen?

1. Aussagen über alle Beginen sind gar nicht möglich, weil viele keine Spuren in den Quellen hinterlassen haben. Das ist ein allgemeines Problem der Geschichtsschreibung: In ihr haben nicht alle

Menschen die gleichen Chancen, weil die Quellenlage nicht für alle gleich gut oder schlecht ist. Faktoren, die in diesem Zusammenhang zu nennen wären, sind z. B. das Geschlecht, die soziale Stellung oder die Möglichkeit, selbst schreiben zu können.

2. Sind Quellen vorhanden, so stellen sie – bis auf wenige Ausnahmen – Zeugnisse aus zweiter Hand dar. Erkenntnisse über die Lebensweise der Beginen und ihre Beweggründe können nur durch Dechiffrieren von Daten aus Stadt- und Regional-, Ordens- und Wirtschaftsgeschichten gewonnen werden.

3. Damit sind Fortschritte in der Begincnforschung an der Erforschung dieser anderen Geschichten gebunden. Die neueste regionalgeschichtliche Arbeit (Wilts) belegt dies.

4. Die durch primäre Quellen nicht zureichend zu schließenden Informationslücken über den Charakter der Beginenbewegung und die Gründe ihrer Entstehung werden in der Forschung meist mit Hilfe von Konstruktionen zu schließen versucht, die das gesamte 13. Jahrhundert und seine Umbrüche betreffen.

Da diese Konstruktionen, deren wichtigste den folgenden vier Thesen zugeordnet werden, die Auswertung der ‚Partikular'geschichten beeinflussen und umgekehrt durch diese falsifiziert oder verifiziert werden, ist eine Auseinandersetzung mit ihnen geboten. Sie verhilft dazu, sich der eigenen vorgängigen Konstruktion bewußt zu werden, was im Sinne der wissenschaftlichen Redlichkeit und der Bestimmung der Richtung der eigenen Arbeit unerläßlich ist.

2.3. Thesen zum Charakter der Beginenbewegung

Vier unterschiedliche Thesen, die die Beginenbewegung in die Entwicklungen des 12. Jahrhunderts einordnen, lauten knapp formuliert:

1. Um 1200 verschärfte sich in der europäischen Gesellschaft die ökonomische Situation. Als Reaktion auf sie entstanden Beginengemeinschaften, die unverheirateten Frauen die Chance des Überlebens boten.

2. Um 1200 verbesserten sich in den Städten für Frauen die Mitsprachemöglichkeiten durch Veränderungen im Arbeitsprozeß und, damit zusammenhängend, in der Ausbildung der Mädchen und Frauen. Das reale Leben der Frau in der Ehe hielt damit nicht Schritt. Die Beginenbewegung bot Frauen Gelegenheit, den Zwängen in der Ehe zu entkommen, ohne in ein Kloster eintreten zu müssen.

3. Um 1200 entstanden neue Formen der Religiösität, deren Trä-

gerinnen zu sehr großen Teilen Frauen waren. Da zu viele Frauen in die Frauenorden drängten, waren bald deren Kapazitäten erschöpft. Die Beginengemeinschaften bildeten eine Art spirituelles Auffangbecken (Referierung der Forschungslage zu allen drei Thesen: Wilts 15–21).

4. Die um 1200 entstandene neue religiöse Bewegung läßt sich zwar insgesamt als auf dem Boden einer konkreten kulturellen, sozialen und wirtschaftlichen Situation entstanden beschreiben, nur müssen in ihr die Differenzierungen ausreichend berücksichtigt werden. Innerhalb des weiblichen Teils der Bewegung war die beginische Lebensweise eine von Klarissen und Dominikanerinnen signifikant verschiedene. Selbst wenn diese Frauenorden nicht überfüllt gewesen wären, hätten die Beginen dort nicht eintreten mögen. Die Beginenkonvente waren daher keine Notlösung, sondern als genuin eigene Lebensform angestrebt.

Für alle Thesen gibt es gute Gründe. Sie werden so knapp wie möglich genannt.

2.3.1. Auslöser der Beginenbewegung: Soziale und ökonomische Umbrüche des 13. Jahrhunderts

Infolge des landwirtschaftlichen Fortschritts (Räderpflug, Dreifelderwirtschaft) stieg die Bevölkerungszahl an – im deutschen Reich und in Skandinavien zwischen 1000 und 1340 um fast das Dreifache – und blühten die Städte auf. Gleichzeitig gewannen städtische Berufe an Bedeutung. Kaufleute, Künstler und Handwerker verschoben das gewohnte Bild der Gesellschaft, das bisher durch Bauern, Ritter und Kleriker geprägt war. Gefährdet war die Ordnung noch mehr durch den sozialen Abstieg breiter Massen, die im Gefolge von Naturkatastrophen, welche das Gleichgewicht zwischen Bevölkerungszuwachs und Ernteerträgen zerstörten, und Hungersnöten, die am Ende des 11. und in einigen Jahren des 12. Jahrhunderts besonders hart ausfielen, verelendeten.

In der älteren Forschung nahm man an, daß infolge eines Überschusses besonders Frauen von der neuen Armut betroffen waren und deshalb viele mittellose Frauen nach Auswegen aus ihrer schlechten wirtschaftlichen Lage suchten, die sie in den Beginenkonventen fanden. Ob es tatsächlich eine signifikant höhere Zahl Frauen als Männer gab, ist umstritten. Claudia Opitz führt als Gegenargumente auf: Die Zahl der neugeborenen Mädchen und Jungen war ungefähr gleich groß, die Überlebenschancen der Mädchen in den ersten zehn Lebensjahren waren eher geringer als die der Jungen, dazu kamen für die 20–40jährigen die Gefährdungen durch Schwangerschaften und Geburten. Erst für Frauen jenseits der Menopause waren die Lebenserwartungen deutlich höher als die der Männer. Hungerkrisen und Epidemien wirkten sich auf Männer und Frauen gleich aus, unterschiedlich waren ihre Folgen eventuell für Angehörige verschiedener sozialer Gruppen oder Regionen. Zudem war der Geschlechterproporz z.T. von Stadt zu Stadt unterschiedlich, „so gab es in Städten mit ausgeprägt patrizischem Charakter mehr Mägde, in Städten mit ausgeprägt gewerblicher Struktur mehr Knechte, Gesellen und Lehrjungen“ (Opitz 288).

Die These, wirtschaftliche Gründe für die Entstehung der Beginenbewegung zu veranschlagen, ließe sich dann verifizieren, wenn Informationen über die soziale Zugehörigkeit der Beginen oder über ihr Alter bei Eintritt in einen Konvent vorlägen. Wenn letztere zu dem Ergebnis führten, daß vorwiegend ältere Frauen Beginen geworden wären, könnte sich die Frauenüberschußthese bestätigt sehen. Aus dem bisher vorliegenden Material lassen sich aber entsprechende Schlüsse keineswegs ziehen. Studien über die soziale Stellung der Beginen weisen nach, daß gerade in der Anfangszeit Beginen den gleichen sozialen Schichten entstammten wie die Dominikanerinnen und Franziskanerinnen, nämlich dem Landadel und dem städtischen Patriziat (für Basel vgl. Degler-Spengler, Beginen (1969) 61–64). Erst im 14. und 15. Jahrhundert, in der Spätphase der Bewegung, nahm die Zahl der mittellosen Frauen zu.

2.3.2. Auslöser der Beginenbewegung: Die Umbrüche in den Arbeitsverhältnissen und in der Ehe

Mit beiden Ergebnissen operiert die zweite These. Eine Stellungnahme gegen eine Verheiratung war nur solchen Frauen zuzutrauen, die genügend Selbstbewußtsein besaßen, sich gegen Entschlüsse ihrer Familien durchzusetzen. Solche Frauen fand man nach 1200 vorwiegend in den gebildeteren Schichten der Städte. Dort hatte die steigende Bedeutung von Handwerk und Handel einerseits bessere Fertigkeiten im Schreiben, Rechnen und Lesen erforderlich gemacht, andererseits diese erst ermöglicht, da nun die finanziellen Mittel gegeben waren, Stadtschulen zu errichten, Bücher abschreiben zu lassen und Zeit zum Lernen zu erübrigen. Die Anhebung des städtischen Bildungsstands kam auch Frauen zugute. Ihr Selbstbewußtsein bezüglich der Wahl ihres Lebensstandes nährte sich aber auch aus den Veränderungen im kirchlichen Eherecht. Dies hatte immer den Ehewillen beider Eheleute als Bedingung für das Zustandekommen einer gültigen Ehe herausgestellt. Faktisch war aber selten das Bestehen des Konsenses überprüft worden. Das begann sich ab dem 13. Jahrhundert zu ändern: Erstens gewann im Zuge der Betonung von rechtlichen Faktoren in der Kirche auch das Eherecht an Bedeutung; zweitens wurde zunehmend die Öffentlichkeit des Eheschließungsaktes gefordert, was eine Überprüfung des Ehewillens überhaupt erst ermöglichte. Nur dann, wenn ihr Ehewille erfragt war, konnte eine Frau ihn verweigern. Für Frauen, die bewußt den ihnen auferlegten Zwängen in Ehe und Familie entgehen wollten, stellte – so die These – die Beginenbewegung eine Alternative dar. Wie läßt sich diese These überprüfen? Meines Erachtens gibt es keine Möglichkeit, zwingend das Vorherrschen dieses einen oder auch eines anderen Motivstranges zu belegen. Statistisch läßt sich zwar die hohe Zahl unverheirateter Frauen nachweisen – zu Beginn des 14. Jahrhunderts waren in Basel 32,8 %, in Freiburg 38,7 % und in Dresden höchstens 50 % der erwachsenen Frauen verheiratet, auf dem Land war der Prozentsatz höher, dort erreichte er ca. 55 % (Opitz 325) –, aber nicht erklären, warum dies so war. Die These kann daher nicht in dem Sinne bestätigt werden, daß durch sie das ausschließliche Motiv benannt ist. Ein Verstoß gegen gesellschaftliche Rollenerwartungen, was die Verweigerung der Ehe bedeutete, konnte z. B. auch religiös und mußte nicht ausschließlich sozial-emanzipatorisch begründet sein.

2.3.3. Auslöser der Beginenbewegung: Die religiöse Notlage

Der religiösen Motivation der Beginen geht die dritte These nach. Die massenweise Verarmung zusammen mit der gesellschaftlichen Umstrukturierung durch das Aufblühen der Städte und städtischen Berufe brachte die Welt um 1200 in Bewegung. Das ist einmal wörtlich zu verstehen, denn viel mehr Menschen als zuvor verließen ihr gewohntes Heim. Die generelle Mobilität der Zeit entlud sich in Rodungstätigkeit und Wallfahrtsbewegung, in die Reiselust der Kaufleute und der wandernden Studenten – die ersten Universitäten entstanden vor 1200 in Bologna und in Paris – und in die bewaffneten Pilgerfahrten der Kreuzzugsbewegung – zwischen 1096 und 1270 fanden sieben Kreuzzüge statt. Durch die ökonomische Armut wurde die Wanderbewegung verstärkt. Nachgeborene Söhne ohne Land und verarmende Bauern suchten in der Fremde ihr Glück. Die Beweglichkeit in geographischer Hinsicht ließ die Gedankenwelt nicht unberührt, denn mit dem Verlassen der eigenen kleinen Welt wurde auch die Sicherheit des bisherigen festgefügten Weltbildes aufgegeben.

Wegen der kulturellen und intellektuellen Umbrüche wird die Zeit des Hochmittelalters auch als Zeit der „geistigen Wiedergeburt“ bezeichnet (LeGoff, Hochmittelalter 16). Die kleine Renaissance läßt sich an Tendenzen zu stärkerer Vergeistigung ablesen. Als Symbolfigur für die Wendung in der Ethik, als entscheidendes Kriterium für Schuld und Unschuld die Gesinnung anzusehen, steht Peter Abaelard (1079–1142). Als Zeichen für wahrhaften Adel genügte nicht mehr der Geburtsstand, er mußte sich im Charakter zeigen. In der Religion waren immer mehr Menschen mit dem herkömmlichen religiösen Leben unzufrieden. Die aufkommende Bildungsbegeisterung in den Städten hatte dazu geführt, daß in weit höherem Maße als zuvor auch Laien begannen, die Bibel zu lesen, wenn sie das Geld besaßen, sich Übersetzungen anfertigen zu lassen. Besondere Aufmerksamkeit scheinen die Passagen beansprucht zu haben, die vom Leben Jesu berichteten, von seiner Geburt, seinem Leid und Tod am Kreuz. Wahrscheinlich wurde dieser Perspektivenwechsel hin auf den „menschlichen“ Jesus u.a. durch die Informationen über die Wirkungsstätten Jesu in Palästina angeregt, die durch die Kreuzfahrerbewegung nach Europa durchsickerten.

Das „evangelische Erwachen“ (Chenu), wie man die neue Bedeutung des Evangeliums für die Christen genannt hat, zeitigte bedeutsame Folgen. Erstens veränderte der Blick auf den „menschlichen“ Jesus die Art der Frömmigkeit, zweitens erwies er die Religiosität der Laien als der der Ordensleute und Kleriker ebenbürtig. Wenn wahre Nachfolge Christi die des menschlichen Jesus meint, dann ist sie auch prinzipiell allen Menschen möglich. Interessant ist, welche Züge des biblischen Jesus herausgestrichen wurden. Es sind nämlich genau die, die die wirtschaftlichen und sozialen Nöte geradezu provozierten. Die Menschen faszinierte der Jesus ohne Sicherheiten, „der nicht weiß, wohin er sein Haupt legen soll“ (Mt 8,20), der also wahrhaft arme. „Arm dem armen Jesus folgen“ umschreibt das Ziel der religiösen Bewegung, die deshalb auch Armutsbewegung genannt wird. Ein „Kult der Armut“ entstand. Seine Trägerinnen und Träger entstammten den vermögenderen Schichten, die Reichtum, Familie und Beruf aufgaben und ein Wanderleben begannen. Dabei orientierten sich Frauen und Männer an den Nachfolgerufen Jesu, widmeten sich dem Dienst an Armen und Kranken und predigten. Dazu fühlten sie sich durch die antichristliche Predigt der

Katharer gezwungen und durch den Missionsauftrag Jesu berechtigt („Geht hinaus in alle Welt und verkündet das Evangelium allen Geschöpfen“, Mk 16,15).

Da das neue Gesicht der Frömmigkeit Laien gegenüber den institutionellen Trägern der Frömmigkeit, den Ordensleuten und Klerikern, keinen Nachteil mehr eröffnete, profitierten vornehmlich Frauen von ihm. Zudem sahen sich deshalb vor allem Frauen berufen, die körperlich-reale Art der „Imitatio Christi“ zu leben, weil sie mit der jahrhundertealten Feststellung groß geworden waren, daß Körperlichkeit etwas sei, was gerade sie auszeichne, eine Feststellung, die sie erstmals positiv wenden konnten (Bynum, Mystics 146). Eventuell läßt sich auch so erklären, warum gerade in dieser Zeit und vorwiegend bei Frauen der Empfang der Eucharistie wichtig zu werden begann. Nachfolge Christi und Einswerden mit ihm hängen in dieser Zeit eng zusammen. Das Aufkommen der Mystik ist dafür ein Indiz, ein anderes die Zunahme der Stigmatisierungen. Mit dem Empfang von Brot und Wein in der Eucharistie empfängt man ja Leib und Blut Christi – es ist auch die Zeit der Formulierung der Transsubstantiationslehre –, je öfter man ihn empfängt, um so mehr verbindet er sich mit den Kommunizierenden. Caroline Walker Bynum glaubt, daß es die Kategorie „Speise“ war, die die Eucharistie für Frauen anziehend machte, da alles, was mit Nahrungsmitteln, von der Zubereitung bis zum Verzehr, zu tun hatte, für Frauen zentraler war als für Männer. Es war der (einzige) Bereich, den sie eigenständig unter Kontrolle hatten. Den äußeren Rahmen ihres Lebens zu ändern, hatten Frauen nur geringe Chancen.

Ein klares Indiz für die wachsende Bedeutung von Frauen sowohl bei der Realisierung neuer Formen religiösen Lebens als auch bei dem Verarbeiten dieser Tatsache bietet die steigende Zahl der weiblichen Heiligen. Zwischen 1200 und 1431 stieg sie, wie folgende Statistik zeigt, um über 10 %; die Gruppe der Laien, d. h. der Nicht-Ordensleute und Nicht-Kleriker, dominierte sie sogar (Bynum, Religious Women 20).

Wo und wie konnten Frauen die neuen religiösen Impulse verwirklichen? Die Antwort gibt die dritte These so, daß die normale Verwirklichungsweise für die Frauen ein Klosterleben gewesen wäre. Neben den weiblichen Zweigen der „alten“ Orden, nämlich der Benediktiner, Prämonstratenser und Zisterzienser, hätten sich die „neuen“, die Klarissen und Dominikanerinnen, angeboten. Nachdem deren Aufnahmekapazitäten erschöpft waren, blieb den Frauen keine andere Möglichkeit, als in einen Beginenkonvent ein-

	1198–1431	13.Jhdt.	1305–1431
Frauen, Verfahren	18,3 %		
Frauen, Heiligsprechungen	14,3 %	16,3 %	27,3 %
Männer, Verfahren	81,7 %		
Männer, Heiligsprechungen	85,7 %	83,7 %	72,7 %
Laien,			
weiblich, Verfahren	41,2 %		
Heiligsprechungen	44,5 %	50 %	71,4 %
Laien,			
männlich, Verfahren	58,8 %		
Heiligsprechungen	55,5 %	50 %	28,6 %

(Zahlen nach Vauchez, Saintetè 316f)

zutreten. Die Ordensgeschichten untermauern diese These. Sie belegen, daß trotz gesteigerten Bedarfs keine neuen Klöster gegründet wurden, so daß die Notlage unausweichlich war. Zunehmend empfanden nämlich die Orden Frauenklöster als Belastung. 1213 faßten die Zisterzienser den Beschluß, künftig nur noch solche Frauenkonvente zu inkorporieren, die die vollständige strenge Klausur annahmen (Degler-Spengler, Zahlreich 40), 1220 wurde jede Inkorporation untersagt. Die Konstitutionen von St. Sixtus von 1220/21, die von allen Dominikanerinnen übernommen wurden, sahen die strenge Klausur vor (ebd. 41), die der Klarissen ebenfalls (ebd. 41f). „Die Klausur konnten nur Konvente einhalten, die über genügend Besitz verfügten, um ihre Insassinnen zu ernähren ... Für die Inkorporation nicht in Betracht kamen so von vorneherein alle Frauengemeinschaften, die freiwillig aus ihrem religiösen Ideal heraus oder gezwungenermaßen von Arbeitslohn und Almosen lebten" (ebd. 47). Die Einkünfte der Konvente und die Zahl der Mitglieder mußten also in einer bestimmten Relation stehen. Frauen ohne genügend Mitgift wurde der Eintritt verwehrt. Verschlossen waren daher die Frauenklöster für Frauen, die den sozialen, wirtschaftlichen Ansprüchen der Orden nicht genügten oder ihnen nicht genügen wollten.

2.3.4. Die Beginen als Lebensform sui generis in der religiösen Bewegung

Letzteres will die vierte These aussagen: Mit dem Eintritt in ein Frauenkloster, gleich welcher Provenienz, waren bestimmte Momente der Lebensweise unausweichlich vorgeschrieben: Die Klausur, die Einordnung in ein vorgegebenes Gehorsamsverhältnis, die Aufgabe der Verfügungsgewalt über Eigentum. Den Beginen entsprach eine solche Lebensweise nicht. Sie wollten in anderen Strukturen religiös leben.

Andreas Wilts glaubt, anhand der Geschichte der Beginenkonvente im Bodenseeraum diese These verifizieren zu können. Er stellt sich die Frage, welche Möglichkeiten Frauen in welchem institutionellen Rahmen besaßen, ihre religiösen Ideale zu verwirklichen, und worin sich diese Möglichkeiten von denen der Männer unterschieden. Er kommt zu folgendem Ergebnis: Um 1085 konnten Männer, die einem religiösen Stand angehören wollten, nicht nur Weltpriester oder Säkularkanoniker werden, ihnen standen in der Bodenseeregion zudem zehn Benediktinerklöster offen. Frauen konnten in sechs Benediktinerinnenklöster eintreten, die eine wesentlich geringere Personenzahl als die Männerklöster aufnehmen konnten, oder Inklusinnen werden. Im Zuge der Hirsauer Reformbewegung kam es zur Gründung von Doppelklöstern, deren weiblicher Anteil gerade so groß war, daß er die in einem Kloster anfallenden häuslichen Arbeiten erledigen konnte. Fünf Augustinerchorherrenstifte entstanden. Die Zisterzienser gründeten Salem, aber kein einziges Frauenkloster. Von den fünf zwischen 1126 und 1208 gegründeten Prämonstratenserstiften waren vier Doppelklöster. Seit der Entscheidung ihres Generalkapitels von ca. 1180, keine Frauen mehr als Nonnen oder Konversen aufzunehmen, ging deren Zahl stetig zurück. Um 1210 war daher das religiöse Angebot für Frauen nicht wesentlich besser als 130 Jahre zuvor.

„Demgegenüber hatten sich die religiösen Möglichkeiten der Männer vervielfacht“ (Wilts 120). Neben eher traditionellen Tätigkeiten, wie Pflege des Chorgebetes und der Liturgie, wissenschaftlichen Studien und asketischen Übungen, konnten sie sich in der regulären Pfarrseelsorge einsetzen (Augustinerchorherren, Prämonstratenser), sich der öffentlichen Predigt widmen (Hirsauer), Krankenpflege übernehmen (Augustinerchorherren, Prämonstratenser) oder, zur Sicherung ihrer Existenz, körperlich arbeiten (Hirsauer, Prämonstratenser, Zisterzienser).

Frauen dagegen konnten nur „in einen der wenigen klausurierten Frauenkonvente eintreten“, die „alle neben Gebet und geistlicher Lesung nur die keinen ökonomischen, sondern einzig asketischen Zwecken dienende Handarbeit als Beschäftigung vorsahen“, oder sich in eine Inklusinnenzelle einschließen lassen (Wilts 120f). Selbst den Frauen der neuen Orden standen nicht die Möglichkeiten offen, wie sie die Männer der neuen Orden besaßen. Klara von Assisi ist ein Beispiel für die Einschränkungen, die man hinnehmen mußte, weil man eine Frau war. Das Umherwandern und die Predigt, zwei für die „vita apostolica" zentrale Lebensweisen, wurden ihr untersagt. Ihren Armutsvorstellungen getreu zu leben, wurde ihr erst nach jahrzehntelangem Ringen gestattet, was im Vergleich zu anderen Frauen zudem eine Ausnahme war.

Verwunderlich ist es daher nicht, daß Frauen jede Alternative begeistert aufnahmen. Bei Katharern und Waldensern, die in der Anfangszeit auch Frauen die Predigt und die Ausübung des priesterlichen Amtes erlaubten, stellten sie z. B. eine beträchtliche Anhängerinnenschaft. Bei den Beginen war gegenüber den Frauenorden ihr Tätigkeitsfeld enorm ausgeweitet. Möglich wurden landwirtschaftliche Arbeiten auf dem Dorf, handwerkliche und karitative in der Stadt und mehr oder weniger kontemplative Lebensweisen (Wilts 124). Wie sich den Steuerlisten der Städte entnehmen läßt, führten Beginen sogar manche Stadtschulen.

Zudem verbreiterte sich die soziale Basis der Frauen, die ein religiöses Leben führen wollten. Für Frauen aus dem Bauerntum und gewöhnlichem Bürgertum gab es dazu bisher gar keine Chancen, „für Frauen aus dem städtischen Patriziat äußerst geringe und für niederadelige Frauen bescheidene Möglichkeiten. Gut waren einzig die Aussichten frei- und hochadeliger Damen" (Wilts 122). „In dieser Situation entsprach die Entstehung des Beginentums einem Dammbruch, aus dem sich eine Flutwelle ergoß, die in kürzester Zeit im religiösen Leben der Frauen Verhältnisse herbeiführte, wie sie für Männer bereits durch die Ordensentwicklung des 11. und 12. Jahrhunderts geschaffen worden waren" (Wilts 124). In Zahlen: Um 1200 schätzt man in der Bodenseeregion die Zahl der Nonnen und Konversen in den 13 Frauenkonventen auf 300; 1250 waren es 400, zu der Zeit lassen sich schon 300 Beginen nachweisen; 1300 war die Zahl der Nonnen durch den Übergang von Beginenkonventen in Klöster auf 800 angestiegen, die Zahl der Beginen auf 400 (Wilts 44f).

Die neuen religiösen Möglichkeiten, die sich Frauen bei den Beginen boten, wurden von ihnen bewußt ergriffen und stellten keine Notlösung dar. Zwei Argumente sprechen dafür: 1. „Was sich ... über die Lebensformen der Konvente und speziell die von ihnen praktizierte Form der freiwilligen Armut (Bettel, Handarbeit, Landwirtschaft) ermitteln läßt, widersprach so sehr den überlieferten Normen des religiösen Frauenlebens und den Ehrbegriffen der adlig-patrizischen Oberschichten, aus denen sich die Konvente zu einem großen Teil rekrutierten, daß es vollends unmöglich sein dürfte, in ihnen nur solche Frauen zu sehen, die eigentlich das kontemplativ-klösterliche Leben der Zisterzienserinnen führen wollten, aber durch den Zwang der Umstände daran gehindert wurden" (Wilts 91). 2. „Die Überfüllung der Konvente und die daraus resultierende wirtschaftliche Überforderung werden in der Forschung zumeist nicht als das Ergebnis einer bewußten Aufnahmepolitik der Frauenkonvente verstanden, sondern mit dem großen Andrang der Frauen erklärt. .. [Aber] die Frauen, die in die Konvente drängten, [wußten] von den dort herrschenden Lebensbedingungen. Sie waren also selbst nicht an einem wirtschaftlich abgesicherten Klosterleben interessiert, sondern nahmen die Armut bewußt in Kauf" (Wilts 57 Anm. 117).

Diese vier Thesen erheben natürlich nicht den Anspruch auf Vollständigkeit. Stellvertretend sollten sie vor Augen führen, daß die Wirklichkeit vergangener Zeiten nie unvermittelt zu uns kommt. Vor die Quellen, die jede für sich eine ihnen angemessene Entschlüsselung fordert, tritt die Sichtweise derer, die sie entschlüsseln wollen. Jede These, die helfen soll, die Vergangenheit zu rekonstruieren, kann diesem Vorhaben auch im Weg stehen, nämlich dann, wenn sie keine anderen Sichtweisen mehr zuläßt, Wirklichkeiten ausblendet und damit bestimmten Quellen und den Methoden, sie zu deuten, kein Lebensrecht gibt. Historische Realität und Darstellung kommen daher vielleicht immer nur annäherungsweise überein.

2.4. Wie geht es weiter? – Die Entwicklung der eigenen Fragestellung

Aus der Bandbreite möglicher Fragestellungen, die ihrerseits die Anwendung unterschiedlicher Methoden und Kenntnisse provoziert, werden einige im folgenden näher ausgeführt. Antworten können natürlich in diesem Rahmen nicht gegeben werden, bei dem derzeitigen Forschungsstand wären sie sowieso nur anfanghaft möglich. Vielleicht wird es sie nie global geben, will man nicht der Beginenbewegung als einer „von Region zu Region, Ort zu Ort und selbst innerhalb dieser räumlichen Einheiten stark differenzierten religiösen Erscheinung" (Wilts 23) Gewalt antun.

2.4.1. Beginen und „Ordnung"

Interpretiert man unter der Fragestellung: Was verraten sie über die Gefährdung der Ordnung in Kirche und Gesellschaft? die oben genannten normativen Texte der päpstlichen Kanzlei, betritt man den Boden der Theologie- , der Rechts- und Institutionengeschichte. Das Thema Beginen ist dann im Rahmen von Entwicklungen zu sehen, die sich kurz so skizzieren lassen: In der Kirche des Hochmittelalters begannen sich die Ordnungsvorstellungen im Sinne einer Verrechtlichung und Zentralisierung auf Rom hin zu verschieben. Dies signalisieren z. B. die Zusammenstellung der kirchlichen Gesetze durch Gratian um 1140, die als „Decretum Gratiani" den ersten Teil des Corpus Iuris Canonici bildete, oder die ausschließliche Kontrolle der Heiligsprechungsverfahren durch die Päpste, um 1180 von Papst Alexander III. dekretiert, 1234 durch Papst Gregor IX. ins Kirchenrecht übernommen. Veränderungen in den Ordnungsvorstellungen führten dazu, den Kreis derer neu festzulegen, die die Ordnung störten. Diesbezügliche Verschiebungen in der Kirche lassen sich daher auch dadurch feststellen, daß man den Bedeutungswandel von „Häretiker" untersucht. Verstand man zur Zeit von Hieronymus und Augustinus darunter jemand, der bezüglich der Schriftauslegung hartnäckig bei einem Irrtum bleibt oder neue Lehrmeinungen vertritt, so war für die Theologen der Gregorianischen Reform des 11. Jahrhunderts schon ein Häretiker, der nicht mit der „römischen Kirche" übereinstimmte. Der Kanonist Huguccio von Pisa stellte kurz vor 1190 fest: „Wer prinzipiell bestreitet, daß der apostolische Stuhl das Haupt aller Kirchen bilde sowie über diese ein Verfügungsrecht und das Recht auf Gesetzgebung besitze, und wer sich aus diesem Grunde den Kanones und Dekreten gegenüber hartnäckig ungehorsam zeige sowie verkünde, man müsse ihnen gar nicht gehorchen, der legt durch sein Verhalten nahe, daß er ein Häretiker und Schismatiker ist."

Wenn Beginen gut hundert Jahre später als „häretisch" bezeichnet werden, ist also zu prüfen, inwiefern damit nicht eher ein Verstoß gegenüber den kirchlichen Disziplinierungsmaßnahmen ausgedrückt werden soll, als ein Abweichen bezüglich theologischer Aussagen. Gefährdete doch die gesamte religiöse Bewegung, der die Beginen zuzuordnen sind, die herkömmliche Ordnung zutiefst. Einmal weil die dem heimatlosen Christus nachfolgenden Wanderprediger das Territorialprinzip der Kirche durchbrachen, da sie sich nicht mehr eindeutig einem Bischof zuordnen ließen, dem sie sich in Gehorsam unterwerfen konnten. Weiter weil sich die Armutsbewegung verpflichtet fühlte zu predigen. Begnügte sich ein Teil mit der „Predigt durch Werke", wie Franz von Assisi, gab es dennoch viele, die den Missionsaufruf Jesu wörtlich verstanden und in den Städten predigten. Weil die Prediger und Predigerinnen oftmals eine im Vergleich zu den Priestern in den Pfarreien erstaunliche Kenntnis der Hl. Schrift nachweisen konnten, kam es zu einem heftigen Streit darum, wer befugt sei, die Hl. Schrift auszulegen und predigen dürfe. Der Streit wurde durch die im 12. Jahrhundert neu gegründeten Orden, die durch ihre Seelsorge in den Städten das Pfarrprinzip durcheinander brachten, sozusagen institutionalisiert. Die offizielle Kirche sah als Lösung des Streites vor, mit der Priesterweihe die Befugnis zur Predigt zu verbinden, Übersetzungen der Bibel in die Landessprachen zu verbieten und die Schriftauslegung nur befugten Predigern zu gestatten.

Die Beginen waren – so zeigt sich an der Geschichte einzelner ihrer Konvente – in die Geschichte der Durchsetzung dieser Forderungen verwickelt. Schon das Gutachten des Gilbert von Tournai zum Konzil von Lyon 1274 hatte ihre Lektüre der volkssprachlichen Bibelübersetzung angeprangert; ihre eigenen Auffassungen bezüglich einzelner Theologumena kamen in den Beschlüssen von Vienne zur Sprache; und einer der Gründe für die Bischöfe, sie zu verfolgen, war ihre enge Verbindung zu den Bettelorden, die ihre Seelsorgepraxis gegen den Pfarrklerus verteidigen wollten. Werden die Beginen in dieser Perspektive gesehen, dann sind sie als eine Bewegung zu begreifen, die nur so lange eine Chance zum eigenständigen Überleben hatte, wie die kirchliche Ordnung noch im Fluß war. Mit zunehmender Institutionalisierung mußte sie ihre kirchenrechtliche Stellung zwischen Ordens- und Laienstand aufgeben und überlebte bis in die Gegenwart nur dort, wo sie als „Welt für sich" existierte, nämlich in den Beginenhöfen.

2.4.2. Beginen und Orden

Aus ordensgeschichtlicher Perspektive ist die Beginenbewegung natürlich anders zu untersuchen. Auf der Ebene der einzelnen Klöster und deren Kontakten zu Beginenkonventen sind dann Fragen zu stellen wie: Was bedeuteten den Klöstern die Beginenkonvente? Eine seelsorgliche Belastung, eine gewünschte Ergänzung, vielleicht die Praktizierung der Ideale, für die sie ursprünglich einmal selbst eingetreten waren? Wieweit beeinflußten sich die Spiritualität der

Beginen und der bei ihnen predigenden Seelsorger (z. B. Meister Eckhart und Tauler in Straßburg) gegenseitig?

2.4.3. Beginen und Städte

Aus der Sicht der Städtegeschichte werden wieder andere Fragen gestellt, deren Beantwortung eher wirtschafts- und sozialgeschichtlicher Natur ist. Inwieweit begünstigte die neue Arbeitsverteilung die Lebensweise der Beginen? Welche Rolle spielte die Entwicklung von Zunftverfassungen bei der Verdrängung der Beginen vom Arbeitsmarkt? Von welchen städtischen Gruppen wurden die Beginen gestützt, von welchen angegriffen? Woher erhielten sie Wohnraum, Spenden oder Arbeitsmittel? In Köln z. B. finden sich noch lange Zeit Ratsverordnungen, die eine Ausgabe von Seide an Beginen verbieten. Jahrzehntelang scheint man sich also über die alten Verordnungen hinweggesetzt zu haben. Wer gab den Beginen die Seide und warum? Standen Versorgungsgesichtspunkte im Vordergrund, da ein Familienmitglied vielleicht Begine war? Welche Funktionen erfüllten Beginen bei der Übernahme öffentlicher Aufgaben, deren sich die Städte immer mehr annahmen, wie dem Aufbau von Schulen, Krankenhäusern, Armenfürsorge und Beerdigungsdienst?

2.4.4. Beginen als Frauen

Auch die Geschlechtergeschichte (vgl. Röckelein, Ulbrich) stellt Fragen an die Beginen. Gab es einen weiblichen Frömmigkeitstyp in der religiösen Bewegung des Mittelalters (vgl. oben die Ansichten von Bynum)? Wie läßt sich die zeitgleiche Entstehung der vornehmlich von Frauen getragenen Mystik erklären? Wie wirkte die Festlegung der Frau auf Körperlichkeit auf diese zurück? Welche Chancen besaßen Männer, welche Frauen, den von ihnen gewünschten Beruf zu ergreifen, ihren Ehepartner zu wählen, das Ausmaß ihrer geistigen und räumlichen Mobilität selbst zu bestimmen? Lassen sich Unterschiede in sozialer und geographischer Hinsicht festmachen?

2.4.5. Beginen und Mentalitäten

Die vor allem von Frankreich ausgegangene Mentalitätsgeschichte, der es um die historische Analyse eines geistigen Klimas geht, d. h.

von meist nicht bewußten „Weltsichten“, die dem Handeln einzelner oder von Gruppen vorausliegen und dieses bestimmen, untersucht die Einstellungen z. B. zur Sexualität, zum Tod, zum Kind oder den Grad der Selbstbewußtwerdung. Auch die Geschichte der Beginen kann nach ihnen befragt werden: Was steckt hinter der in den Lebensgeschichten der heiligmäßigen Beginen meist betonten Verweigerung des Geschlechtsverkehrs? Wieso stieg die Zahl der Frauen, die sich von der Prostitution abwandten und als Beginen lebten, dann meist „Reuerinnen“ oder „Magdalenerinnen“ genannt werden? Welchen Platz nehmen die Beginen in der „Geschichte des Todes“ ein, da eines ihrer Haupttätigkeitsfelder der Umgang mit allem, was mit dem Sterben zu tun hat, war? Machte den unverheirateten Frauen der Verzicht auf Kinder etwas aus? Wie hingen die Steigerung der Individualisierung, der Wandel der Frömmigkeit und das Wachsen des Selbstbewußtseins der Laien zusammen?

2.4.6. Beginen und Frömmigkeit

Um der Frage nachgehen zu können, welche Bedeutung religiöse Veränderungen für das Entstehen der Beginenbewegung hatten, sind Quellen auszuwerten, die Hinweise auf eine Frömmigkeitsgeschichte bieten, z. B. Heiligenviten der „neuen“ Heiligen, um zu erkennen, welche Aspekte der Frömmigkeit betont werden, oder Predigten, die daraufhin zu analysieren sind, welche Themen bevorzugt, welche Personenkreise in ihnen angesprochen, welcher Frömmigkeitstyp propagiert werden. Auch kunstgeschichtliche Ergebnisse können Änderungen des Christusbildes wahrnehmen lassen. So hat Joanna E. Ziegler die Pietá als typisches Frömmigkeitsobjekt der Beginen aus den Beginenhöfen der südlichen Niederlande untersucht (Sculpture of Compassion: The Pietà and the Beguines in the Southern Low Countries c.1300 – c.1600, Brüssel – Rom 1992).

3. Kirchengeschichte und ihre Methoden

In der Geschichtswissenschaft ist Methodenvielfalt einmal wegen der Verschiedenheit der Quellentypen geboten. Päpstliche Kanones sind anders zu lesen als eine Liste von Getreidepreisen, Heiligenviten anders als Steuerlisten etc. Da unterschiedliche Quellengattungen auch unterschiedliche Ausschnitte der Wirklichkeit beleuchten, kirchenamtliche Dokumente andere als Taufregister, Tagebücher andere als Städtechroniken, ist Gattungsvielfalt anzustreben.

Dann erzwingt die enorme Bandbreite der Fragestellungen die Nutzung verschiedenster Vorgehensweisen. Veränderungen der Fragestellungen ziehen meist einen Methodenwechsel nach sich. Die Geschichte „kleiner Leute“, der Rezeption von Ideen im Volk, der langfristigen Veränderungen etc. fordert andere Methoden als die Institutionen-, Papst- oder Militärgeschichten.

Umgekehrt ebnen auch andere Methoden den Weg zu neuen Zugängen zu altbekannten Quellen. Z. B. ermöglicht die Datenverarbeitung die Auswertung von seriellen Quellengruppen, bezüglich derer sich Veränderungen erst im Laufe von Jahrzehnten oder gar Jahrhunderten feststellen lassen. Ein für die Frömmigkeitsgeschichte interessantes Beispiel ist die Auswertung von Testamenten, die etwa in Frankreich für große Zeiträume zu Zehntausenden verfügbar sind. Sie lassen Aussagen zu über die Verschiebung der Bedeutung der Dinge, die man geregelt wissen möchte, und Veränderungen bezüglich des Personenkreises, den man bedenkt (Kleinfamilie, Großfamilie, Freundeskreis). Mit ihrer Hilfe läßt sich auch die Frage nach dem Stellenwert der Religion beantworten, da in ihnen die eigene Verantwortung vor Gott und seine Stellung zu ihm artikuliert, Wünsche an die Nachwelt hinsichtlich religiöser Akte formuliert oder schlicht religiöse Gegenstände vererbt werden können. Wenn sich bei der Untersuchung, die Testamente aus Jahrzehnten umfaßt, eine Gesamttendenz erkennen läßt, dann lassen sich auch Aussagen über den Stellenwert einzelner erheben, weil die Abweichung von oder die Übereinstimmung mit dem allgemeinen Rahmen deutlicher vor Augen steht. Entsprechend für die Frömmigkeitsgeschichte auswertbare Quellen sind Andachtsbilder, Votivtafeln, Pilgerabzeichen oder die Masse der religiösen Kleinkunst wie Amulette, Kettchenanhänger, Ringe etc. Eng mit der Auswertung von seriellen Quellen hängt die quantitative Methode zusammen, die mit Hilfe von Computern große Datenmassen wie z. B. Kirchenmatrikel bewältigt.

Diese Methodenvielfalt der Geschichtswissenschaft nutzt die Kirchengeschichte selbstverständlich, da es keine eigene Arbeitsweise der Kirchengeschichte gibt. Wie Soziologen oder Juristen, Kunstgeschichtler oder Volkskundler ihre Fachkenntnisse für geschichtliche Fragestellungen nutzbar einbringen, tun dies auch die Theologinnen und Theologen unter den Kirchengeschichtlern. Ihre Kenntnisse der Exegese und Liturgik, Dogmatik oder Ethik ermöglichen im Zusammenhang mit vielen Quellenanalysen eine sachgerechtere Interpretation.

3.1. Die Veränderung der Kirchengeschichte seit dem Zweiten Vatikanischen Konzil

Die Offenheit der Kirchengeschichte in der Gegenwart für alle Methoden der Geschichtswissenschaft hängt nicht zuletzt mit den grundlegenden Veränderungen der Theologie durch das Zweite Vatikanische Konzil zusammen. Im Jahre 1970 hat die Zeitschrift „Concilium“ die Konsequenzen für die Kirchengeschichtsschreibung bedacht. Giuseppe Alberigo benannte damals „Verzeichnungen“ oder „Fälschungen“ in der bisherigen Kirchengeschichtsschreibung, die dadurch möglich wurden, „daß man aufgrund eines kulturbestimmten ekklesiologischen oder ideologischen Vorurteils einen Einzelaspekt der Wirklichkeit nach und nach die Oberhand gewinnen ließ“ (Alberigo 487). Zu welchen Einseitigkeiten konnten die Vorentscheidungen führen? Der „Rechtgläubigkeit“ wurde mehr Platz eingeräumt als der „Häresie“, Strömungen, die sich durchgesetzt haben, mehr als denen, die sich – aus welchen Gründen auch immer – nicht haben durchsetzen können, den kanonisierten Heiligen mehr als den „gewöhnlichen“ Christen. Einseitig beanspruchten Vorrechte in der Kirchengeschichtsschreibung die klerikale gegenüber der nicht-klerikalen Komponente kirchlichen Lebens, die geltende Autorität gegenüber dem „Volk“ und dabei noch manche Autoritäten mehr als andere, das mitteleuropäische Christentum gegenüber allem übrigen (Alberigo 487–489). Die Veränderungen in der Auffassung von „Kirche“ durch das Konzil lassen diese Ungleichgewichtungen in der Kirchengeschichtswissenschaft nicht mehr zu. Bedeutsam sind dabei vor allem zwei Akzentverschiebungen: Das Verständnis von Kirche als „Volk Gottes“ und die Einsicht, daß sich die Geschichte der Kirche von der der Welt nicht trennen läßt. Beides ebnet den Weg zur Übernahme von Fragestellungen aus der Alltagsgeschichte (vgl. Altermatt), der Sozial- (vgl. Greschat) oder Mentalitätsgeschichte (vgl. Rieks) und der Frömmigkeitsgeschichte (vgl. Scribner, Smolinsky).

3.2. Mögliche Spezifika einer Kirchengeschichtsschreibung, die sich zum Christentum bekennt

Nachdem sich die Ekklesiologie der katholischen Kirche gewandelt hat, muß es bezüglich der Methode keine Unterschiede zwischen

Geschichts- und Kirchengeschichtsschreibung geben. Welche Konsequenz kann es dann noch haben, ob Kirchengeschichte weltanschaulich gebunden betrieben wird oder nicht?

In erster Linie wird es sich auf die Person der Forscherin bzw. des Forschers auswirken, ob sie ihre Erforschung der Vergangenheit in einer christlichen Weltanschauung verankert oder nicht. Eine Verankerung bietet die Chance, angesichts der Ergebnisse der Forschung Zynismus und Resignation zu widerstehen, denn letztlich wird es der Geschichtsschreibung ja nie gelingen, den Menschen gerecht zu werden, weil zu viele für immer dem Vergessen anheim gegeben sind bzw. die, die sich noch auffinden lassen, zwar posthum rehabilitiert werden können, aber für ihr Leben nichts mehr davon haben. Erlittenes Unrecht läßt sich auch durch eine noch so faire Geschichtsschreibung nicht ungeschehen machen. Besonders wenn man den Blick eher nach „unten“ richtet, wird klar, wieviel Leid und Schuld, wieviel nicht gelebtes, verweigertes, vergeudetes Leben hinter uns liegt. Wie wird man damit fertig?

Eine Historikerin und ein Historiker, die daran glauben, daß Gott seit Erschaffung der Welt um des *Heils* jedes einzelnen Menschen mit ihm im Gespräch war und es noch ist, werden bezüglich Vergangenheit und Gegenwart Partei ergreifen für die Menschen, die gescheitert sind oder zu scheitern drohen, denn jede nicht realisierte Menschwerdung „schreit zum Himmel“. Diese Sichtweise wird dann nicht unwissenschaftlich, solange mit ihr keine Wertung in dem Sinne verbunden ist, daß all das, was vorrangig bearbeitet wird, untergegangene Konzepte, nicht zu Wort gekommene Personen, verfolgte Gruppen, schon deswegen „besser“ sei. Bei aller Parteinahme behalten die Quellen ihr Widerspruchsrecht.

Nicht nur die Parteinahme für die VerliererInnen der (Kirchen-) Geschichte könnte eine Konsequenz des Bekenntnisses zum Christentum sein, auch das Festhalten an dem Ziel einer „Global“geschichte, die *allen* Menschen gerecht wird, Männern und Frauen jeder Hautfarbe und aller gesellschaftlichen Schichten. Mit dem Bekenntnis zum Christentum bekennt man ja einen Gott, vor dem jeder einzelne Mensch seinen Platz hat und von dem er bis zum Ende aller Zeiten nicht vergessen wird. Warum sollte man dann aufgeben, so Geschichte zu schreiben, daß sie Menschwerdung fördert, auch wenn man „niemals genug versteht“ (Bloch, Apologie 111)?

Literatur

1. Literatur zum Mittelalter und zur Geschichte der Beginen

Borgolte, Michael: Die mittelalterliche Kirche (Enzyklopädie deutscher Geschichte 17), München 1992.

Boockmann, Hartmut: Einführung in die Geschichte des Mittelalters, München 1978, 5. Auflage 1992.

Bynum, Caroline Walker: Religious Women in the Later Middle Ages, in: Dies., Holy Feast and Holy Fast. The Religious Significance of Food to Medieval Women, Berkeley – Los Angeles – London 1987, 13–30, 311–320.

– : Women Mystics and Eucharistic Devotion in the Thirteenth Century, in: Women's Studies 11 (1984) 179–214, wieder abgedruckt in: Caroline Walker Bynum, Fragmentation and Redemption. Essays on Gender and the Human Body in Medieval Religion, New York 1991, 119–150.

Chenu, Marie-Dominique: Moines, clercs, laïcs au carrefour de la vie évangelique (XIIe siècle), in: Revue d'histoire ecclésiastique 49 (1954) 59–89.

Conciliorum Oecumenicorum Decreta, hg. u.a. von Giuseppe Alberigo, Bologna 1962, 3. Auflage 1973.

Degler-Spengler, Brigitte: Die Beginen in Basel, in: Basler Zeitschrift für Geschichte und Altertumskunde 69 (1969) 5–83; 70 (1970) 29–118.

– : „Zahlreich wie die Sterne des Himmels". Zisterzienser, Dominikaner und Franziskaner vor dem Problem der Inkorporation von Frauenklöstern, in: Rottenburger Jahrbuch für Kirchengeschichte 4 (1985) 37–50.

Dinzelbacher, Peter: Beginen, in: Ders., Christliche Mystik im Abendland. Ihre Geschichte von den Anfängen bis zum Ende des Mittelalters, Paderborn 1994, 197–217.

Elm, Kaspar: Die Stellung der Frau in Ordenswesen, Semireligiosentum und Häresie zur Zeit der heiligen Elisabeth, in: Sankt Elisabeth, Fürstin, Dienerin, Heilige. Aufsätze, Dokumentation, Katalog. Ausstellung zum 750. Todestag der hl. Elisabeth, hg. von der Philipps Universität Marburg, Sigmaringen 1981, 7–28.

Geschichte der Konzilien. Vom Nicaenum bis zum Vaticanum II, hg. von Giuseppe Alberigo, Düsseldorf 1993 (Übersetzung aus dem Italienischen).

Grundmann, Herbert: Religiöse Bewegungen im Mittelalter. Untersuchungen über die geschichtlichen Zusammenhänge zwischen der Ketzerei, den Bettelorden und der religiösen Frauenbewegung im 12. und 13. Jahrhundert und über die geschichtlichen Grundlagen der deutschen Mystik, Berlin 1935, 1960 zusammen mit dem Anhang Neue Beiträge zur Geschichte der religiösen Bewegungen im Mittelalter nachgedruckt, 4. Auflage Darmstadt 1977.

Gurjewitsch, Aaron J.: Das Weltbild des mittelalterlichen Menschen, München 1982 (Übersetzung der russischen Ausgabe 1972), 4. Auflage 1989.

Jakobs, Hermann: Kirchenreform und Hochmittelalter 1046–1215 (Oldenbourg Grundriß der Geschichte 7), München 1983, 3. überarbeitete und erweiterte Auflage 1994.

Lecler, Joseph: Vienne (Geschichte der ökumenischen Konzilien 8), Mainz 1965.

LeGoff, Jacques: Das Hochmittelalter (Fischer Weltgeschichte 11), Frankfurt/M. 1965, 20. Auflage 1994.

Machtfülle des Papsttums (1054–1274), hg. von Odilo Engels (Die Geschichte des Christentums 5), Freiburg - Basel - Wien 1994 (Übersetzung der französischen Ausgabe 1993, hg. von André Vauchez).

Mollat, Michel: Die Armen im Mittelalter, München 1984 (Übersetzung der französischen Ausgabe 1978).

Opitz, Claudia: Frauenalltag im Spätmittelalter (1250–1500), in: Mittelalter, hg. von Christiane Klapisch-Zuber (Geschichte der Frauen 2), Frankfurt/M. - New York - Paris 1993 (Übersetzung der italienischen Ausgabe 1990), 283–339, 544–548.

Patschovsky, Alexander: Straßburger Beginenverfolgungen im 14. Jahrhundert, in: Deutsches Archiv zur Erforschung des Mittelalters 30 (1974) 56–198.

Tarrant, Jacqueline: The Clementine Decrees on the Beguines: Conciliar and Papal Versions, in: Archivum Historiae Pontificiae 12 (1974) 300–308.

Vauchez, André: Gottes vergessenes Volk. Laien im Mittelalter, Freiburg-Basel-Wien 1993 (Übersetzung der französischen Ausgabe 1987).

– : La Sainteté en Occident aux derniers siècles du Moyen Age d'après les procès de canonisation et les documents hagiographiques, Rom – Paris 1981, 2. Aufl. 1988.

Wilts, Andreas: Beginen im Bodenseeraum (Bodensee-Bibliothek 37), Sigmaringen 1994.

Die Zeit der Zerreißproben (1274–1449), hg. von Bernhard Schimmelpfennig (Die Geschichte des Christentums 6), Freiburg – Basel – Wien 1991 (Übersetzung der französischen Ausgabe 1990, hg. von Michel Mollat und André Vauchez).

2. Literatur zur Methodik der (Kirchen-) Geschichte

Alberigo, Giuseppe: Neue Grenzen der Kirchengeschichte?, in: Concilium 6 (1970) 486–495.

Altermatt, Urs: Kirchengeschichte im Wandel: Von den kirchlichen Institutionen zum katholischen Alltag, in: Zeitschrift für Schweizerische Kirchengeschichte 87 (1993) 9–31.

Bloch, Marc: Apologie der Geschichte oder Der Beruf des Historikers, hg. von Lucien Febvre, München 1974 (Übersetzung der französischen 6. Auflage von 1967, 1. Auflage 1949), 3. Auflage 1992 (zitiert nach der dtv-Ausgabe von 1985).

Einführung in die Geschichtswissenschaft I: Grundprobleme, Arbeitsorganisation, Hilfsmittel, hg. von Peter Borowsky, Barbara Vogel und Heide Wunder (Studienbücher Moderne Geschichte 1), Opladen 1975, 5. überarbeitete und aktualisierte Auflage 1989.

Geschichte schreiben in der Postmoderne. Beiträge zur aktuellen Diskussion, hg. von Christoph Conrad und Martina Kessel (Reclam 9318), Stuttgart 1994.

Greschat, Martin: Die Bedeutung der Sozialgeschichte für die Kirchengeschichte. Theoretische und praktische Erwägungen, in: Historische Zeitschrift 256 (1993) 67–103.

Iggers, Georg G.: Geschichtswissenschaft im 20. Jahrhundert. Ein kritischer Überblick im internationalen Zusammenhang (Kleine Vandenhoeck-Reihe 1565), Göttingen 1993.

Rieks, Annette: Die französische Sozial- und Mentalitätsgeschichte als Basis einer Geschichte der glaubenden Menschen, in: Zeitschrift für Kirchengeschichte 101 (1990) 58–79.

Röckelein, Hedwig: Historische Frauenforschung. Ein Literaturbericht zur Geschichte des Mittelalters, in: Historische Zeitschrift 255 (1992) 377–409.

Scribner, Robert W.: Volksglaube und Volksfrömmigkeit. Begriffe und Historiographie, in: Volksfrömmigkeit 121–138.

Smolinsky, Heribert: Volksfrömmigkeit als Thema der neueren Forschung. Beobachtungen und Aspekte, in: Volksfrömmigkeit 9–16.

Sozialgeschichte, Alltagsgeschichte, Mikro-Historie. Eine Diskussion, hg. von Winfried Schulze (Kleine Vandenhoeck-Reihe 1569), Göttingen 1994.

Stockmeier, Peter: Kirchengeschichte und ihre hermeneutische Problematik, in: Römische Quartalschrift 80 (1985) 49–58.

Theuerkauf, Gerhard: Einführung in die Interpretation historischer Quellen. Schwerpunkt: Mittelalter (UTB 1554), Paderborn u.a. 1991.

Ulbrich, Claudia: Frauen- und Geschlechtergeschichte. Teil I: Renaissance, Humanismus und Reformation, in: Geschichte in Wissenschaft und Unterricht 45 (1994) 108–120.

Volksfrömmigkeit in der Frühen Neuzeit, hg. von Hansgeorg Molitor und Heribert Smolinsky (KLK 54), Münster 1994.

Maureen Junker-Kenny

Handeln aus der Menschwerdung Gottes. Elemente, aktuelle Fragestellungen, künftige Aufgaben der Praktischen Theologie

In einer berühmten Kontroverse der 1960er Jahre um die Frage, ob sich die Neuzeit aus Gehalten des Christentums herleitet oder ob sie sich einer Gegenreaktion gegen das christliche Gottesbild verdankt, hat der evangelische Systematiker Wolfhart Pannenberg gegen seinen philosophischen Kontrahenten Hans Blumenberg (Hans Blumenberg, Die Legitimität der Neuzeit, Frankfurt 1966) hervorgehoben, wie sehr der Gedanke der Menschwerdung Gottes die Grundstruktur und die Geschichte des Christentums bestimmt. Der Glaube an die Inkarnation sei über die Enttäuschung der ersten Christengenerationen über das Ausbleiben der Parusie Christi hinweg tragend geblieben. Wenn demnach in der Inkarnation des Sohnes die Liebe Gottes gewiß wurde, indem sie bis zur Identifikation mit der Menschheit und Auslieferung an sie ging, dann hat dieses Zentralmotiv des christlichen Glaubens im geschichtlichen Selbstverständnis des Menschen eine neue Entwicklung eingeleitet: In seiner Folge hat sich der Mensch im deutlichen Unterschied zu den Religionen der Antike immer mehr als Partner Gottes begreifen gelernt. Die Moderne mit ihrer Betonung menschlicher Freiheit kann als Frucht dieser Offenbarungsgeschichte gewertet werden, statt als Ergebnis eines Aufstandes des durch die absolutistische Souveränität Gottes zur Autonomie gereizten Menschen. Die Inkarnation habe, so greift Pannenberg eine Äußerung Blumenbergs auf, eine „unendliche Bestärkung der menschlichen Selbstachtung" bedeutet (Wolfhart Pannenberg, Gottesgedanke und menschliche Freiheit, Göttingen 1972, 114–128).

Die überragende Rolle, die das Motiv der Menschwerdung Gottes spielt, läßt sich auch unabhängig von der sog. „Säkularisierungsdebatte" zwischen Philosophie und Theologie durch einen anderen Zugang zeigen. Die christliche Ikonographie ist bis heute nicht allein durch die Darstellung des Gekreuzigten geprägt, sondern ebenso, in einem nicht nur für Psychologen und Feministinnen auffallenden Maß, durch das Bild Marias mit dem Kind. Man kann spekulieren, ob das Kreuz als Symbol der Erlösung je allein so wirkungsvoll hätte werden können wie im Gegenüber zur Abbildung einer menschlichen Mutter mit ihrem Kind, dem menschgewordenen Gott.

Wenn alle Disziplinen der Theologie unter je spezifischem Aspekt auf das Ganze der christlichen Botschaft bezogen sind – das hier unter dem Begriff der „Menschwerdung Gottes“ erscheint, aber auch z. B. als „Selbstoffenbarung Gottes“ oder mit Blick auf ihre Wirkung als „Erlösung“, „Versöhnung“ oder „Befreiung“ gefaßt worden ist –, was macht dann die besondere Perspektive der Praktischen Theologie aus? Nach der klassischen Formel von Friedrich Schleiermacher ist die Praktische Theologie „die Theorie der Praxis der Kirche“, einer Kirche, die ihrerseits die Inkarnation Gottes in Jesus von Nazareth bezeugt und nach dem Verständnis des Zweiten Vatikanischen Konzils die Versöhnung Gottes mit der Menschheit weiterzuvermitteln hat (vgl. LG 1). Damit versteht sich die Praktische Theologie als die Theorie der Praxis der Weiterbezeugung und -verwirklichung der Erlösungsbotschaft, die nach christlicher Überzeugung die eigentliche Menschwerdung des Menschen ermöglicht (zu dem hier vertretenen Verständnis von christlicher Praxis vgl. Pröpper 220–224).

Diese grundsätzliche Aufgabenbeschreibung scheint allerdings nicht nur auf die Praktische Theologie, sondern ebenso auf die Theologische Ethik sowie auf Fundamentaltheologie und Dogmatik zuzutreffen, sofern auch die systematischen Fächer in ihrer Reflexion auf die Vorgabe des gelebten Glaubens angewiesen sind. In der Aufgabe der Bestimmung christlicher Praxis haben sie tatsächlich eine gemeinsame Fragestellung. Für die praktischen Fächer ist die gegenwärtige Praxis des Glaubens jedoch nicht nur Voraussetzung und hermeneutischer Kontext, sondern Gegenstand der Untersuchung und wissenschaftlichen Begleitung. Sie werden dabei allerdings nicht selbst zur Praxis des Glaubens, sondern bleiben *Theorie* der Praxis, indem sie sie distanziert vom Entscheidungsdruck der einzelnen Handlungsträger sozialwissenschaftlich analysieren, theologisch reflektieren und den Entscheidungsträgern und Praktikern Kriterien der Beurteilung, Gesichtspunkte zur Selbstreflexion und Modelle für künftiges Handeln vorstellen. Im Unterschied zur Theologischen Ethik ist die Praktische Theologie dabei nicht auf das Handeln von Christen in der Welt im allgemeinen, sondern auf christliches Handeln im Rahmen der Kirche bezogen. Letzteres kann freilich, wie noch deutlich werden wird, ohne Blick auf die

Gesellschaft und die einzelnen Subjekte gar nicht angemessen erfaßt werden.

Die gegenwärtige Gestalt der Praktischen Theologie soll im folgenden in zwei Schritten beschrieben werden: 1. durch die Kennzeichnung ihrer Elemente erst einzeln, sodann im Zusammenspiel anhand eines Beispiels aus der kirchlichen Praxis; 2. durch die Darstellung und Beurteilung wichtiger gegenwärtiger Debatten um ihr Selbstverständnis. Abschließend werden ihre Zukunftsaufgaben skizziert (3.).

1. Elemente der Praktischen Theologie

Bei aller Verschiedenheit der genaueren Fassung kommen doch in den Konzeptionen Praktischer Theologie bestimmte Elemente immer wieder vor: Sie hat die Gegenwartssituation zu analysieren sowie die kirchliche Praxis mit Bezug auf den Maßstab des Evangeliums kritisch zu reflektieren und neu zu orientieren. Die drei Elemente Gegenwartsanalyse, Urteilsbildung anhand der Prinzipien der christlichen Tradition und Neuentwurf künftiger Praxis sind in so unterschiedlichen Ansätzen wie denen von Norbert Greinacher, Norbert Mette, Dietrich Rössler und Paul Michael Zulehner (s. Literaturliste) präsent.

1.1. Analyse der Gegenwartssituation

Aus welchen Gründen ist diese Fragestellung ein notwendiger Bestandteil der Praktischen Theologie (1.1.1.), welches sind ihre Ergebnisse (1.1.2.), und wie lautet die Ortsbestimmung der Kirchen in der Gegenwartsgesellschaft (1.1.3.)?

1.1.1. Gründe und Mittel der Gegenwartsanalyse

Daß sich die Praktische Theologie der Bedingungen vergewissern muß, unter denen kirchliches Handeln heute stattfindet, leuchtet schon aus pragmatischen, erfolgsorientierten Gründen ein. Die Weitergabe des christlichen Glaubens ist in der heutigen vom Pluralismus der Weltanschauungen, Wertvorstellungen und Lebensformen bestimmten Gesellschaft anders zu gestalten als z. B. zur Zeit des sich ab der Mitte des letzten Jahrhunderts herausbildenden

„katholischen Milieus“, in der das Leben der Einzelnen durch katholische Schulen und Vereine, Familienbande und Feste geprägt und die Stabilität der Sozialisation in dieser Tradition strukturell vielfältig gesichert war.

Über solche effektivitätsorientierten Gründe hinaus hat die Bezogenheit der Praktischen Theologie auf die gesellschaftliche Situation aber auch etwas mit ihrer Konstitution zu tun. Der geschichtliche Ursprung der Praktischen Theologie als eigener theologischer Fachdisziplin zur Zeit der Aufklärung, dokumentiert in der Errichtung des ersten praktisch-theologischen Lehrstuhls in Wien im Jahre 1774, liegt in der Erfahrung begründet, daß die Praxis des Glaubens sich nicht mehr von selber versteht, sondern der Anleitung und der Entscheidung unter verschiedenen Möglichkeiten bedarf. Die Herausbildung der Praktischen Theologie ist die Antwort auf diese Situation, in der kirchliche und religiöse Praxis in der Gesellschaft auseinandertreten. Sie bleibt auf dieses sich im weiteren Verlauf des 18. und 19. Jahrhunderts zunehmend säkular verstehende Gegenüber bezogen. Von nun ab bedarf es wissenschaftlicher Reflexion, um den Weg der Kirche in der Neuzeit zu orientieren. Die Spannung zwischen wissenschaftlicher Distanzierung und der Bezogenheit auf kirchliche Praxis bestimmen ihren Charakter und die Debatten um ihr Selbstverständnis von Anfang an (vgl. u.a. Mette, Handlungswissenschaft).

Wenn im Unterschied zu den systematischen Fächern die Betonung des Eigenrechts der Praxis und die Abwehr dogmatisch deduktiver Denkweisen vom Begriff zur Wirklichkeit zu einem zentralen Element der Praktischen Theologie wurde, dann hat das seinen Grund in ihrer unaufhebbaren Bezogenheit auf das Gegenüber gesellschaftlicher Praxis, die sich nicht als kirchlich versteht und die nicht unmittelbar und ausschließlich durch theologische Kategorien zu deuten ist. Die gesellschaftliche Praxis muß zunächst in ihrem eigenen Bedingungszusammenhang mit Mitteln wie denen der – zur gleichen Zeit wie die Praktische Theologie entstandenen – Soziologie erfaßt werden. Für die Praktische Theologie ist somit für den Schritt der Gegenwartsbestimmung ein induktives Vorgehen charakteristisch. Sie kann nicht z. B. beim dogmatischen Begriff der Kirche einsetzen, sondern muß das Verhältnis von Religion und Gesellschaft, einzelnem Subjekt und Kirche allererst erforschen. Sie ist dazu auf die Kooperation mit den Sozialwissenschaften angewiesen. Zur Analyse der Gesellschaft und der Subjekte werden beispielsweise Ökonomie, Psychologie und Pädagogik herangezogen, zur Untersuchung der Stellung der Kirchen in der Gesellschaft die Religionssoziologie.

Wenn somit zwar die Notwendigkeit induktiver Methoden unstrittig ist, um zu einer möglichst phänomengerechten, nicht ideologisch voreingenommenen Realitätserfassung zu kommen, so wird doch die Form der Zusammenarbeit mit den Humanwissenschaften z.Zt. selbstkritisch überprüft. Ist beispielsweise die Seelsorge nach dem Einzug psychologischer Theorien und Methoden in sie mehr als angewandte Psychologie? Eine Einsicht aus dem jahrzehntelangen Umgang mit den Humanwissenschaften ist, daß die Kooperation der Praktischen Theologie nicht einfach in der Übernahme ihrer Ergebnisse bestehen sollte.

Eine Diagnose der Defizite im bisherigen Verhältnis und Vorschläge für ein produktiveres Vorgehen bietet der evangelische Praktische Theologe Friedrich Schweitzer: Praktische Theologie, Kultur der Gegenwart und die Sozialwissenschaften – Interdisziplinäre Beziehungen und die Einheit der Disziplin, in: Praktische Theologie und Kultur der Gegenwart 170–184.

Sofern in jeder dieser Wissenschaften unterschiedliche Ansätze miteinander streiten, kann sich die Theologie nicht mit der selektiven Rezeption von Forschungsthesen aus unterschiedlichen psychologischen oder soziologischen Schulen zufriedengeben. Sie muß sie auf ihre stillschweigenden Prämissen befragen, ihre Ergebnisse im Rahmen des jeweiligen Forschungsansatzes einordnen und sie letztlich mit der eigenen Perspektive vermitteln können. Zugleich sollte die Aufgabe der Vermittlung aber nicht dadurch verkürzt werden, daß der Reichtum der Zugänge zu einem so komplexen Gegenstand wie dem der Gegenwartsgesellschaft durch die exklusive Bindung der Praktischen Theologie an nur einen besonders kompatibel erscheinenden Ansatz reduziert wird. Statt sozialtheoretische Kontroversen (wie z. B. die zwischen den Verfechtern der Kritischen Theorie Jürgen Habermas' und der Systemtheorie Niklas Luhmanns) im eigenen Haus nachzustellen, sollten die Praktischen Theologen sie als Lehrstück in sozialphilosophischer und soziologischer Theoriebildung zunächst in sich analysieren. Gefordert ist also ein kritischeres Bewußtsein der eigenen Erwartungen an den Ertrag solcher Debatten. Wird er unter weltanschaulicher oder sozialanalytischer Perspektive gesucht? Auf welcher Ebene ist die Vermittlung gegensätzlicher Standpunkte zu erwarten? Vermutlich wird die Integration heterogener, einander z.T. zumindest vordergründig widersprechender Ansätze wie z. B. denen der Gesellschafts- und Psychoanalyse untereinander und schließlich mit der Perspektive des christlichen Menschen- und Weltbildes kaum auf der Ebene eines der Ansätze stattfinden können. Worin kann hier der Beitrag der Theologie bestehen? Die z.Zt. erörterte Frage, wie die unaufgebbare Kooperation mit den Sozialwissenschaften fruchtbarer und seitens der Theologie weniger rezeptiv gestaltet werden kann, betrifft nicht nur das Selbstverständnis der Praktischen Theologie; sie ist auch bedeutsam für die öffentliche Funktion der Theologie, sich am ungelösten Streit um die Bestimmung des Menschen zu beteiligen und ihre Perspektiven zu Grundfragen wie Menschenwürde, Prinzipien gerechter Gesellschaft oder Friedensschaffung dialogisch einzubringen.

Was sind nach diesen grundsätzlichen Überlegungen zum induktiven, auf säkulare Wissenschaften angewiesenen Vorgehen der Praktischen Theologie nun die Leitbegriffe, anhand derer die moderne Gesellschaft und der Ort der Kirche in ihr analysiert werden? Welches sind die Bedingungen kirchlichen Handelns für die Weitervermittlung der christlichen Botschaft von der Menschwerdung Gottes in der Bundesrepublik Deutschland?

1.1.2. Kennzeichen der Gegenwartsgesellschaft

Soziologisch wird die gegenwärtige Gestalt der Gesellschaft als Ergebnis von Modernisierungsprozessen begriffen, die unter Begriffen wie Rationalisierung, Differenzierung, Segmentierung und strukturelle Pluralisierung gefaßt werden. „Rationalisierung" umfaßt dabei den grundlegenden Prozeß der Ablösung mythischer Weltbilder durch kausale Erklärung und aktive Beeinflussung von Ereignissen. Mit „Differenzierung" und „Segmentierung" wird die Herausbildung unterschiedlicher Bereiche der Gesellschaft mit je eigenen Rationalitätskriterien und Normen angesprochen, wie Wirtschaft, Politik, Recht, Wissenschaft und Religion. „Strukturelle Pluralisierung" schließlich meint die als Ergebnis der Entstehung unterschiedlicher Gruppen wachsende Vielfalt von Interessen und Grundüberzeugungen innerhalb des Gemeinwesens.

Vgl. Otfried Höffe, Strategien der Humanität. Zur Ethik öffentlicher Entscheidungsprozesse, Freiburg 1975, 18f. Peter L. Berger spricht von „institutioneller Pluralisierung" in: Der Zwang zur Häresie. Religion in der pluralistischen Gesellschaft, Frankfurt 1980.

Ohne die Voraussetzungen und Implikationen dieser Begriffe hier näher erörtern zu können, ist zu fragen, welche Auswirkungen die mit ihnen angezeigten Entwicklungen auf die Stellung der Religion haben. Anders als in archaischen Gesellschaften oder in den Hochkulturen z. B. Ägyptens und Griechenlands stellt sie nicht mehr den umfassenden Deutungshorizont für alle öffentlichen und privaten Lebensbereiche, sondern ein Segment unter anderen dar, von denen manche (wie Wirtschaft, Politik, Recht) das Leben der einzelnen unausweichlich bestimmen, andere (wie Freizeit oder Religion selbst) der persönlichen freien Wahl im Raum privater Lebensgestaltung offenstehen. Innerhalb des Bereichs der Lebenswelt – die selbst durch die mächtigen, zum „System" gerechneten Segmente wie Wirtschaft und Politik bestimmt, ja „kolonisiert" wird, indem z. B. das Gebot des wirtschaftlichen Überlebens die einzelnen dazu zwingt, ihm andere Aspekte der Lebensführung wie Familie unterzuordnen – stehen die Sinnangebote religiöser Institutionen zudem in Konkurrenz zu denen anderer Gruppen in der pluralistischen Gesellschaft. Dieser Bedeutungsverlust der Religion, der im europäischen Raum am Wandel ihrer Funktion vom Mittelalter bis heute abzulesen ist, wurde in der Religionssoziologie ursprünglich unter der Deutungskategorie der „Säkularisierung" gefaßt.

Neuerdings ist diese durch eine weitere ergänzt worden, der der „Individualisierung".

Der soziologische Begriff der Säkularisierung hat mit dem eingangs erwähnten philosophisch-theologischen gemein, daß es um die Überführung ursprünglich sakraler oder religiöser Gehalte in den Bereich menschlicher Verfügung geht – ob es sich darum handelt, daß in der Folge neuzeitlicher Religionskritik statt Gott nunmehr der Mensch zum Subjekt der Geschichte erklärt, daß wie in der Säkularisation 1806 kirchliches Eigentum in weltlichen Besitz gebracht oder daß die von der weltlichen Macht anerkannte übergreifende, die verschiedenen Lebensbereiche in einem Glaubenssystem verbindende Funktion der Religion auf eine private Wahl des Bürgers reduziert wird. Als „ideenpolitischer Begriff" (Hermann Lübbe, Säkularisierung. Geschichte eines ideenpolitischen Begriffs, Freiburg – München 1965) trägt er die Spuren der neuzeitlichen Machtkämpfe zwischen Kirchen und Staat um ihre öffentliche Stellung, ihre Funktion im Bildungswesen und Sozialbereich und bietet sich an für ideologische Verwendung. Waren zunächst manche Vertreter der Säkularisierungsthese sich des endgültigen Aufgehens von Religion in Vernunft gewiß, so sind heute die Ansprüche von Zukunftsprognosen zur Existenz von Religion bescheidener geworden. Inzwischen wird Säkularisierung angesichts des soziologisch unübersehbaren Aufblühens neuer religiöser Bewegungen und der unerwarteten relativen Stabilität der Mitgliedschaft in den christlichen Kirchen statt als *Niedergang* als *Neuorganisation* von Religion gegenüber den Herausforderungen der Moderne interpretiert (Danièle Hervieu-Léger, Religion and Modernity in the French Context: For a New Approach to Secularization, in: Sociological Analysis 51 (1990) 15–25).

Der jüngste Begriff zur Deutung moderner Gesellschaften und der Rolle der Religion in ihr ist der der „Individualisierung" (Jede(r) ein Sonderfall? Religion in der Schweiz: Ergebnisse einer Repräsentativbefragung, hg. von Alfred Dubach und Roland Campiche, Zürich 1993). Sein Vorteil besteht darin, daß er die veränderte Situation der Religion im Zusammenhang mit dem allgemeinen kulturellen Wandel beschreibt. Was über die Religion behauptet wird, kann also auch an anderen kulturellen Faktoren erprobt, bestätigt oder widerlegt werden. Grundsätzlich ist mit dem Begriff die Ablösung von durch Klasse, Geschlecht und Region weitgehend vorherbestimmten Lebensläufen durch selbstgewählte Werdegänge gemeint, in denen vom Ausbildungsweg bis zum Lebensstil in allem eine eigene Entscheidung möglich, aber auch gefordert ist. Die einzelne, die bei der alltäglichen Lebensgestaltung dem „Zwang zur Wahl" (P.L. Berger) nicht entgehen und in allen Entscheidungen die Vorgaben des Arbeitsmarktes nicht ignorieren kann, erfährt darin jedoch auch eine der Generation ihrer Großmütter zumeist unbekannte Freiheit. Statt durch traditionelle Erwartungen an die Rolle „der" Frau festgelegt zu werden, darf und muß sie sich bezüglich weiterführender Bildungsgänge, der Wahl des Lebens(abschnitts)ortes, der Lebensform und -partner sowie der Möglichkeit eigener Kinder entscheiden. In dieser nicht mehr von den Vorgaben überlieferter, in sozialen und psychischen Strukturen eingefleischter Lebensformen bestimmten, offenen Situation erfährt sie Individualisierung als ein ambivalentes, mit Risiko und Freiheit befrachtetes Produkt der Moderne.

Ist die Traditionsleistung vormoderner Gesellschaften schon lange dem rapiden technologischen und kulturellen Wandel zum Opfer gefallen, so ist inzwischen die Weitergabe von Traditionen überhaupt in einer Situation, in der das Auswählen, Abwägen und Entscheiden zu einer grundlegenden Kulturtechnik werden, grundsätzlich in Frage gestellt. Für die christlichen Kirchen heißt das, daß ihre Krisensituation, die u.a. am Schwund der Zahlen der sonntäglichen Gottesdienstbesucher und der Säuglingstaufen ablesbar ist, zunächst vor dem Hintergrund der gewandelten Stellung der Religion in der Gesellschaft und der allgemeinen Tradierungskrise gesehen werden muß, bevor kirchenspezifische, durch pastorale Neuorientierung beeinflußbare Faktoren des Kirchenverdrusses analysiert werden.

Das Verhältnis von Religion und Gesellschaft, Kirchen und Einzelnen hat sich in der modernen Gesellschaft grundlegend gewandelt. Aufmunternde oder tröstende Hinweise auf die ebenfalls in der Minorität befindliche Kirche in den ersten Jahrhunderten sind irreführend, weil es nicht um die Zahl der christlichen Gemeindeangehörigen im Vergleich mit den Anhängern anderer Religionen geht, sondern um die strukturellen Faktoren, die die moderne Gesellschaft hervorgebracht haben und jede Gemeinschaft in ihr prägen. Für die theologische Beurteilung der Säkularisierung macht es überdies einen bedeutenden Unterschied, daß in der heutigen Minderheitssituation die Wirkungsgeschichte des Christentums nicht erst bevorsteht, sondern schon stattgefunden hat. Ob Säkularisierung als Verlust oder als Verwirklichung der Substanz des Christentums in der Gesellschaft zu deuten ist, als „Abfall" von der Kirche oder als Befreiung der Kirche von fremden zu ihren eigentlichen Aufgaben, ist somit grundsätzlich offen. Deutlich ist aber auch, daß die Kirchen vor einer unvergleichlichen Herausforderung stehen, wenn sie Menschwerdungsmodelle vorleben wollen, die den einzelnen in der zur Selbstinszenierung verführenden Individualisierung Identität, in einer von den Medien beförderten konsumorientierten Einheitszivilisation Individualität und Solidarität sowie in einer gegenwartsfixierten „Erlebnisgesellschaft" Zukunft aus der Erinnerung an Gottes Handeln in Jesus erschließen können (Gerhard Schulze, Die Erlebnisgesellschaft. Kultursoziologie der Gegenwart, Frankfurt - New York 1992).

1.1.3. Ortsbestimmung der Kirchen

Was bedeutet das Ende der Milieus, der Abbruch verbindlicher Tradition und die individualisierende, subjektive Aneignung und Auswahl von Sinnelementen für die praktische Verbindlichkeit der Orientierung am Lebensmodell Jesu, in dem Gott Mensch wurde? Bevor sich die Praktische Theologie dieser für die Pastoral zentralen Frage konkret zuwenden und in ihrem dritten Schritt, der Pragmatik, Handlungsentwürfe entwickeln kann, ist es notwendig, die Konsequenzen aus der Gegenwartsanalyse bezüglich des Ortes der Kirchen zu ziehen.

Für die praktisch-theologische Fassung des Kirchenbegriffs ist es entscheidend, daß die Kirche nicht an sich, sondern nur in Bezug auf die moderne Gesellschaft thematisiert werden kann, die ihrerseits außer aus anderen Faktoren auch aus der Wirkungsgeschichte des Christentums zu begreifen ist. Die Kirche ist nicht der einzige Ort, an dem christliche Impulse wirksam sind. Es gibt christliche Praxis auch außerhalb dieses Rahmens. Ein Theoriekonzept, das dies zu fassen erlaubt, ist der Entwurf des evangelischen Praktischen Theologen Dietrich Rössler, der zwischen drei Formen des Christentums in der Neuzeit unterscheidet, nämlich dem „kirchlichen", dem „öffentlichen" und dem „privaten" Christentum (Rössler, Grundriß 80ff. und ders., Einheit). Von einer „öffentlichen" Gestalt des Christentums kann man im Blick auf Grundsätze der Verfassung, des Sozialstaates, von Erziehung und Verfahrensweisen reden, die der Würde und den gleichen Partizipationschancen der einzelnen Bürger am Gemeinwesen verpflichtet sind. Auch im gemeinsamen Kulturbestand, wie er in Literatur, Liedern, dem Feiertagskalender oder jahreszeitlichen Gebräuchen vorliegt, ist der Niederschlag der christlichen Tradition offenkundig. Die dritte, „individuelle" oder „private" Gestalt ergibt sich aus der Notwendigkeit des einzelnen Kirchenmitglieds, sich vor dem Hintergrund des öffentlichen Christentums zwischen den verschiedenen Formen und Graden der Beteiligung an der Gestalt des „kirchlichen" Christentums zu entscheiden.

Wenn demzufolge christliches Erbe schon im öffentlichen und im privaten Bereich präsent ist, was bleibt dann noch als Zweck der expliziten Verkörperung des Christentums in den Kirchen? Für Rössler wird die institutionell sichtbare Kirche gerade nicht überflüssig, sondern umso notwendiger, um zwischen öffentlichem und privatem Christentum identifizieren zu helfen, was offiziell christlich ist. Die kirchliche Form des Christentums ist die Bedingung, ohne die die beiden anderen Formen nicht existieren könnten (Rössler, Einheit 49). Die in die Kultur eingegangenen christlichen Bestände könnten ohne es auf Dauer gar nicht wiedererkannt werden, und die vielfältigen privaten Mischformen würden ihre ursprüngliche Verbindung zur christlichen Tradition verlieren und restlos im zeitgenössischen eklektizistischen Synkretismus aus vorhandenen Weltanschauungen und Sinnangeboten aufgehen. Je mehr folglich öffentliche und individuelle Aneignungen des Christentums blühen, desto bedeutender wird seine kirchliche, explizite Gestalt. Die Kirche ist notwendig, um eine identifizierbare Auslegung des christlichen Glaubens und Darstellung christlichen Lebens vorzustellen.

Umso dringlicher stellt sich angesichts dieser soziologisch begründeten Notwendigkeit der institutionellen Sichtbarkeit der Kirche die theologische Frage, welches Bild vom Inhalt der christlichen Botschaft sie denn der Öffentlichkeit und den einzelnen vermittelt. Zum einen steht hier für die Soziologie der christlichen Konfessionen die analytische Aufgabe der Bestimmung der typischen Kennzeichen, Praktiken, Struktur und Sozialisationsformen der einzelnen Kirchen an, wie sie für die katholische exemplarisch von Franz Xaver Kaufmann und Karl Gabriel unternommen worden ist (vgl. Zur Soziologie). Zum anderen stellt sich die Aufgabe der Institutionenanalyse in kritischer theologischer Absicht: Wie werden Zeitgenossen durch die Gestalt der Kirche selbst vom Evangelium entfremdet? Auch hier ist die kritische Potenz der Sozialwissenschaften gefragt, die wichtige Einsichten zu Formen der Entfremdung, Ideologie, Mechanismen der Kontrolle, Repression und Angst durch kirchliche Strukturen beisteuern können.

Die Überlegungen zum Ort der Kirche zwischen öffentlichem und individuellem Christentum machen auch eine notwendige Unterscheidung deutlich: Gerade die Praktische Theologie, die im Unterschied zur Theologischen Ethik christliche Praxis im institutionellen Rahmen der Kirche reflektiert, muß sich dessen bewußt bleiben, daß „kirchliches" und „christliches" Handeln nicht identisch sind. Weder erschöpft sich christliche Praxis im Handeln von Kirchenmitgliedern, noch ist in jedem Fall gewiß, ob Handlungen von Kirchenleitungen und -gruppen überhaupt dem Maßstab Jesu entsprechen und christlich genannt werden dürfen. Wie diese Norm genauer zu bestimmen ist, wird im zweiten Schritt der Praktischen Theologie reflektiert.

1.2. Die Norm der Praktischen Theologie

Obwohl es scheint, daß diese Frage die alles entscheidende ist, ist die Antwort auf sie nicht leicht zu ermitteln. Angesichts der Wandlungen im Verständnis des Kerns der christlichen Botschaft im Laufe der Kirchengeschichte ist deutlich, daß jeder Antwortversuch für vergangene Epochen ein entwickeltes hermeneutisches Bewußtsein verlangt, um eine Zeit nach dem in ihr Möglichen beurteilen zu können und sie nicht anachronistisch vom Gipfel unserer Erkenntnisse nach erst heute möglichen Standards abzuurteilen. Die Bewertung der eigenen Zeit am Maßstab des Evangeliums wiederum ist durch zeittypische Denkmodelle präformiert, die erst im Nachhinein als solche zu identifizieren sind. Die Notwendigkeit des Urteilens und entsprechender Neuorientierung des Handelns wird durch die Einsicht in ihre hermeneutische Bedingtheit nicht aufgehoben; aber es wird deutlich, daß es sich hier um einen eigenen Schritt von nicht geringerer Komplexität handelt als der erste; zur Bestimmung der Norm ist die Praktische Theologie auf die Aufnahme der Ergebnisse und offenen Fragen ihrer theologischen Nachbardisziplinen angewiesen.

Zunächst fällt auf, daß es in der Praktischen Theologie verschiedene Leitbegriffe zur inhaltlichen Füllung der Norm der Beurteilung gibt: Einer davon ist „Sache Jesu", die Jesu Person und Geschichte ebenso wie sein „Programm" umfaßt, ein anderer „Gottesherrschaft", ein weiterer „Maßstab des Evangeliums". Andere Begriffe wie Erlösung, Versöhnung, Befreiung und Menschwerdung, die in der Praktischen Theologie (wie eingangs in diesem Beitrag) oft in analogem Sinn für das Ganze des Evangeliums bzw. den Kern der christlichen Botschaft gebraucht werden, müssen in anderen Disziplinen wie der Fundamentaltheologie oder Dogmatik in ihrem spezifischen Sinn unterschieden werden. Zur näheren Bestimmung ihrer Norm muß die Praktische Theologie die Arbeitsergebnisse der anderen theologischen Fächer integrieren.

Die Praktische Theologie bezieht sich auf sie zur Erörterung etwa der folgenden Fragen:

– auf die *Exegese* zur historischen Erforschung und theologischen Interpretation der Gestalt und Geschichte Jesu in seiner Glaubenstradition und der frühen christlichen Gemeinden in ihrem historischen Umfeld;

– auf die *Kirchengeschichte* und die *Dogmatik* zur Untersuchung des Wandels der praktischen und theoretischen Interpretationen der Botschaft Jesu in Auseinandersetzung mit der umgebenden Kultur und mit früheren und aktuellen theologischen Deutungen. Die hermeneutische Fragestellung der Dogmatik, wie das Identische der Tradition zu identifizieren ist (Pröpper 230–235), ist für die Praktische Theologie deshalb von Bedeutung, weil es ihr darum geht, wie im Bekenntnis zu Christus und in der Inkulturation seines Lebensmodells heute die Treue zum Ursprung gewahrt werden kann;

– auf die *Fundamentaltheologie* zum Dialog mit zeitgenössischen philosophischen Auslegungen des Menschseins, zur Klärung des Wahrheitsanspruchs des christlichen Glaubens in Auseinandersetzung mit anderen Religionen und Überzeugungen, zur Deutung des Verhältnisses von Moderne und Christentum und zur Bestimmung eines Begriffs christlicher Praxis;

– auf die *Moraltheologie, Christliche* oder *Theologische Ethik* zur Auseinandersetzung mit zeitgenössischen Sozialtheorien und -philosophien und im Blick auf die praktische Problemverwandtschaft der produktiven Integration in sich unterschiedlicher Humanwissenschaften in die eigene Fragestellung;

– auf das *Kirchenrecht* zur Auslegung der Grundrechte der Kirchenmitglieder und des alle einzelnen Bestimmungen relativierenden obersten Prinzips des Kirchenrechts: „Salus animarum in Ecclesia suprema semper lex esse debet“ (vgl. CIC 1983, Can. 1752).

Angesichts des notwendigen Dialogs mit den übrigen theologischen Fächern zur Bestimmung des Maßstabs, anhand dessen die Gegenwartssituation und die kirchliche Praxis beurteilt werden sollen, wird die Formulierung D. Rösslers für diesen Schritt, „Prinzipien der christlichen Tradition zur theologischen Urteilsbildung“, der Komplexität der Aufgabe vielleicht am ehesten gerecht.

Der Beitrag der Praktischen Theologie zum interdisziplinären Gespräch innerhalb der Theologie dürfte zumindest folgende Aufgaben umfassen:

– ihre Gegenwartsanalyse aufgrund des spezifischen Zugangs zu den „Zeichen der Zeit“ durch ihre Praxisbezogenheit für die Theologie insgesamt fruchtbar zu machen;

– den anderen Fächern Fragen, die aus der Gegenwartssituation und in der kritischen Begleitung von konkreten Modellen kirchlichen Handelns entstehen, zur Bearbeitung vorzulegen. Ein Beispiel für den hier erkennbaren Praxis-Theorie-Praxis-Zirkel sind die Veränderungen, die an der Basis, d. h. in der Gemeinde, zum Rückgang der Einzelbeichte geführt und etwa in der Sakramententheologie neue Ansätze zu der Frage, in welchen Formen Versöhnung Gestalt gewinnen kann, herausgefordert haben. Ähnlich hat die Praxis der Liturgischen Bewegung zur Neukonzeption der Theologie der Eucharistie und Liturgiereform des Zweiten Vatikanischen Konzils beigetragen;

– prospektive Zielvorstellungen bzw. „prophetische Realutopien" einer Gestalt von Ortskirche zu entwerfen, in der das Christentum in Treue zu seinem Ursprung den Herausforderungen der heutigen Weltsituation begegnet.

1.3. Orientierung kirchlicher Praxis

Bevor Vorschläge für das Handeln der Kirche in einzelnen Feldern, hier dem Kindergottesdienst (1.3.2.), entwickelt werden können, ist zunächst eine Doppeldeutigkeit im Kirchenbegriff hervorzuheben (1.3.1.).

1.3.1. Zum Begriff der Kirche

Bei allen Schritten ihrer Reflexion muß sich die Praktische Theologie bewußt sein, in welcher Bedeutung sie den Begriff Kirche jeweils in Anspruch nimmt. Zum einen bezeichnet er eine theologische Größe, z. B. den „Leib Christi" oder „das Sakrament, d. h. Zeichen und Werkzeug für die innigste Vereinigung mit Gott wie für die Einheit der ganzen Menschheit" (LG 1). Zum anderen meint er die empirische Institution. Die Herausforderung an die Praktische Theologie ist, beide spannungsvollen Dimensionen zusammenzubringen. Wie kann die Kirche, einerseits hierarchische und bürokratische Großorganisation mit polarisierten Lagern, andererseits Gemeinschaft der durch Christus Inspirierten, ihrem Auftrag der Vermittlung des Evangeliums gerecht werden?

Zur theologischen Reflexion der doppelten Bedeutung von Kirche in zweifacher Hinsicht, nämlich als theologischer Größe und als empirischer Institution zum einen, als „Notwendigkeit" und als „Skandal" zum anderen, vgl. Gabriel Daly, Hope in the Church in: Christian Resources of Hope, hg. von Maureen Junker-Kenny, Dublin 1995, 46.

Mittel zur Bewältigung dieser Aufgabe finden sich u.a. in der soziologischen und sozialpsychologischen Institutions- und Organisationsanalyse sowie in der teilnehmenden Beobachtung z. B. von Gemeindeprozessen. Es ist aufschlußreich, bei der Frage, wie die Strukturen der Kirchenleitung die transparente, konsensfähige Ausübung der Macht befördern bzw. behindern, andere, weniger hierarchisch strukturierte christliche Kirchen als die katholische es noch ist, einzubeziehen: Auch sie leiden als Großorganisationen an der unvermeidlichen „Entfremdung" von der „Basis" und stehen wie das ferne, fordernde „System“ zur „Lebenswelt“ der Gläubigen. Die Unmittelbarkeit kleiner Gruppen ist auf der Organisationsebene des Weltkirchenrates oder von Landeskirchen ebenso wenig wie in „Rom“ zu finden, aber sie ist auch nicht der Maßstab für die Beurteilung von Institutionen. Transparenz der Entscheidungsprozesse und -gründe, Verfahren zur Wahrnehmung des Einspruchsrechts der Betroffenen, prinzipielle Möglichkeit des Aufstiegs jedes Mitglieds in die Leitungsebene sind Kriterien zur Beurteilung, ob die Strukturen einer Institution ihrem Zweck und ihrer Botschaft entsprechen oder im Weg stehen.

Eine Mikroanalyse kirchlicher Praxis wird untersuchen, wie und mit welchem Erfolg in bestimmten Bereichen, z. B. der Firmkatechese, Mittel eingesetzt oder wie Schwerpunktsetzungen der Gemeinde ausgewertet werden. Eine solche ‚Erfolgs‘reflexion des pastoralen Einsatzes ist angesichts der endlichen, im Vergleich mit der Fülle an Aufgaben knappen Ressourcen an Zeit, Motivation und Finanzmitteln unumgänglich.

Schließlich kann eine auf die empirische Gestalt der Kirche gerichtete Untersuchung Orte gelungenen christlichen Lebens in der Kirche ausfindig machen: Wo ist es in den gebrochenen, entfremdeten, bedrohten Verhältnissen von Kirche und Gesellschaft gelungen, neues Menschsein zu ermöglichen? In Aufmerksamkeit für existierende Modelle glückenden christlichen Lebens hat eine entsprechende praktische Ekklesiologie die heute notwendigen Maßnahmen und Reformen auf eine Gestalt von Kirche hin zu benennen und zu entwerfen, in der das Christentum vermittelt, gefeiert und seiner Bestimmung, vitales „Zeichen und Werkzeug“ des Heilswillens Gottes für die Menschheit zu sein, gerecht werden kann.

1.3.2. Praxisorientierung konkret

Welcher konkrete Nutzen ergibt sich aus der Vielfalt der Fragestellungen des interdisziplinären, hermeneutisch bewußten Theorieprogramms der Praktischen Theologie nun für die Praktiker/innen am Umschlagplatz der „Theorie der Praxis“ in die Praxis? Die Erwartungen an das Fach bei Studienanfängern, manchen Vertretern anderer Disziplinen und Praktikern selbst bestehen ja oft genau darin, daß Hinweise und Methoden für die bessere Gestaltung kirchlicher Praxis erhofft werden. Wenn die Erfüllung dieses Wunsches durch weiteres Theoretisieren aufgehalten wird und die in der

Gemeinde und Schule Tätigen sich in ihrem Handlungsdruck alleingelassen fühlen, wird der Nutzen eines so weitgespannten Untersuchungsrahmens in Frage gestellt und die alte Pastoraltheologie, die noch Anweisungen für Pfarrer geben mochte, erneut herbeigesehnt.

Daß die vorhergehenden Schritte durchaus in der Gestaltung eines konkreten Handlungsfeldes eine Rolle spielen, läßt sich am Beispiel des Kindergottesdienstes zeigen, in dem die „Wie-Fragen" nach Medien und Methoden der Vermittlung der biblischen Botschaft an Kinder sich schnell in „Was-Fragen" verwandeln, die nur mithilfe einer in den vorher verhandelten Problemen geübten theologischen Urteilskraft zu beantworten sind.

Wer vor der Aufgabe steht, einen Kindergottesdienst zu gestalten, sieht sich Fragen ausgesetzt wie:

– Was ist der Kern der Botschaft, den wir Kindern auf ihrem Verstehensniveau vermitteln wollen? Die Notwendigkeit der Elementarisierung des Glaubens für Kinder zeigt sich in ihrer Brisanz, wenn bei der Bestimmung des unbedingt zum Kern Gehörigen auch Aspekte der Ideologiekritik, der Entwicklungspsychologie und der Gesellschaftsanalyse zum Tragen kommen:

– Welches Gottesbild vermittelt man den Kindern für ihr Leben, wenn man sie biblische Geschichten dramatisieren läßt oder sie in alltägliche Gebete wie das Vater Unser einführt und sie so in eine männliche Gottesvorstellung hineinwachsen läßt, die nach der feministischen Kritik zur Selbstbestätigung für die Jungen und zur Unterordnung der Mädchen benutzt werden kann? Ist es zu verantworten, die zweite Schöpfungsgeschichte von der Erschaffung Evas aus der Rippe Adams oder die Projektion der Ursünde exklusiv auf die Frau „kindgerecht" wie eine historische Tatsache zu vermitteln?

– Was ist überhaupt für ein bestimmtes Alter „kindgerecht"? Die Humanwissenschaften, v.a. die Entwicklungspsychologie, und die praktisch-theologische Erforschung der Stufen der Entwicklung des Glaubensverständnisses (James Fowler sowie Fritz Oser/Paul Gmünder) haben hier entscheidende Beiträge zu leisten.

– Welche Aspekte des Evangeliums sind für Kinder und ihre Hüter in ihrer heutigen gesellschaftlichen Situation besonders relevant? Welche Anforderungen an Kinder bestehen bei uns und in den armen Ländern der Erde zusätzlich zu dem Problem, daß wir die Folgeprobleme heutiger Nachlässigkeit und Verschwendung von Ressourcen ohnehin auf ihre Schultern laden?

– Was heißt es für unsere Anstrengungen, Kindern eine möglichst angstfreie Beziehung zu einem unbedingt liebenden Gott zu ermöglichen, daß in der Sakramentenpastoral nach wie vor zunächst der Gang zur Beichte und erst dann die Teilnahme an der Kommunion vorgesehen ist?

Statt wie einst Anweisungen oder „Rezepte" auszugeben, geht es der Praktischen Theologie heute darum, die theologische Urteilskraft derer auszubilden, die die kirchliche Vermittlungs- und Sozialisationspraxis zu gestalten und verantworten haben.

Diesen Ansatz vertritt v.a. Dietrich Rössler in seinem „Grundriß der Praktischen Theologie": „Die Praktische Theologie, wie sie in diesem Buch verstanden wird, ist eine Theorie. Sie dient dem Wissen. Sie dient dem Können insofern, als das Wissen dessen Grundlage bildet. Die Praktische Theologie hat Kenntnisse, Einsichten und Urteile zum Inhalt. Sie begründet also nicht von sich aus und durch sich bereits bestimmte Handlungsweisen. Sie begründet vielmehr die Urteilsfähigkeit, die das Können und das praktische Handeln in Christentum und Kirche einer kritischen Prüfung unterzieht" (1). Einen Entwurf „praktisch-theologischer Urteilskraft" hat mit Anwendung auf die Theologie der katholischen Tübinger Schule Walter Fürst vorgelegt.

2. Konzeptionelle Debatten in der Praktischen Theologie

Auf der katholischen Seite hat sich die Entwicklung von einem Verständnis der Praktischen Theologie als Anwendungsdisziplin hin zu einem Fach mit eigenem Gegenstandsbereich, von der Rolle der „Magd" der systematischen Fächer zur Herrin im eigenen Forschungsgebäude, in den 1960er und 70er Jahren unter dem Einfluß des Dogmatikers Karl Rahner vollzogen (2.1.). In der derzeitigen Debatte um „Säkularisierung" oder „Evangelisierung" als Leitbegriffe bzw. „Paradigmen" schlägt sich die Rezeption der Befreiungstheologie nieder (2.2.). In ihr tauchen Probleme wieder auf, die schon in der Auseinandersetzung mit den dogmatischen Vorgaben Karl Rahners eine Rolle spielten.

2.1. Der Weg zur Selbständigkeit als theologische Disziplin

Sofern die Entwicklung der katholischen Praktischen Theologie auf der konzeptionellen Neuorientierung Karl Rahners in der Dogmatik aufbaut, ist es sinnvoll, die Fortschritte (2.1.1.) und Grenzen (2.1.2.) seines spezifischen Beitrags hier kurz zu skizzieren. Karl Rahner war für die Grundkonzeption und die ekklesiologische Grundlegung des „Handbuchs der Pastoraltheologie“ (1963–1969) verantwortlich (s. Literatur).

2.1.1. Karl Rahners Grundbestimmungen der Praktischen Theologie

Nach der Definition Rahners ist die Praktische Theologie eine theologische Wissenschaft, die „aus der theologischen Reflexion und Deutung der je jetzt gegebenen Situation der Kirche heraus auf den je jetzt fälligen Selbstvollzug der Kirche (als gegebenen und seinsollenden) reflektiert“ (Handbuch der Pastoraltheologie 5, 394). Danach begründet der entscheidungsorientierte Charakter der Praktischen Theologie ihren Status als eigene Wissenschaft. Da ihre Situationsanalyse auf Entscheidungen über verantwortliches kirchliches Handeln ausgerichtet ist, hat sie es mit einem Bereich zu tun, der nicht vorhersehbar und noch weniger aus Theorie „deduzierbar“ ist. Aus diesem Grund ist die Praktische Theologie eine Disziplin eigenen Rechts.

Rahners Begründung des spezifischen Moments der Praktischen Theologie auf der Unableitbarkeit von praktischen Entscheidungen aus theoretischen Vorgaben steht ihrerseits in Zusammenhang mit seiner Neubestimmung des Begriffs der Kirche sowohl als „Wesen“ als auch als „Ereignis“. Durch sie wird die Neubewertung des Theorie-Praxis-Verhältnisses und die Fassung der Aufgabe der Praktischen Theologie als Situationsanalyse möglich. Das „Wesen“ wird nur im „Ereignis“ der Kirche aktuell, indem Gottes universaler Heilswille in der Verkündigung des Wortes und der Feier der Eucharistie immer wieder in Raum und Zeit konkret wird. Das „Ereignis“ der Kirche in der gemeindlichen Feier der Eucharistie begründet für Rahner die theologische Priorität der Ortsgemeinde vor der kirchenrechtlich definierten Institution Kirche. Der volle theologische Begriff der Kirche wird demnach nur erreicht, wenn man ihre Realisierung, ihren „Selbstvollzug“ mit einschließt.

Rahners neue Würdigung der Basis der Kirche in seinem vorkonziliaren Aufsatz, „Zur Theologie der Pfarre“ (in: Die Pfarre. Von der Theologie zur Praxis, hg. von Hugo Rahner, Freiburg 1956, 27–39), hat Eingang in das Zweite Vatikanische Konzil gefunden (vgl. Dogmatische Konstitution über die Kirche, „Lumen gentium“, Nr. 26).

Die Praktische Theologie ist die Disziplin, die mit der Reflexion und Orientierung des „Gesamtvollzugs“ des Wesens der Kirche auf allen Ebenen befaßt ist. Damit ist ihr Verständnis als ‚Anwendungsarm‘ der im neuscholastischen Modell als theologische Kernfächer betrachteten Dogmatik, Moraltheologie und Kirchenrecht abgeschnitten und ein eigener Gegenstandsbereich eröffnet. Die Akzentverlagerung zum „Ereignis“ der Kirche verschafft der Praxis theologische Dignität. Als „eine Theologie der praktischen Vernunft, der Tat, der gesellschaftlichen Entscheidung in Kirche und Welt“ reflektiert die Praktische Theologie diese Praxis unter Einbezug der Sozialwissenschaften als „Hilfsdisziplinen“ (Rahner, Neue Ansprüche 147).

2.1.2. Grenzen von Karl Rahners Beitrag zum Selbstverständnis der Praktischen Theologie

Angesichts dieser Fortschritte auf dem Weg zur eigenständigen Disziplin mag es erstaunlich erscheinen, daß ausgerechnet Rahner vorgeworfen wurde, die katholische Praktische Theologie mit seiner Formel vom „Selbstvollzug der Kirche“ weiterhin unter dogmatische Vorzeichen gestellt zu haben.

Auch wenn Rahners Unterscheidung zwischen „tatsächlichem und sein sollendem Selbstvollzug“ der Kirche der Praktischen Theologie als eigenständige Aufgaben Situationsanalyse und Entwicklung von Reformentwürfen eröffnet, so bleibt sie doch in zweierlei Hinsicht den Vorgaben der Dogmatik untergeordnet: zum einen durch den Begriff des „Selbstvollzugs“ der Kirche, zum anderen durch seine Unterscheidung von „wesentlichen“ und „praktischen“ theologischen Disziplinen. Die erste Festlegung ist durch die komplexere Aufgabe der Bestimmung von „Kirche“ im Geflecht von Gesellschaft, Religion und Subjekt abzulösen. Die zweite wäre durch eine tiefergehende Reflexion auf die grundlegende Gemeinsamkeit aller theologischen Fächer zu ersetzen: daß sie alle wesentlich auf einem Gegebenen beruhen, nämlich Gottes Selbstmitteilung, die sie in verschiedener Hinsicht explizieren (für eine Würdigung von Rahners Beitrag und eine Zusammenfassung der wichtigsten praktisch-theologischen Kritikpunkte vgl. Mette, Zwischen Reflexion).

So ordnet der evangelische Praktische Theologe Volker Drehsen Rahners Aufgabenbestimmung zusammen mit dem Ansatz der dialektischen Theologie Karl Barths, der die Praktische Theologie von der Aufgabe der Verkündigung des Wortes Gottes herleitet, bei den dogmatisch-deduktiven Ansätzen ein (V. Drehsen, Praktische

Theologie, in: Ders. (Hg.), Wörterbuch des Christentums, Gütersloh - Zürich 1988, 990–992). In systematisch-theologischer Hinsicht mag diese Beurteilung verwundern, sind doch die Ausgangspunkte Rahners und Barths einander genau entgegengesetzt. Rahner vollzieht die anthropologische Wende der Neuzeit in seiner Theologie mit und setzt bei der Analyse der menschlichen Voraussetzungen für das Verständnis der Offenbarung ein, Barth hingegen beginnt bei der Offenbarung Gottes selbst. In praktisch-theologischer Hinsicht jedoch birgt Rahners Einsatz beim Wesensbegriff der Kirche tatsächlich die Gefahr, die Praxis nur gemäß dieser Vorgabe und nicht in ihrer Eigenexistenz und Vielfalt in den Blick zu bekommen. Für die angemessene Erfassung der Wirklichkeit ist es aber entscheidend, zunächst die Erscheinungsformen von Religion in der Gegenwartsgesellschaft zu untersuchen und dann den Ort der Kirche zu bestimmen, statt das Gesichtsfeld sogleich auf die in der Kirche gelebte Religiosität einzuengen (s.o. 1.1.). Auch wenn die Aversion praktischer Theologen gegen „deduktiv-dogmatische" Methoden insofern überholt erscheint, als die Dogmatik heute ihre Aufgabe meist gerade unter Absetzung vom neuscholastischen Argumentationsstil als Entfaltung der Offenbarungsbotschaft im Kontext heutiger Erfahrung begreift, so ist das Beharren auf dem Überschuß der Praxis über die Theorie doch berechtigt. Karl Rahner hat diese Uneinholbarkeit von Praxis beim dritten Element der Praktischen Theologie, den Entwürfen für das Handeln der Kirche, als unableitbare Qualität der Entscheidung gewürdigt. Die Betonung heute liegt ebenso sehr beim ersten Element, der Analyse, in der sich die Gegenwartssituation als widerspenstig gegen unmittelbare theologische Kategorisierungen erweist.

Die Gefahr der Vormundschaft der Dogmatik kehrt in der gegenwärtigen Debatte um praktisch-theologische Leitbegriffe unter anderen, diesmal befreiungstheologischen Vorzeichen wieder. Die wachsende Einsicht in den Unterschied zwischen sozialwissenschaftlichem und dogmatischem Zugang auf dem von Rahner eröffneten Weg zur selbständigen Disziplin mit eigenen Fragestellungen und Methoden wird heute von einer anderen Perspektive aus in Frage gestellt: Ist das Beharren auf der Kluft zwischen beiden Forschungsinteressen nicht einfach dem Säkularisierungsparadigma verhaftet, und transportiert diese Denkform nicht unbewußt Gehalte mit, die einer kritischen theologischen Analyse nicht standhalten können?

2.2. Säkularisierung oder Evangelisierung? Die Debatte um theologische Leitbegriffe

In einer neueren Publikation zu „Paradigmen der Praktischen Theologie" hat Norbert Mette seinen früheren Vorschlag der Ablösung des „Säkularisierungs"- durch das „Evangelisierungsparadigma" wiederholt und zur Grundlage des von ihm vorgestellten „Kritischen Ansatzes" gemacht (Mette, Das Problem der Methode; ders., Kritischer Ansatz). Mit diesem Vorschlag werden wichtige hier gemachte Annahmen in Frage gestellt. Die wesentliche Bezogenheit der Praktischen Theologie auf dieses Modell, die Mette für die Vergangenheit selbst als konstitutiv erklärt, sei heute aufzugeben zugunsten der Konzentration auf die Aufgabe der Evangelisierung. Mette unterscheidet drei Ausformungen des Säkularisierungsparadigmas: eine in vielen pastoraltheologischen Handbüchern und im Ansatz von Paul Michael Zulehner vorliegende „kirchenbezogene", eine „christentumsbezogene" (D. Rössler) und eine „gesellschaftsbezogene" (G. Otto) Ausprägung. Gegen sie profiliert er die grundlegenden Merkmale des Evangelisierungsansatzes: „Während sich das Säkularisierungsparadigma vor allem innerhalb des durch die Pole Glaube – Unglaube bzw. Theismus – Atheismus markierten Koordinatensystems bewegt, werden innerhalb des Evangelisierungsparadigmas die Gegensatzpaare Leben – Tod bzw. Gott (des Lebens) – Götzen (des Todes) zu den entscheidenden Bezugspunkten. Es bildet im übrigen die praktisch-theologische Konkretion eines Paradigmenwechsels innerhalb der Theologie insgesamt, . . . die eine Ablösung sowohl vom neuscholastischen als auch vom transzendental-idealistischen Paradigma zugunsten eines nachidealistischen Paradigmas vollzogen haben. Gemeinsam ist ihnen, daß sie gegenüber einem abstrakt-theoretisch verbleibenden Wahrheitsbezug die praktische und subjekthafte Grundverfassung der Theologie insgesamt herausstellen und ernst nehmen" (Mette, Kritischer Ansatz 210).

Es sind vor allem zwei grundlegende Bestimmungen dieses Ansatzes, die der Nachfrage bedürfen: zum einen die programmatische Verschiebung des Referenzrahmens vom Problem der Auseinandersetzung mit dem Selbstverständnis nichtreligiöser Zeitgenossen zum Kampf Gottes mit den Götzen (2.2.1.), zum anderen die nähere Bestimmung des Praxisbezugs (2.2.2.).

2.2.1. Zum Referenzrahmen

Die erste folgenreiche Theorieentscheidung liegt in der Absage an das „transzendental-idealistische Paradigma“ und dem unvermittelten Einsatz bei der Trias von „Anuncio ... der Frohen Botschaft vom Reiche Gottes“, „prophetische(r) Denuncia ... ungerechter und unmenschlicher Verhältnisse, die dem Willen Gottes widersprechen“ und „Transformación ... zur personalen und sozialen Umkehr“ (ebd. 212). Problematisch sind dabei nicht die in jedem Entwurf christlicher Theologie mitspielenden Elemente der Verkündigung, Kritik und Umkehr selbst, sondern der methodologische Wechsel von einem Theologiemodell, das die Aufgabe der Rechenschaft des Gottesglaubens vor dem allgemeinen Wahrheitsbewußtsein einschließt, zu einem Konzept, das Theologie auf Dogmatik im Sinne der Darstellung des Geglaubten reduziert. Unter diesem Aspekt stellt die Gegenüberstellung vom „Gott des Lebens“ zu den „Götzen des Todes“ einen Wiedereinzug unvermittelt dogmatischer Rede in die Praktische Theologie dar. Was praktisch-theologisch in Auseinandersetzung mit den Humanwissenschaften erst zu ermitteln wäre, nämlich was als „Leben“ und was als „Tod“ zu qualifizieren ist, wird hier schon vorausgesetzt. Eine solche Evidenz der Unterscheidung ist im Fall von Verfolgung, Unterdrückung und Folter zwar gegeben. Aber auch abgesehen vom Unbehagen an der Unbestimmtheit des Lebensbegriffs mit seiner philosophie- und theologiegeschichtlich problematischen Nähe zu Nietzsche ist es in den komplexen Verhältnissen von rechtsstaatlichen Gesellschaften nicht so eindeutig, wie politische Maßnahmen – wie z. B. das GATT-Welthandelsabkommen – im Blick auf mehr „Leben“ oder auf größere Gerechtigkeit zwischen den reichen und armen Ländern zu beurteilen sind. Woher nehmen Christen dann den Grund der Gewißheit ihrer „denuncia“? Statt die eigene christliche Überzeugung absolut in den Raum zu stellen, müßten sie in humanistisch einsehbarer Weise begründen, aufgrund welcher Kriterien bestimmte Phänomene Zeichen des Todes oder Wege zum Leben sein sollen. Eine solche Haltung der Dialogbereitschaft mit anderen Auffassungen bedeutet nicht den Verzicht auf das Einbringen christlicher Bestimmungen des Menschen und der Gesellschaft, sondern die Bereitschaft zur philosophischen und humanwissenschaftlichen Vermittlung christlicher Wahrheitsansprüche mit dem allgemeinen Wahrheitsbewußtsein. Dann aber können Säkularisierungs- und Evangelisierungsparadigma nicht gegeneinander ausgespielt werden; dann bleibt die säkularisierte, pluralistische Gesellschaft unsere Situation und es geht um den Auftrag der „Evangelisierung“ *in* und *unter den Bedingungen* der säkularisierten Kultur, d. h. unter den Bedingungen neuzeitlicher Verstehensvoraussetzungen und neuzeitlicher Freiheitserfahrung. Der Schritt über das sogenannte „Säkularisierungsparadigma“ hinaus wäre in Wirklichkeit ein Rückschritt in ein Zeitalter unangefochten dogmatischer Bekenntnisse des christlichen Glaubens.

Es ist die Unvermitteltheit dieses theologischen Ansatzes, die ihn in die Nähe des von Mette abgelehnten Konzepts der „Neo-Evangelisierung“ rückt. Die Leitmodelle „Evangelisierung“ und „Säkularisierung“ als alternative Paradigmen zu fassen, ist nur um den Preis der Gefahr möglich, die Notwendigkeit der intellektuellen Rechenschaft des Glaubens gegenüber den Zeitgenossen herunterzuspielen, die Wirkungsgeschichte des Christentums bis hinein in seine Säkularisate geringzuachten und das Verhältnis von Evangelium und Kultur als feindlichen Gegensatz statt als kritisches Bestimmungsverhältnis zu fassen. Wenn man diese Vorgaben akzeptiert, befindet man sich jedoch wider Willen schon auf dem Boden der Verfechter der Neo-Evangelisierung Europas, einem Modell, das seine „denuncia“ ebenso unvermittelt in den Raum stellt, mit dem Schein der Evidenz versieht und in seinem Begründungsunwillen im negativen Sinne „dogmatisch“ wird.

Eine solche Konzeption von Theologie, die auf die Auseinandersetzung mit anderen Wahrheitsansprüchen verzichtet und ihre Aufgabe nur in der internen Explikation des innerhalb der Kirche geteilten Glaubens sieht, gewinnt mit der theologischen Rezeption des Kommunitarismus zwar an Anhängern. Dieser Auffassung von Theologie steht jedoch das die Theologiegeschichte bestimmende Kennzeichen des christlichen Glaubens entgegen, sich für seine Einsehbarkeit zu interessieren und sich als „fides quaerens intellectum“ zu verstehen.

In entscheidenden Bestimmungen seiner Praktischen Theologie zeigt sich, daß auch Mette diesem Anliegen verpflichtet ist. Wieso sieht er sich dann genötigt, seinen am Leitbegriff der Evangelisierung orientierten Entwurf Praktischer Theologie vom Säkularisierungsansatz abzugrenzen? Beim genaueren Hinsehen zeigt sich, daß seine Einwände in erster Linie ein rein religionssoziologisches Verständnis von Säkularisierung im Sinne der „Entflechtung von Kirchlichkeit und Christentum“ im Rahmen der „neuzeitlichen Konstellation des Verhältnisses von Religion bzw. Christentum und Gesellschaft“ (205) betreffen. Bezieht man hingegen den eingangs in diesem Artikel verwendeten geistesgeschichtlich-philosophischen Sinn des Begriffs ein, dann sind die beiden Hauptbedenken Mettes neu zu diskutieren: zum einen seine Infragestellung des „Theorem(s) von der Kontinuität der Christentumsgeschichte“ sowohl empirisch durch die „Diagnose, ... daß wir mehr und mehr mit einer nachchristlichen bzw. nachchristentümlichen Gesellschaft konfrontiert sind“ als auch prinzipiell durch den Hinweis auf die „Geschichte des Leidens und der Vernichtung, ... der ‚anderen Seite‘ des neuzeitlichen Christentums“ (209), zum anderen die Gefahr der Funktionalisierung von Religion und Kirche (209f) aus überzogenem Relevanzdenken. Wer dagegen eine inhaltliche Kontinuität der Christentumsgeschichte in ihren Säkularisaten vertritt, könnte von nachchristentümlicher Gesellschaft erst reden, wenn Errungenschaften des Selbstverständnisses der Moderne, wie Menschenrechte, Verfassungs- und Sozialstaat, ebenfalls aufgegeben werden. Zum grundsätzlichen Argument des durch das neuzeitliche Christentum verursachten Leidens ist zu sagen, daß die These von der Kontinuität der Christentumsgeschichte im Freiheitsbewußtsein der Neuzeit keine triumphalistische Siegermentalität implizieren muß, sondern sehr wohl Unterscheidungen bezüglich der Form der Realisierung der Freiheit und Kritik an instrumentalisierender Beherrschung erlaubt. Gerade das Freiheitsdenken kann Kriterien zur Beurteilung der tatsächlichen Christentumsgeschichte bereitstellen. Die Frage schließlich, ob dieses positiv auf die neuzeitliche Kultur bezogene Modell praktischer Theologie nicht der Funktionalisierung des Glaubens für eine „Bürger-und Zivilreligion“ vorarbeitet, ist nicht von der Hand zu weisen. Ein Ansatz, der die neuzeitliche Wende zum Subjekt zum Ausgangspunkt theologischen Denkens nimmt, wird ein größeres Gefälle zur Identifizierung von Christentum und Kultur zeigen als einer, der bei der Autorität des Wortes Gottes einsetzt. Dennoch kann gerade die in der philosophisch-theologischen Säkularisierungsdebatte gestellte Frage nach der Bedeutung der christlichen Gottesvorstellung für das Erwachen und die Verwirklichung des Autonomiebewußtseins, in der die Identität des Glaubens angesprochen ist, als Korrektiv wirken. Auf das Vorgehen der Praktischen Theologie bezogen unterstreicht diese Einsicht die Bedeutung des zweiten Schritts, den der kritischen Konfrontation mit dem Lebensmodell Jesu bzw. den Prinzipien der christlichen Tradition.

Mettes grundlegende Übereinstimmung mit dem Anspruch der

Vermittlung von christlichem Glauben und allgemeinem Wahrheitsbewußtsein zeigt sich in einem weiteren Punkt: In seiner Übernahme zentraler Kategorien des systematisch-theologischen Ansatzes von Thomas Pröpper, aber auch von Helmut Peukert, verwendet er trotz seines Eintretens für ein „nachidealistisches Paradigma“ durchgehend Konzeptionen, die ihren Ursprung und ihre genaueste Explikation im Denken des Deutschen Idealismus gefunden haben, wie den Begriff des Subjekts, der wechselseitigen Anerkennung von Freiheiten und die Bestimmung des Begriffs Praxis selbst durch Unterscheidungen wie der von „herstellendem“ und „darstellendem Handeln“. Indem er seine „grundlegenden Kennzeichnungen christlich-kirchlichen Handelns“ (214f) einem theologischen Ansatz entnimmt, der sich selbst als Explikation der Selbstmitteilung Gottes im Rahmen des neuzeitlichen Freiheitsparadigmas versteht, bleibt er selbst dem Freiheitsdenken verbunden.

2.2.2. Der Praxisbezug im Evangelisierungsparadigma

Der zweite Problemkreis betrifft die Konzeption des Praxisbezugs. Als erstes, grundlegendes Kennzeichen des Evangelisierungsparadigmas, aus dem andere (wie das „Reich Gottes als Bezugshorizont“, „Verkündigung, prophetische Kritik und Umkehr“, „Identität im Dienst an der Menschheit“ (212f)) abgeleitet werden, nennt Mette die „konstitutive Zusammengehörigkeit von Orthodoxie und Orthopraxie“ (210). Er erläutert sie auf eine Weise, der nur zugestimmt werden kann: „Wenn der christliche Glaube die den Menschen gnadenhaft erschlossene, sie heil und frei machende Liebe Gottes bezeugt, wie sie in Leben, Tod und Auferweckung Jesu Christi unüberbietbar offenbar geworden ist, dann genügt es nicht, davon bloß zu sprechen, sondern dann muß dieser Glaube auch in der Erfahrung und Gestaltung menschlichen Lebens seine Entsprechung finden“ (210f).

Dennoch birgt die programmatische Rede von der Zusammengehörigkeit von Orthodoxie und Orthopraxie zwei Implikationen in sich, die der Nachfrage bedürfen: das Verhältnis von theologischer Reflexion und gelebtem Glauben (2.2.2.1.) sowie das der Praktischen Theologie zur Basis der Gläubigen (2.2.2.2.).

2.2.2.1. Glaubenspraxis und theologische Reflexion

So wichtig es ist, eine sich als Selbstzweck verstehende akademische Theologie an ihre Herkunft aus und ihren vitalen Bezug zu dem gelebten Glaubensbewußtsein zu erinnern, so problematisch ist es nicht zuletzt für die Praxis, wenn die Umkehrung des Extrems zur Norm erklärt wird: Weder kann die Theologie zweiter Ordnung, d. h. die Ebene wissenschaftlicher Reflexion, die Theologie erster Ordnung, d. h. die Ebene reflektierter gläubiger Praxis, ersetzen, noch darf man die Differenz beider Formen verwischen und die zweite in der ersten aufgehen lassen.

„Theologie als ‚Habitus'", als Grundeinstellung gewissermaßen, hat der amerikanische Systematiker Edward Farley das Phänomen genannt, daß die Praxis jedes Gläubigen, nicht nur professioneller Theologen, immer schon von der Fähigkeit zur Selbstreflexion begleitet ist (vgl. Edward Farley, Theologia. The Fragmentation and Unity of Theological Education, Philadelphia 2. Auflage 1989). Die Förderung dieses Prozesses, des Reflexivwerdens der eigenen Glaubenserfahrung der Gemeindemitglieder, als eine Grundaufgabe kirchlichen Handelns herauszuarbeiten, stellt eines der wichtigsten Ziele des dritten Schritts Praktischer Theologie, der Entwicklung von Handlungsentwürfen, dar. Gegen die Gefahr, die eigene Glaubensverantwortung an die Expertenherrschaft der Kleriker und Theologen abzutreten, ist diese ursprüngliche Kompetenz zur Verbindung von Praxis und Reflexion, Leben und Lehre weiter auszubilden.

Eine solche kontextbezogene Theologie erster Ordnung macht die wissenschaftliche Theologie zweiter Ordnung aber gerade nicht überflüssig. In kritischer Distanz zur unmittelbaren Glaubenserfahrung Positionen auf ihre Vorbedingungen analysieren, theologiegeschichtlich vergleichen und philosophisch vermitteln zu können, sie aufgrund sozialwissenschaftlicher Einsichten auf ihren Beitrag zu den Herausforderungen der Gegenwart befragen und neu orientieren zu können, ein solcher vielfach vermittelter Zugang kommt der Praxis an der Basis letztlich wieder zugute.

Einen interkulturellen Vergleich vier verschiedener Grundauffassungen von Theologie mit ihren spezifischen Stärken und Schwächen, (1) als Kommentar zu einer heiligen Schrift, (2) als sapientia oder Weisheit, (3) als scientia oder Wissenschaft und (4) als Praxis, bietet Schreiter 80–93.

„Zusammengehörigkeit von Orthodoxie und Orthopraxie" kann also nicht heißen, daß es „rechte Auslegung" nur bei unmittelbarem Praxisbezug gibt. Sofern zudem oft keine Evidenz besteht, was in einer konkreten Situation die orthodoxe und orthopraktische Antwort wäre, solange es wie beim philosophischen Begriff gelingenden

Lebens leichter ist, zu sagen, was ihm nicht entspricht als was es ist, sofern man selten direkt eine Lehre am Leben verifizieren, aber durchaus mit einer falschen oder unzureichenden theoretischen Begründung das Richtige tun kann, erscheint es angemessener, die Aufgabe in der Schärfung der praktisch-theologischen Urteilskraft bei der Vermittlung beider Ebenen zu sehen, statt ihre Zusammengehörigkeit zu postulieren.

Mit Bezug auf die Alternative der beiden Paradigmen bleibt die Frage offen, welches Paradigma die „Eigenständigkeit der Praxis" und die „subjekthafte Grundverfassung der Theologie insgesamt" besser wahrt. Zumindest ist der Evangelisierungsansatz nicht der einzige praktisch-theologische Entwurf, für den dies grundlegend ist. Im Gegensatz zu Mette versteht Friedrich Schweitzer in seiner Kennzeichnung des „hermeneutischen Ansatzes" Praxis nicht sogleich als Orthopraxis der Gläubigen, sondern im Einklang mit dem Säkularisierungsparadigma als nichtkirchliche religionsbezogene Lebensäußerungen in der Gegenwartskultur:

Geht man „davon aus, daß Theologie in dem Maße hermeneutisch werden muß, in dem sich die moderne Kultur und die in ihr innerhalb oder außerhalb von Kirche gelebte Religion selbstbewußt als eigenständiges Gegenüber von Überlieferung und theologischer Lehre verstehen –, dann kann als hermeneutisch nur eine solche Grundlegung der Praktischen Theologie gelten, die auf eben diesen Zusammenhang von Religion und gesellschaftlich-kultureller Modernisierung bezogen ist. Dabei ist weiterhin die Art dieser Beziehung entscheidend: Angestrebt wird eine Vermittlung, Erschließung, Korrelation oder Verständigung zwischen Überlieferung und Gegenwart, wobei das Eigenrecht beider Seiten gewahrt werden soll ... Praktische Theologie wird in dem Maß hermeneutisch, in dem sie sich nicht nur auf das kirchliche Christentum bezieht, sondern auch kulturelle und gesellschaftliche Formen des Christentums in deren Eigenrecht anerkennt ... Dabei spielt, in historischer und systematischer Hinsicht, die Unterscheidung zwischen Theologie als akademischer Lehre und Religion als gelebter Frömmigkeit eine entscheidende Rolle: Seit mit dem Pietismus die in der Protestantischen Orthodoxie behauptete Identität von Theologie und gelebter Religion in Frage gestellt wurde, mußte die Frage nach einer Vermittlung beider Seiten immer wieder aufbrechen ... Die spezifisch hermeneutische Form der Vermittlung läge dann wiederum in der Anerkennung des Eigenrechts von Religion gegenüber der Theologie – in der Aufnahme der Subjektivität des einzelnen in die Konstitution von Praktischer Theologie. Schließlich kann auch die Voraussetzung gegebener Praxis als Ausgangspunkt von Theorie in diesem Sinne als hermeneutisch gelten: Eine solche Voraussetzung anerkennt das Eigenrecht gegenwärtiger Praxis, das von der theologischen Tradition nicht aufgehoben werden kann ... Der *Gegenstandsbereich* einer hermeneutischen Praktischen Theologie ist dann so zu bestimmen, daß er einerseits die christliche Tradition und andererseits die religiösen oder auf Religion bezogenen (zum Beispiel auch religionskritischen oder pseudoreligiösen) Lebensäußerungen der Gegenwart einschließt" (Friedrich Schweitzer, Praktische Theologie und Hermeneutik: Paradigma – Wissenschaftstheorie – Methodologie, in: Paradigmenentwicklung 19–47, 32f).

Nach diesem Modell ist die Praxis der Gläubigen nur zu erfassen auf dem Hintergrund nichtkirchlicher Religiosität. Was als christliche „Orthopraxis" ausgezeichnet werden kann, ist nur zu bestimmen, indem Kriterien der Tradition und die u.U. unvordenklich neuen Äußerungen der Gegenwart aufeinander bezogen bzw. miteinander korreliert werden. Es ist deshalb wichtig, das Untersuchungsfeld nicht von vornherein auf immer schon als christlich Identifiziertes einzuschränken, weil noch gar nicht bekannt sein kann, welche Prozesse inner- und außerhalb der Kirchen vielleicht als „christlich" oder „orthopraktisch" zu qualifizieren sind.

2.2.2.2. Das Verhältnis von Praktischer Theologie und kirchlicher Basis

Eine ähnliche Beschränkung des Untersuchungsfeldes droht innerhalb der Kirche aufgrund einer weiteren Festlegung im Evangelisierungsmodell: Eines seiner Kennzeichen ist die „gleichwertige Berufung aller Christen" zur Evangelisierung noch vor jeder Differenzierung in verschiedene Aufgaben und Ämter. Da Mette dieses Merkmal in Basisgemeinden am besten verwirklicht sieht, folgert er, „daß basiskirchlichen Sozialformen eine Priorität beigemessen ... und sie entsprechend gefördert werden, weil sie am ehesten die Möglichkeit zur Entfaltung der verschiedenen Charismen einräumen" (213). Damit sind zwei Entscheidungen getroffen: eine auf pastorale Optionen bezogene praktische und eine das Selbstverständnis Praktischer Theologie betreffende theoretische.

Empirisch gesehen führt die Konzentration auf stark engagierte, reformorientierte christliche Basisgruppen die Gefahr mit sich, das breite Spektrum an Partizipationsformen, spiritueller Orientierung und politischer Einstellung in der Kirche zu vernachlässigen und so das praktisch-theologische Blickfeld zu verengen. Konzeptionell gesehen kann die Priorisierung der Praxis von Basisgruppen dazu führen, daß die Praktische Theologie selbst als Partei auftritt. Statt ihre Aufgabe darin zu sehen, in der dazu nötigen wissenschaftlichen Distanz den Ort, die Mitgliedschaft, die Positionen und Gesprächsangebote aller in der jeweils untersuchten Kirche existierenden Gruppen zu analysieren, versteht sie sich als akademische Speerspitze einer bestimmten Bewegung engagierter Christen. Auch wenn es nach hermeneutischer Reflexion auf die Standortgeprägtheit allen Denkens zutrifft, daß bei jedem Entwurf Grundoptionen eine Rolle spielen und bewußt zu machen sind, so ist von dieser allgemeinen Sachlage doch der Fall zu unterscheiden, daß ein praktisch-theologischer Ansatz sich selbst programmatisch an die Praxis einer ausgewählten Gruppe bindet. Das Risiko solcher Parteilichkeit ist, daß Ideologiekritik nach außen, nicht aber nach innen geübt werden kann, daß also die Selbstanwendung der Ideologiekritik auf die eigene Praxis und ihre Theoretisierung ausfällt.

3. Künftige Aufgaben

Aus dem hier entwickelten Verständnis von Praktischer Theologie ergeben sich vor allem zwei aufeinander bezogene Zukunftsaufgaben:

1) auf der Ebene des zweiten Elements, der Vergewisserung der normativen Kriterien, eine in Auseinandersetzung mit philosophischen Bestimmungen von Praxis, Freiheit, Subjektivität und Intersubjektivität betriebene Weiterentwicklung einer Theorie christlichen Handelns, das seinerseits auf einer Vorgabe beruht: Als erlöstes Handeln, das die Liebe Gottes darstellen darf, vermittelt es eine Wahrheit, die nicht von Menschen erfunden, sondern von Gott gegeben ist (vgl. Pröpper 220–224 und seine Rezeption bei Mette, Praktische Theologie);

2) die alle drei Elemente vereinende Begleitung der Tradierung des Christentums im rapidem kulturellem Wandel, in der die Vermittlung von Theologie erster Ordnung und zweiter Ordnung an Dringlichkeit gewinnt angesichts der durch den außer- und innerkirchlichen Pluralismus wachsenden Polarisierung und fundamen-

talistischen Abwehr. Wie läßt sich die im Interesse der Entwicklung von Theologie als ‚Habitus' der Gläubigen zu begrüßende Kontextualisierung des Glaubens mit seiner Einheit vermitteln?

Vgl. zu dieser Fragestellung Schreiter und Lewis S. Mudge, The Sense of a People. Toward a Church for the Human Future, Philadelphia 1992.

Welche Leitbilder von Menschwerdung sind aus der Menschwerdung Gottes für die Gegenwart zu erschließen, und welche konkrete Gestalt gewinnen sie in unterschiedlichen christlichen Gemeinschaften und Kulturen? Die Auseinandersetzung mit den Versuchen der zeitgenössischen Christentumsgenerationen im Laboratorium des Heils unserer Erde verspricht ein unübersehbares Feld voller Gefährdungen und Entdeckungen heutigen Christseins.

Literatur

Einführung in die Praktische Theologie, hg. von Rolf Zerfaß und Norbert Greinacher, München - Mainz 1976.

Formation and Reflection. The Promise of Practical Theology, hg. von Lewis S. Mudge und James N. Poling, Philadelphia 1987.

Fürst, Walter: Praktisch-theologische Urteilskraft. Auf dem Weg zu einer symbolisch-kritischen Methode der Praktischen Theologie, Zürich - Einsiedeln - Köln 1986.

Gabriel, Karl: Christentum zwischen Tradition und Postmoderne, Freiburg 1992.

Greinacher, Norbert: Praktische Theologie als kritische Theorie kirchlicher Praxis in der Gesellschaft, in: Theologische Quartalschrift 168 (1988) 283–299.

Handbuch der Pastoraltheologie. Praktische Theologie der Kirche in ihrer Gegenwart, 5 Bde. in 6 Teilbänden, Bd. 5: Lexikon, hg. u.a. von Franz Xaver Arnold, Freiburg - Basel - Wien 1964–1972, teilweise in überarbeiteter 2. Auflage.

Heijden, B. van der: Karl Rahner. Darstellung und Kritik seiner Grundpositionen, Einsiedeln 1973, 241–243 (eine Bibliographie von Rahners Hauptarbeiten zum Thema Kirche).

Kaufmann, Franz Xaver: Religion und Modernität. Sozialwisssenschaftliche Perspektiven, Tübingen 1989.

Mette, Norbert: Kritischer Ansatz der Praktischen Theologie, in: Paradigmenentwicklung 201–224.

– : Praktische Theologie, in: Handbuch religionspädagogischer Grundbegriffe 2, hg. von G. Bitter und G. Miller, München 1986, 552–560.

– : Praktische Theologie als Handlungswissenschaft. Begriff und Problematik, in: Diakonia 10 (1979) 190–203.

– : Das Problem der Methode in der Pastoraltheologie. Methodologische Grundlagen in den Handbüchern des deutschsprachigen Raums, in: Pastoraltheologische Informationen 11 (1991) H.2, 167–187.
– und Hermann Steinkamp: Sozialwissenschaften und Praktische Theologie, Düsseldorf 1983.
– : Theorie der Praxis. Wissenschaftsgeschichtliche und methodologische Untersuchungen zur Theorie – Praxis – Problematik innerhalb der Praktischen Theologie, Düsseldorf 1978.
– : Zwischen Reflexion und Entscheidung. Der Beitrag Karl Rahners zur Grundlegung der Praktischen Theologie, in: Trierer Theologische Zeitschrift 87 (1978) 26–43.136–151.
Paradigmenentwicklung in der Praktischen Theologie, hg. von Johannes van der Ven und Hans-Georg Ziebertz, Kampen – Weinheim 1994.
Peukert, Helmut: Wissenschaftstheorie – Handlungstheorie – Fundamentale Theologie. Analysen zu Ansatz und Status theologischer Theoriebildung, Frankfurt 1978, 2. Auflage 1988.
Practical Theology. The Emerging Field in Theology, Church, and World, hg. von Don Browning, San Francisco 1983.
Praktische Theologie heute, hg. u.a. von Ferdinand Klostermann, München 1974.
Praktische Theologie und Kultur der Gegenwart. Ein internationaler Dialog, hg. von Karl-Heinz Nipkow, Dieter Rössler und Friedrich Schweitzer, Gütersloh 1991.
Pröpper, Thomas: Erlösungsglaube und Freiheitsgeschichte. Eine Skizze zur Soteriologie, München 1985, 2. Auflage 1988.
Rahner, Karl: Ekklesiologische Grundlegung, in: Handbuch der Pastoraltheologie 1, Freiburg – Basel – Wien 1964, 117–148.
– mit Norbert Greinacher: Die Gegenwart der Kirche. Theologische Analyse der Gegenwart als Situation des Selbstvollzugs der Kirche, in: Handbuch der Pastoraltheologie 2,1, Freiburg – Basel – Wien 1966, 178–276.
– : Grundkurs des Glaubens. Einführung in den Begriff des Christentums, Freiburg 1976, 6. Auflage 1991; besonders 313–387 „Christentum als Kirche".
– : Neue Ansprüche der Pastoraltheologie an die Theologie als ganze, in: ders., Schriften zur Theologie 9, Einsiedeln 1970, 2. Auflage 1973, 127–147.
– : Perspektiven der Pastoral in der Zukunft, in: ders., Schriften zur Theologie 16, Zürich 1984, 143–159.
– : Zur Theologie der Pfarre, in: Die Pfarre. Von der Theologie zur Praxis, hg. von Hugo Rahner, Freiburg 1956, 27–39.
Rössler, Dietrich: Die Einheit der Praktischen Theologie, in: Praktische Theologie und Kultur der Gegenwart 43–51.
– : Grundriß der Praktischen Theologie, Berlin – New York 1986, 2. erweiterte Auflage 1994.

Schreiter, Robert: Constructing Local Theologies, Maryknoll 1985, deutsche Übersetzung: Abschied vom Gott der Europäer. Zur Entwicklung regionaler Theologien, Salzburg 1992.

Theologie und Handeln. Beiträge zur Fundierung der Praktischen Theologie als Handlungstheorie, hg. von Ottmar Fuchs, Düsseldorf 1984.

Zulehner, Paul Michael: Pastoraltheologie, 4 Bde., Düsseldorf 1989–1990.

Zur Soziologie des Katholizismus, hg. von Franz Xaver Kaufmann und Karl Gabriel, Mainz 1980.

Irene Leicht

Zum Leben ermächtigt. Neutestamentliche Methoden, dargestellt an Röm 5, 12–21

0. Einführung

Text kommt von lateinisch „textus" und bedeutet „Gewebe". Die neutestamentliche Exegese begreift einen Text als Gewebe. Sie verfolgt Fadenlauf, Verknüpfungen und Muster, um so zu einem vertieften Verständnis des Textganzen zu gelangen. Zu diesem Zweck bedient sie sich vornehmlich literaturwissenschaftlicher Methoden. Dabei bedenkt sie auch den jeweiligen Kontext mit, in den der Text eingebettet ist.

Jede Zeit hat ihre Mode und jede Zeit hat ihre Mittel, ein Gewebe zu gestalten und ihm Farbe zu verleihen. Auch das Bearbeitungsmaterial ist je unterschiedlich. Anliegen der historisch-kritischen Methode neutestamentlicher Textauslegung ist es, die jeweilige Zeitbedingtheit eines Textes aufzudecken. Einen Text als historisch gewachsen und als unter bestimmten historischen Umständen und in bestimmten Kommunikationszusammenhängen entstanden zu begreifen, ermöglicht erst ein sachbezogenes Verstehen und ist Voraussetzung für die Übersetzung der Textaussagen in die Gegenwart.

Im folgenden werden Wege des Verstehens des Textes Röm 5,12–21 gewiesen, und zwar vor allem mit Hilfe linguistischer Methoden. Die historisch-kritische Methode, die sich im deutschen Sprachraum bislang am meisten etabliert hat, kann aus Platzgründen nur gestreift werden. Hingegen findet sich dazu weiterführende Literatur im Anhang. Vorliegende Auslegung orientiert sich an dem Methodenbuch von Egger.

Den LeserInnen wird sich angesichts der linguistischen Analyse des Textes vielleicht die Frage aufdrängen, ob man dem Text nicht Gewalt antut, wenn man ihn so zerlegt, ob denn der Text wirklich so konzipiert war. Es geht jedoch darum, daß wir mit dem Instrumentar, das uns die heutige Linguistik zur Verfügung stellt, Texte zu begreifen suchen. Wie bei der Interpretation eines Musikstückes oder eines Gemäldes gehen wir auch bei Texten davon aus, daß sie für sich sprechen, daß es sich um Kunstwerke handelt, die mehr erkennen lassen als das, was der Künstler oder die Künstlerin „bewußt“ hineingelegt hat.

Das Neue Testament läßt im Blick auf das Thema „Mensch werden“ mehrere Möglichkeiten der Profilierung zu. Ich bin auf die Stelle Röm 5,12–21 gestoßen, weil dort auf engstem Raum häufig das Wort „Mensch“ vorkommt, und zwar im Blick auf Adam als den Menschen schlechthin und im Blick auf Jesus Christus als den menschgewordenen Logos. Gerade für Paulus ist der enge Zusammenhang von Theologie, Christologie und Anthropologie typisch: Gott handelt durch sein Wort in Jesus Christus an den Menschen. Und Paulus thematisiert vor allem die Konsequenz dieses göttlichen Handelns: Dadurch wird der Mensch zum Leben ermächtigt, „gerecht gemacht“, wie Paulus sagt. In Röm 5,12–21 stehen sich Adam und Jesus Christus als Repräsentanten unterschiedlichen Menschseins antithetisch gegenüber – diese Schriftstelle bringt paulinische Hauptthemen auf den Begriff.

1. Annäherung an den Text

1.1. Einleitungsfragen

Vorab ein paar Ergebnisse der neutestamentlichen Einleitungswissenschaft (Kümmel): Der Römerbrief (Röm) zählt zu den sieben authentischen Paulusbriefen (neben 1 Thess, Gal, 1 und 2 Kor, Phil, Phlm). Adressiert ist er an die christliche Gemeinde Roms, die Paulus nicht persönlich kennt. Röm gilt als das theologische Vermächtnis des Paulus. Vermutlich hat Paulus den Brief am Ende seiner dritten Missionsreise (ca. 55/56 n. Chr.) diktiert (vgl. Röm 16,22). (Vgl. unten die einschlägige Literatur zu unterschiedlichen Aspekten der Person und Theologie des Paulus).

1.2. Textkritik

Woher erlangt man die Gewißheit, daß der vorliegende Text auch der ursprüngliche ist? Von den Büchern und Briefen des Neuen Testaments existiert kein einziger Originaltext mehr, sondern nur eine Fülle von Abschriften verschiedenen Datums und verschiedener Herkunft. Anliegen der Textkritik ist die Rekonstruktion des Originaltextes.

Im Hinblick auf Röm 5,12–21 sei das Verfahren an einem Beispiel demonstriert. In Vers 19 findet sich im griechischen Text (Novum Testamentum Graece) zwischen den Wörtern „des Einen" und „zu Gerechten" ein Zeichen, das wie ein großes T aussieht. Es bedeutet: Zu dieser Stelle gibt es eine Einfügung. Ein Blick in den Apparat informiert, daß manche Handschriften nach „des Einen" parallel zur ersten Hälfte von Vers 19 „Menschen" führen (zum Stellenwert dieser Handschriften und zu Fragen der Textkritik vgl. Aland/Aland). Ob dieses Wort in den Originaltext hineingehört, kann letztendlich erst die inhaltliche Analyse erweisen. Aber als Faustregel gilt: Der kürzere Text ist wahrscheinlich der ursprünglichere. Die Scheu, in „heiligen" Texten etwas wegzustreichen, war sehr groß. Eher erweiterte man Texte, zum einen eines besseren Verständnisses wegen und zum anderen aus stilistischen Gründen. Gerade in Vers 19 ist diese Versuchung groß, weil man dann zwei völlig parallele Vershälften hätte.

1.3. Der Kontext von Röm 5,12–21

Die Annäherung an den Text versucht in einem nächsten Schritt, sich über Anfang und Ende des auszulegenden Textes zu vergewissern und den Text in den Kontext einzuordnen.

Die Betrachtung des unmittelbaren Kontextes von Röm 5,12–21 stößt schnell auf Abgrenzungskriterien. Der vorhergehende und der nachfolgende Abschnitt sind in der ersten Person Plural gehalten (wir); in Röm 5,12–21 hingegen wird in der dritten Person gesprochen. Der dadurch gegebene lehrhafte Charakter wird auch durch das „deswegen" am Textanfang unterstrichen, das signalisieren soll, daß das Folgende eine Erklärung des Vorhergehenden ist. Inhaltlich sticht besonders ins Auge, daß der Abschnitt 5,1–11 das Verhältnis „wir - Jesus Christus" behandelt, während 5,12–21 „Adam" und „Jesus Christus" kontrastiert. Das „wir" findet sich hier nur indirekt im Possessivpronomen „unser" am Textende. Ab 6,1 beginnen die Textabschnitte jeweils mit einer Frage (vgl. 6,1; 6,15; 7,1; 7,7 usw.) - ein Strukturmerkmal, das eine deutliche Abgrenzung zu 5,12–21 schafft.

Innerhalb des Römerbriefes steht dieser Text im lehrhaften Teil, der die Kapitel 1,18 - 11,36 umfaßt. Der Römerbrief hat insgesamt einen für neutestamentliche Briefe typischen Aufbau: Das Präskript (1,1–7) nennt Absender, AdressatInnen und einen Gruß, das Proömium (1,8–17) enthält eine Danksagung und eine kurze Einleitung. Der darauffolgende lehrhafte (kerygmatische) Teil läßt sich untergliedern:

1,18 – 3,20: die Ungerechtigkeit der Menschen, weil sie das Gesetz nicht erfüllen;
3,21 – 8,39: die Gerechtigkeit Gottes in Jesus Christus;
9,1 – 11,36: der bleibende Vorrang der Erwählung Israels.

Daran schließt ein mahnender (paränetischer) Teil an (12,1 – 15,13), der als Konsequenz der dem Menschen geschenkten Gabe, von der im lehrhaften Teil die Rede war, in appellativer Form die konkreten daraus erwachsenden Aufgaben für die einzelnen und die Gemeinde formuliert. Der Briefschluß 15,14 – 16,27 enthält Grüße und Persönliches.

Der Aufbau des Gesamtbriefes und die Situierung des Textes darin liefert bereits erste Informationen. Röm 5,12–21 steht im lehrhaften Teil, und zwar genauerhin im Zentrum der Passagen, die von der in Jesus Christus erwiesenen Gerechtigkeit Gottes handeln. Man kann darüberhinaus leicht feststellen, daß 5,12–21 Früheres wieder aufgreift: 1,18 – 3,20 artikuliert die Sündenverfallenheit aller Menschen seit Erschaffung der Welt und die Rolle, die das Gesetz darin spielt; 3,21 – 5,11 thematisiert die Rechtfertigung aller durch Jesus Christus. Diese beiden Stränge führt 5,12–21 zusammen (Wilckens I,17f). Die Einordnung von Röm 5,12–21 ist jedoch umstritten (vgl. Schmithals 167–169).

1.4. Übersetzung

Der letzte Schritt einer Annäherung besteht in einer möglichst wortgetreuen, der griechischen Satzstellung folgenden Übersetzung, die eine anfanghafte Gliederung und die charakteristischen Merkmale des Textes wie Satzverknüpfung durch Konjunktionen, Wortwiederholungen und parallele Satzstrukturen deutlich macht. Das gegliederte und drucktechnisch gestaltete Aufschreiben ist für eine linguistische Textauslegung besonders hilfreich.

12 *Deswegen*:
Wie **durch** ***Einen*** Menschen die Sünde **in** die Welt hineinkam
und **durch** die Sünde der Tod
und so **zu** allen Menschen der Tod hindurchkam,
weil alle sündigten –

13 *Denn* vorm Gesetz war Sünde in der Welt,
aber Sünde wird nicht verbucht, wenn es nicht gibt Gesetz.
14 *Doch* herrschte der Tod von Adam bis Mose auch über die, die nicht sündigten in der Gleichgestalt der Übertretung Adams,
welcher ist ein Vorausbild des Zukünftigen.

15 *Doch nicht wie* das Vergehen, *so auch* die Gnadengabe:
Denn wenn durch das Vergehen des ***Einen*** die Vielen starben,
um wieviel mehr die Gnade Gottes *und* die Gabe in der Gnade
des ***Einen*** Menschen Jesus Christus
auf die Vielen strömte über.
16 *Und nicht wie* **durch *Einen***, der sündigte, ist das Geschenk:
Denn zwar (führte) das Urteil infolge des (aus dem) ***Einen*** **zur** Verurteilung,
aber (es führte) die Gnadengabe aus vielen Vergehen
zur Rechtfertigung.
17 *Denn wenn* durch das Vergehen des ***Einen*** der Tod herrschte
durch den ***Einen***,
um wieviel mehr werden die, die den Überstrom der Gnade *und* der Gabe der Gerechtigkeit empfangen, im Leben herrschen
durch den ***Einen*** Jesus Christus.

18 *Daher also*:
Wie **durch** *des* ***Einen*** Vergehen (es kam) **für** alle
Menschen **zur** Verurteilung,
so auch **durch** des ***Einen*** Rechttat (es kam) **für** alle
Menschen **zur** Gerechtmachung des Lebens.
19 *Denn wie* **durch** den Ungehorsam des ***Einen*** Menschen
zu Sündern gemacht wurden die Vielen,
so auch **durch** den Gehorsam des ***Einen*** ((Menschen))
zu Gerechten werden gemacht werden die Vielen.

20 *Aber* Gesetz kam hinzu, *damit* sich häufe das Vergehen.
Wo aber sich häufte die Sünde,
über und über strömte die Gnade.
21 *Damit*, *wie* herrschte die Sünde im Tod,
so auch die Gnade herrsche **durch** Gerechtigkeit **zum** ewigen Leben **durch** Jesus Christus, unseren Herrn.

(Die in Klammern gesetzten Worte wurden der besseren Lesbarkeit wegen ergänzt; das Wort in der doppelten Klammer wurde zu textkritischen Demonstrationszwecken aus dem kritischen Apparat in den Text übernommen.

Wer nicht über ausreichende Griechisch-Kenntnisse verfügt, möge die im Anhang genannten Hilfsmittel hinzuziehen.

Für die folgende Analyse empfiehlt sich die ständige Orientierung an dieser Übersetzung.)

2. Schritte synchroner Textauslegung

Der Text wird in der synchronen Auslegung als „gleichzeitiger" (so wie er jetzt dasteht) analysiert. Vorausgesetzt wird, daß der Text eine sinnvolle Einheit bildet und daß kein einziges Zeichen bzw. Wort im Text überflüssig oder zufällig ist. Falls doch etwaige „Webfehler" sichtbar werden, die den Text als inkohärent erweisen, versucht die Literarkritik, die schriftlichen Quellen, aus denen sich der Text zusammensetzt, voneinander zu scheiden.

Die deutsche Textlinguistik unterscheidet für die synchrone Analyse drei Ebenen:

1.) Die Syntaktik untersucht die Beziehungen der einzelnen Zeichen des Textes untereinander: Wie sind die Sätze verknüpft, welche Abfolge der einzelnen Sätze bzw. Wörter innerhalb eines Satzes zeigt sich, welche Gliederung zeichnet sich ab, was läßt sich über den Stil sagen?

2.) Die Semantik befaßt sich mit der Bedeutung der Zeichen: Was bedeutet der Text? Was bedeuten einzelne Wörter im Text, und was trägt ihre Erhellung zum Verstehen des gesamten Textes bei?

3.) Die Pragmatik interessiert sich für den Verwendungszweck des Textes: Was wird mit dem Text beabsichtigt?

2.1. Sprachlich-syntaktische Analyse

2.1.1. Erster lexikalischer Befund

Die sprachlich-syntaktische Analyse sucht zunächst den Wortschatz des Textes im Überblick zu erfassen. Ein wichtiger lexikalischer Befund im Blick auf Röm 5,12–21 ist das zwölfmalige Vorkommen des Zahlwortes „Einer" (ἑνὸς) und das elfmalige der Präposition „durch" (διὰ) plus Genitiv. Daneben findet sich zehnmal die Präposition „hin zu, nach, für" (εις), ebensooft in verschiedenen Variationen das Wort „Sünde/sündigen". Siebenmal ist von „Gnade bzw. Gnadengabe" die Rede; sechsmal taucht ein Wort mit der Wurzel „gerecht-" auf. Weiter finden sich jeweils sechsmal „Tod/sterben", „Verfehlung" und „Mensch" (Singular und Plural) im Text.

Durch dieses statistische Verfahren gewinnt man „einen ersten Einblick in die theologischen Akzente des betreffenden biblischen Textes" (Egger 78). Demzufolge spielt in Röm 5,12–21 offensichtlich das Geschehen „durch" jeweils „Einen" und seine Konsequenzen „für" (εις) andere die herausragende Rolle. Die anderen aufgeführten Begriffe zeigen inhaltlich, wozu das Geschehen durch diesen Einen jeweils führt. Dabei lassen sich die Vokabeln – auch ohne große Vorkenntnisse – leicht der paulinischen Rechtfertigungslehre zuordnen.

2.1.2. Konjunktionen, Wortschatz und die Gliederung des Textes

2.1.2.1. Konjunktionen

Die „Verknüpfung von Wörtern und Sätzen" (Egger 79) ist für eine sprachlich-syntaktische Analyse aufschlußreich. Besonders Konjunktionen (kursiv gedruckt) dienen als Verknüpfungselemente. Röm 5,12–21 wird vor allem durch Komparativ-Sätze, die mit „(nicht) wie" eingeleitet werden, strukturiert.

wie... und so	(ὥσπερ ... καὶ οὕτως)	(V 12)
nicht wie... so auch	(οὐχ ὡς ... οὕτως καὶ)	(V 15)
(und) nicht wie...	((καὶ) οὐχ ὡς ...)	(V 16)
wie... so auch	(ὡς ... οὕτως καὶ)	(V 18)
(denn) wie... so auch	(ὥσπερ (γαρ) ... οὕτως καὶ)	(V 19)
wie... so auch	(ὥσπερ ... οὕτως καὶ)	(V 21)

Die einzige völlig exakte Entsprechung in der Verwendung der Konjunktionen zeigt sich in den Versen 12 und 21, allerdings mit dem äußerst bedeutsamen Unterschied, daß es sich in Vers 12 gar nicht um einen vollständigen Komparativsatz handelt. Denn die im Vergleich mit den anderen Konjunktionen gleichsam „verkehrte" Reihenfolge der Wörter („und so") weist Vers 12 als Anakoluth aus, d. h. der begonnene Satz, der durch „wie" eingeleitete Vergleich, wird nicht zu Ende geführt. Paulus bedient sich dieses Stilmittels, um zum Ausdruck zu bringen, wie aussichtslos und verfahren die in Vers 12 beschriebene Situation ist.

Die mit „(nicht) wie“ eingeleiteten Sätze zeigen insgesamt eine klare aufsteigende Entwicklungslinie:

1.) Der Vergleich wird gar nicht zu Ende geführt (V 12).

2.) Eine negative Entsprechung wird formuliert: nicht wie – so auch (V 15). Vers 16 drückt das bereits weniger deutlich aus, insofern „so auch“ weggelassen wird. Das „und“ zu Beginn leistet aber eine parataktische Verknüpfung mit Vers 15.

3.) Vers 18 sagt eine positive Entsprechung aus, wobei „ὡς“ (und nicht „ὥσπερ“) benutzt wird; der Gegensatz zum nicht durchgeführten Vergleich von Vers 12 wirkt dadurch weniger strikt. Vers 19 dagegen verwendet die exakt entsprechenden Vokabeln; allein das „denn“ bindet den Vers eng an Vers 18.

4.) Vers 21 formuliert in strengster Antithese zu Vers 12 einen vollständigen Vergleich.

Die übrigen Konjunktionen präzisieren diese anfängliche Gliederung des Textes. Die Verse 12–14, 15–17, 18/19, 20/21 bilden je einen Abschnitt.

Deutliche Zäsuren setzen die jeweils einmalig vorkommenden Satzanfänge „deswegen“ (V 12) und „daher also“ (V 18). Die Bereiche der (totalen) Nicht-Entsprechung und der (vollkommenen) Entsprechung werden klar voneinander getrennt.

Die Verse 15–17 werden zusammengehalten durch die jeweiligen Konditionalgefüge „denn wenn – um wieviel mehr“. Paulus wendet hier die erste der sieben dem Rabbi Hillel zugeschriebenen Regeln rabbinischer Schriftauslegung an: „‚Leichtes und Schweres‘, d. h. der Schluß a minori ad majus, vom Leichten zum Schweren. . .“ (Strecker/Schnelle 131f.). Das „Schwere“ wird durch die jeweils hinzutretende Konjunktion „und“ in den zweiten Satzhälften der Verse 15 und 17 noch unterstrichen. Ein adversatives „doch“ leitet diesen Verskomplex ein.

Ein formaler Zusammenhang zwischen dem ersten (12–14) und dem zweiten (15–17) Textabschnitt besteht darin, daß in den jeweils mittleren Versen (13 und 16) die Konjunktionen „denn (zwar)“ und „aber“ verwendet werden. Es handelt sich jeweils um einen erklärenden Einschub.

Vers 20, der ebenfalls mit „aber“ eingeleitet wird, hat parallel zu Vers 13f erklärenden Charakter in bezug auf das Thema „Gesetz“.

Diese Verse aus dem ersten und dem letzten Textteil bilden folglich einen inneren Rahmen.

Das „damit“ von Vers 20 wird in Vers 21 wieder aufgegriffen, was beide Verse verbindet. Vers 21 hat zusammenfassende Funktion; die Stellung der Konjunktion „damit“ am Versbeginn signalisiert dies. Die Analyse der Komparativsätze, die gezeigt hat, daß die Entwicklung des Textes in diesem Vers gipfelt, wird dadurch bestätigt.

2.1.2.2. Wortschatz

Auch der Wortschatz hält die Abschnitte zusammen:

VV 12–14 Der „Eine Mensch“ (V 12) wird durch Vers 14 zweimal als „Adam“ identifiziert. Sein Bereich wird vor allem durch die Begriffe „Sünde“ (sechsmal begegnet ein Wort mit dieser Wurzel) und „Tod“ (dreimal) gekennzeichnet.

VV 15–17 Völlig neue Begriffe tauchen auf: „Vergehen“ (viermal; in Vers 14 verwendet Paulus für den gleichen Sachverhalt „Übertretung“ - dadurch grenzt er beide Teile voneinander ab), „Gnade/Gnadengabe“ (fünfmal in irgendeiner Form) usw. Vor allem wird eine neue Person eingeführt: „Jesus Christus“ (VV 15 und 17; er bildet den Kontrast zum zweimaligen „Adam“ des vorausgehenden Abschnittes).

VV 18–19 Neben der parallelen Konstruktion verbindet die Verse „Einer“ (viermal), „für alle Menschen“ bzw. „die Vielen“ und das dreimalige Vorkommen eines Wortes mit der Wurzel „gerecht-“.

VV 20–21 Die zusammenfassende Funktion dieses Verskomplexes zeigt sich darin, daß er Vokabeln aus allen drei vorhergehenden Textteilen aufgreift. Die Verse sind zudem miteinander verbunden, insofern je ein Prädikat zweimal benutzt wird (sich häufen (V 20)/ herrschen (V21)).

2.1.3. Beobachtungen zur Grammatik: Verben und Präpositionen

Obwohl in die bisherige Analyse schon einige grammatikalische Beobachtungen eingeflossen sind, wollen wir uns hier nochmals der Übersichtlichkeit halber eigens der Grammatik widmen. Jede Grammatik kennt verschiedene Wortarten (z. B. Substantive, Verben, Artikel, Präpositionen) und verschiedene Wortformen (z. B.

die verschiedenen Tempora der Verben des Textes), die es zu untersuchen gilt.

In Röm 5,12–21 überwiegt die Anzahl der Substantive die der Prädikate bei weitem. Das verleiht dem Text insgesamt einen scheinbar statischen Charakter. Z.B. handelt es sich bei den Versen 16 und 18 um reine Nominalsätze ohne Prädikat.

Eine Dynamik kommt jedoch zum Vorschein, wenn man die verschiedenen Tempora/Modi der Verben untersucht (Hilfsmittel: Guillemette).

Der erste Teil ist komplett disparat (verschiedene Tempora). Der zweite Teil führt drei Prädikate im Aorist und eines im Futur. Der dritte Teil hat ein Prädikat im Aorist, endet aber wie Teil 2 im Futur. Der vierte Teil indessen konstatiert eine gleichbleibende Realität (einheitliches Tempus; lediglich durch den Konjunktiv am Ende („herrsche“ (V 21)) kommt ein zukünftiges Moment ins Spiel).

Ein besonderes Augenmerk innerhalb der Grammatik des Textes verdienen aufgrund des häufigen Vorkommens die Präpositionen „διά“ mit Genitiv und „εις“ (fett gedruckt).

Mit „διά“ werden Personen, Personifizierungen und Handlungen verbunden. Deren jeweilige gleichsam schicksalshafte Wirkmacht wird durch diese Präposition emphatisch betont. Dabei gibt es eine Bewegung vom Anfang zum Ende: „Durch den Einen Menschen“ (V 12) kontrastiert mit „durch Jesus Christus“ (V 21) – diese beiden Elemente bilden den äußeren Rahmen unseres Textes. Im inneren Rahmen stehen sich „durch die Sünde“ (V 12) und „durch die Gerechtigkeit“ (V 21) antithetisch gegenüber. Ein Prozeß führte zu dieser schroffen Antithese. Anfangs (bis einschließlich V 17) überwiegt deutlich der adamitische Einfluß, wobei allerdings „durch den Einen Jesus Christus“ (am Ende von Vers 17) ein Gegengewicht setzt. In den Versen 18 und 19 werden strikt parallel „durch des Einen Vergehen“ und „durch des Einen Rechttat“ bzw. „durch den Ungehorsam“ und „durch den Gehorsam“ gegenübergestellt. Das Textende betont dann die ausschließliche Wirkmacht Jesu Christi.

Dem häufigen Vorkommen der Präposition „διά“ korrespondiert die Präposition „εις“. Auch hier bilden das erste („in die Welt“) und das letzte Glied („zum ewigen Leben“) einen Kontrast. „Welt“ (κόσμος) hat im biblischen Gebrauch eine räumliche und zeitliche Dimension (vgl. die biblischen Wörterbücher). Paulus bezeichnet mit diesem Begriff die gesamte, der Sünde verfallene Menschheit, der er den durch Jesus Christus hereingebrochenen Äon entgegenstellt, was im Text durch „ewiges Leben“ (ζωὴν αἰώνιον) zum Ausdruck kommt.

Vier Verbindungen mit „εἰς“ (VV 16 und 18) weisen auf ein „Entweder-Oder“ im Ausgang durch den jeweiligen „Verursacher“.

Weitere vier Verbindungen mit dieser Präposition zeigen, daß es sich immer um ein Geschehen handelt, das ausnahmslos allen Menschen gilt. „Die Vielen“ (V 15) ist semitische Redeweise und meint „alle“.

2.1.4. Der Prozeß des Textes: versweise sprachlich-syntaktische Analyse

Jedes Gewebe entsteht, indem nach und nach ein Faden mit dem anderen verknüpft wird. Ebenso gibt es auch im Text einen fortschreitenden Prozeß von Vers zu Vers. Die bisherigen Einzelbeobachtungen sollen nun ergänzt werden, indem versweise das Textganze, auch unter Berücksichtigung der Stilmittel (Egger 81–83), sprachlich-syntaktisch analysiert wird:

Vers 12 „Die Sünde“ (a) – „der Tod“ (b) – „zu allen Menschen der Tod“ (b‘) – „(weil) alle sündigten“ (a‘) sind chiastisch verschränkt. Eine ganz enge Verzahnung von Sünde und Tod als ihrer direkten Folge kommt zum Ausdruck. Ferner bedingen sich Sünde und Tod als Macht („zu allen Menschen“) und Sünde als Tat („alle sündigten“) gegenseitig, wenngleich Sünde als Macht ein Übergewicht insofern erhält, als „durch die Sünde“ verstärkend das Subjekt „die Sünde“ wiederaufgreift. Weitere enge Parallelen und Verschränkungen zeigen sich: „durch Einen Menschen/durch die Sünde“, „hineinkam/hindurchkam“, „in die Welt/zu allen Menschen“. Neben dem Anakoluth symbolisieren auch die Verschränkungen und Wiederholungen den ausweglosen Unheilszusammenhang.

Verse 13 und 14 „Welt“ greift Vers 12 („in die Welt“) auf. In Röm 5,12–21 geht es Paulus vornehmlich um die kosmische Dimension von Sünde und Tod, um ihre Vorzeitigkeit, in der sich ihre Universalität und ihr Verhängnischarakter manifestieren (Schnelle 77). Die Sünde und ihre Folge, der Tod, erhalten aber erst durch das Gesetz des Mose eine eschatologische Qualität. Das Gesetz hat die Aufgabe der richterlichen Feststellung der Sünde. Hinter der Verbuchung „steht wahrscheinlich die verbreitete apokalyptische Vorstellung, daß auf himmlischen Tafeln bzw. Büchern alle irdischen Taten der Menschen aufgeschrieben werden, damit diese Register in der Funktion der entscheidenden Zeugen im Endgericht ‚geöffnet‘ und alle darin verzeichneten Taten ihrer Geschickfolge überantwortet werden“ (Wilckens I,319).

Eine Sprengung der weltweiten Verzahnung von Sünde und Tod bzw. des adamitischen Bereiches wird angedeutet durch die letzten Worte von Vers 14: „Adam“, die repräsentative Zusammenfassung des Unheils, von dem im Text bislang die Rede war, „ist ein Vorausbild des Zukünftigen“: Das Versende („des Zukünftigen“) wird durch das Ende der Verse 17 (Schluß des 2. Abschnittes) und 21 (Schluß des Textganzen) als „Jesus Christus“ identifiziert. Er ist der „Antityp“ zu Adam.

Vers 15 In deutlicher Abgrenzung setzt Vers 15 ein. Die Unvergleichlichkeit von „Vergehen“ und „Gnadengabe“ wird formuliert. Ihre nähere Erläuterung ist dementsprechend kompliziert konstruiert. Das Subjekt im Konditionalsatz steht direkt vor dem Prädikat („die vielen starben“), während der zweite Halbsatz mit dem Subjekt beginnt („die Gnade Gottes. . .“). Indessen zeigt sich eine Gemeinsamkeit, insofern in beiden Satzhälften vor dem Prädikat jeweils eine Form von „πολλοί“ (die Vielen) steht. Einmal sind sie aktives Subjekt des Sterbens, das andere Mal passives Objekt der Gnade. Gleichsam versteckt ist in diesem Vers ein Chiasmus, der nur im Griechischen deutlich wird: τῷ τοῦ ἑνὸς (a) – παραπτώματι (b) – ἐν χάριτι (b’) – τῇ τοῦ ἑνὸς ἀνθρώπου ’Ιησοῦ Χριστοῦ (a’). Die einzelnen Glieder stehen sich antithetisch gegenüber, wobei die beiden letzten (b‘ und a‘) jeweils eine Erweiterung aufweisen. Freilich zeigt der übergeordnete „um wieviel mehr“-Satz durch die Redundanz der Substantive ohnehin seine größere inhaltliche Fülle.

Vers 16 Der Beginn des Verses bedarf einer erklärenden Umschreibung. Die Unvergleichlichkeit dessen, der sündigte, mit dem, in dem das Geschenk besteht, wird ausgedrückt. Sie wird durch die „elliptische Verkürzung“ des Satzes widergespiegelt.

Demgegenüber ist dann die folgende Ausführung streng parallel konstruiert. „Urteil“ und „Gnadengabe“ und „Verurteilung“ und „Rechtfertigung“ werden kontrastiert. Im Griechischen zeigt sich fast ein Reim: „κρίμα – χάρισμα“ und „κατάκριμα – δικαίωμα“. Die Spitze des Verses liegt darin, daß „infolge des Einen“ und „aus vielen Vergehen“ allein keinen Kontrast bilden, sondern beide Satzglieder als Synonyme aufzufassen sind (die Übertretung Adams zog viele Vergehen nach sich). Dadurch erweist sich in diesem Vers die Unvergleichlichkeit von „Vergehen“ und „Gnadengabe“ (vgl. den

Beginn von V 15). Selbst viele (!) Vergehen werden durch die Gnadengabe gleichsam „verschluckt“; am Ende steht dann die „Rechtfertigung“.

Da die Konjunktionen von Vers 16 die von Vers 13 wiederaufgreifen, sei hier ein möglicher inhaltlicher Zusammenhang zwischen beiden Versen angedeutet: „Verurteilung“ (V 16) hat diese eschatologische Dimension der Verbuchung, die vor dem Gesetz bzw. ohne eine eigentliche Gebotsübertretung nicht vorhanden war (vgl. Wilckens I,324 und Anm. 1084).

Vers 17 erweist sich als ähnlich komplex wie Vers 15 und hängt eng mit diesem zusammen. Beide Verse entsprechen sich ja durch die „denn wenn – um wieviel mehr“ – Konstruktion und durch exakt dieselbe Wortfolge jeweils nach „denn wenn“: „durch das Vergehen des Einen“. Wie in Vers 15 steht direkt vor dem Prädikat im Konditionalsatz das Subjekt („der Tod“). Im übergeordneten Satz liegt die Entsprechung beider Verse darin, daß vor dem Prädikat jeweils eine adverbiale Bestimmung steht: „auf die Vielen“ (V 15) – „im Leben“ (V 17). Während aber in Vers 15 die Vokabel vor dem Prädikat jeweils identisch war (die Vielen), zeigt sich in Vers 17 ein klarer Kontrast zwischen „der Tod“ und „im Leben“. Auch ansonsten gibt es wichtige Verschiebungen im Vergleich mit Vers 15. Während in Vers 15 „die Vielen starben“, wird in Vers 17 „der Tod“ zum Herrschaftssubjekt, und während in Vers 15 „die Vielen“ Objekt waren, auf die die Gnade überströmte, sind „sie“ in Vers 17 Subjekt, die den Überstrom der Gnade empfangen.

Der alleinigen Herrschaft des Todes (Vers 14 und 17a) wird in Vers 17b die des (zukünftigen) Lebens gegenübergestellt. Dieser Herrschaftswechsel wird in Vers 17 betont den jeweiligen Personen zugeschrieben: „durch den Einen“ – „durch den Einen Jesus Christus“. Die Einleitung der zweiten Nicht-Entsprechung: „nicht wie durch Einen, der sündigte“ (V 16) hat das schon vorbereitet.

Es stellt sich noch die Frage nach dem Subjekt von Vers 17b. Sind es „die Vielen“ von Vers 15, was dadurch nahegelegt wird, daß Paulus durch „Überstrom“ das Prädikat von Vers 15 aufnimmt? Oder sind es „wir, die Glaubenden“, was durch den unmittelbaren Kontext (Röm 5,11: „. . . wir rühmen uns in Gott *durch unseren Herrn Jesus Christus*, durch den wir jetzt die Versöhnung *empfangen* haben“) und das Possessivpronomen am Textschluß impliziert wird? Die Wortwiederholungen sprechen für die letzte Variante. Die Glaubenden aber haben in Röm 5,12–21 vornehmlich Repräsentanzfunktion für die Gesamtheit der Menschen, deshalb treten sie derart in den Hintergrund (vgl. Wilckens I,325).

Vers 18 Nachdem Paulus die Unvergleichlichkeit des Geschehens durch Adam und Jesus Christus eingeschärft hat, wagt er jetzt die Korrelation. Eine Erweiterung bringt das Wort „Leben" am Ende des Verses. Der Ausgang ist ansonsten fast derselbe wie in Vers 16. Als Taten der Verursacher werden Vergehen und Rechttat kontrastiert. Das Wort mit der Wurzel „gerecht-" (Rechttat/Gerechtmachung) wird also wiederholt. Dadurch und durch die Erweiterung (des Lebens) zeigt sich im direkten Vergleich die Überlegenheit der „Rechttat".

Vers 19 Beide Satzhälften korrelieren. Einzig das im Text fehlende „Menschen" in der zweiten Hälfte „stört" die Parallelität. Die semantische Analyse wird erweisen, daß genau darin die christologische Spitze des Textes liegt. Nicht Jesus Christus als Mensch bewirkt die Gerechtmachung, sondern Gott handelt in Jesus Christus.

„Die Vielen" verweist zurück auf Vers 15. Auch anhand dieser substantivierten Adjektive läßt sich die stringente Entwicklung im Textverlauf darstellen:

V 12: „zu allen Menschen" (+εις) – „alle" (Subjekt)
V 15: „die Vielen" (Subjekt) – „auf die Vielen" (+εις)
V 18: zweimal „für alle Menschen" (+εις)
V 19: zweimal „die Vielen" (Subjekt)

Erklärung: Zum einen fällt der konsequente Wechsel zwischen „alle" und „die Vielen" auf, der ein weiteres Indiz für die klare Komposition des Textes ist. Zum anderen zeigt sich ein steter Wechsel von Objekt und Subjekt in bezug auf „die Vielen/alle". Während schließlich im Bereich der Nicht-Entsprechung (VV 12–17) auch diese Substantive in unterschiedlichen Fällen stehen, korrelieren sie jeweils in den Versen 18 und 19. Dort stehen sich die Möglichkeiten von Unheil und Heil antithetisch gegenüber.

Vers 20 Das Gesetz hat eine „mittelbar soteriologische Funktion" (Pesch 54). Es steht ohne Artikel, weil es eine andere Qualität hat als „die Sünde" und „der Tod", die in Vers 12 ebenfalls mit einem Kompositum von „kommen" konstruiert wurden. Nach paulinischer Lehre ist nicht das Gesetz an sich dem Unheilszusammenhang zuzuordnen. Das Problem liegt vielmehr darin, daß es faktisch von niemandem erfüllt wird (vgl. Röm 3,23 und 7,12). Deswegen besteht seine aktuelle Funktion darin, die Sünde zu entlarven. Erst seit Bestehen des Gesetzes liegt es verschärft offen zutage, wie sündig die Menschen als die Nicht-Täter des Gesetzes sind. Dieser dadurch gegebenen Vermehrung der Sünde antwortet parallel ein Überstrom der Gnade (vgl. die parallele Konstruktion der beiden Satzhälften in 20b). Schließlich erinnert „über und über strömte" an die Verse 15 und 17. Die Erweiterung um ein „über" erklärt sich direkt aus der Existenz des Gesetzes.

Vers 21 Am Textende findet sich wie zu Beginn ein Chiasmus: „es herrschte" (a) – „die Sünde" (b) – „die Gnade" (b') – „herrsche" (a'). Die beiden Herrschaftsbereiche stehen sich nun direkt antithetisch gegenüber, im Unterschied zur komplizierteren Satzstruktur in Vers 17. Anstatt des Futurs (VV 17 und 19) betont das letzte Prädikat im Aorist Konjunktiv, daß die Herrschaft der Gnade auch schon die Gegenwart bestimmt. „Im Tod" und „zum ewigen Leben" bilden zum einen eine Antithese, zeigen aber zum anderen eine Bewegung in Richtung Leben. Die Erweiterung der zweiten Satzhälfte und die Kontraste zu Vers 12 (jeweils zweimal die Kombination mit „διά" und die zwei konträren Äonen) unterstreichen, daß die Wirkungen Adams durch Jesus Christus aufgehoben sind.

2.1.5. Zusammenfassung: „der Eine"

Eine Zusammenfassung der sprachlich-syntaktischen Analyse, die einen Prozeß des Textes herausgestellt hat, läßt sich anhand einer Untersuchung des am häufigsten vorkommenden Wortes „Einer" (kursiv und fett) gewinnen.

durch Einen Menschen (V 12)
durch das Vergehen des Einen (V 15)
in der Gnade des Einen Menschen Jesus Christus (V 15)
durch Einen, der sündigte (V 16)
infolge des Einen (V 16)
durch das Vergehen des Einen (V 17)
durch den Einen (V 17)
durch den Einen Jesus Christus (V 17)
durch des Einen Vergehen (V 18)
durch des Einen Rechttat (V 18)
durch den Ungehorsam des Einen Menschen (V 19)
durch den Gehorsam des Einen (V 19)

Der Kontext erhellt unzweifelhaft: Das zwölfmalige „Einer" bezieht sich achtmal auf Adam und viermal auf Jesus Christus (vgl. Kursivdruck). In den Versen 12–14 wird geschildert, was „durch

Einen Menschen" in die Welt eingetreten ist. Ab Vers 15 wird dessen Vergehen mit der „Gnade des Einen Menschen Jesus Christus" kontrastiert. Dieser „Eine Mensch" steht dem „Einen" von Vers 12 diametral entgegen. Jesus Christus „ersetzt" Adam; es heißt ja nicht „der eine – der andere" (vgl. Wilckens I,323).

Die folgenden vier Verbindungen mit „Einer" beziehen sich auf Adam, „durch den Einen Jesus Christus" am Ende von Vers 17 werden sie aber gleichsam „aufgehoben". Die jeweilige Namensnennung (VV 15 und 17) verleiht diesem „Einen" besonderes Gewicht. In den Versen 18 und 19 korrelieren die jeweils „Einen". Bedeutsam ist allerdings, daß in diesem Zusammenhang nicht vom Menschsein Jesu die Rede ist. Im letzten Textabschnitt taucht „Einer" nicht mehr auf, ein „argumentum ex silentio" für die Zusammengehörigkeit dieser Verse und für die inhaltliche Entwicklung hin zu „Jesus Christus, unserem Herrn" (V 21 Ende).

2.2. Semantische Analyse

2.2.1. Textsemantik

Der erste Schritt auf dem Weg zur Erfassung der Bedeutung des Textes besteht in der Erstellung eines semantischen Inventars. Die Bestandsaufnahme der Ausdrücke „unter inhaltlich-bedeutungsmäßigem Gesichtspunkt" richtet sich nach bestimmten Kriterien. Die Ausdrücke, die einen bestimmten Sinn in sich tragen, werden als wichtiger erachtet als zum Beispiel Konjunktionen oder Präpositionen. Solche Ausdrücke werden dann zu einer Gruppe vereint, die als Wortfeld oder „Sinnlinie" bezeichnet wird. Daraufhin werden die Oppositionen zu den Sinnlinien herausgearbeitet und schließlich werden die Sinnlinien und Oppositionen zu übergreifenden Gruppen gereiht (Egger 96–98).

In Röm 5,12–21 springen die Sinnlinien mit ihren jeweiligen Oppositionen förmlich ins Auge.

2.2.1.1. „Handlungsträger"

Als Handlungsträger opponieren Adam und Jesus Christus. Adam wird zweimal beim Namen genannt (V 14) und einmal als „Vorausbild des Zukünftigen" (V 14) tituliert. Der Name „Jesus Christus" findet sich dreimal (VV 15,17 und 21). Für beide wird weiter die

Bezeichnung „Einer“ verwendet; für Adam doppelt so oft wie für Jesus Christus (s.o.). Zweimal fungiert „Einer“ in Hinblick auf Adam als Adjektiv zu „Mensch“ (VV 12 und 19), einmal in Hinblick auf Jesus Christus (V 15). Darüberhinaus läßt sich der Handlungsträger „Jesus Christus“ indirekt auch als „Gott“ identifizieren, denn in Vers 15 ist von „der Gnade Gottes“ die Rede. Sie wird genauerhin spezifiziert als „Gabe in der Gnade des Einen Menschen Jesus Christus“ (V 15), d. h. die Gnade Gottes ist der Eine Mensch Jesus Christus. Vor allem auch die Apposition am Ende des Textes („unseren Herrn“) weist darauf hin. „Der Kyrios-Titel impliziert, daß der erhöhte Jesus Gott/Jahwe gleichgestellt ist.“ (Exegetisches Wörterbuch Bd. 2, 811–820, hier: 817). Verkürzt könnte man zusammenfassen, daß im Text Mensch und „Gottmensch“ opponieren. Diese beiden „Opponenten“ haben Einfluß auf „alle Menschen“ (VV 12 und 18) bzw. „die Vielen“ (VV 15 und 19; vgl. auch „Welt“ in V 12), so daß unwillkürlich bei der Betrachtung der Handlungsträger das Motto „Einer für alle“ in den Sinn kommt. Auch wenn „alle Menschen/die Vielen“ nicht nur Objekt sind, erscheinen sie doch hauptsächlich als „Manövriermasse“ der beiden „Opponenten“. Ihr Menschsein bzw. Menschwerden ist qualifiziert durch den jeweiligen Einfluß des Einen Menschen bzw. des Einen Menschen Jesus Christus.

2.2.1.2. „Handlungen“

Hinter den vielen Nomina des Textes stehen auch „Handlungen“. Folgende lassen sich dem adamitischen Bereich zuordnen:

die Sünde
durch die Sünde
alle sündigten
Sünde
Sünde
die, die nicht sündigten in der Gleichgestalt
Übertretung Adams
das Vergehen
durch das Vergehen des Einen
durch den Einen, der sündigte
aus vielen Vergehen
durch das Vergehen des Einen
durch des Einen Vergehen
durch den Ungehorsam
das Vergehen

die Sünde
die Sünde

Neunmal ist in irgendeiner Form von „Sünde“ die Rede und sechsmal von „Vergehen“; einmal wird „Übertretung“ benutzt. Innerhalb des Wortfeldes fällt ein Wort aus dem Rahmen und verdient deshalb besondere Aufmerksamkeit: Als „Ungehorsam“ wird Sünde/Vergehen an einer Stelle spezifiziert. Das ist der Kern des adamitischen Fehlverhaltens.

Daß die adamitischen Handlungen eine universale Wirkung zeitigen, wird daran deutlich, daß nicht immer Adam das Subjekt dieser Handlungen ist, sondern an manchen Stellen „die Vielen“. Z. B. impliziert „aus vielen Vergehen“ die Handlungen der Vielen, denn wie seit der Sünde des Einen alle sündigten (V 12), hat das Vergehen des Einen viele Vergehen nach sich gezogen.

Eine Opposition zu den adamitischen Handlungen bilden die von Jesus Christus bzw. Gott:

die Gnadengabe
die Gnade
die Gabe in der Gnade
das Geschenk
die Gnadengabe
den Überstrom der Gnade und der Gabe der Gerechtigkeit
durch des Einen Rechttat
durch den Gehorsam
(Gesetz)
die Gnade
die Gnade
durch Gerechtigkeit

Die „Handlungen“ von Jesus Christus erweisen sich als viel differenzierter. Das hängt damit zusammen, daß Jesus Christus im Text als „Gottmensch“ fungiert. Man kann infolgedessen nämlich zwischen Eigenschaften und Handlungen unterscheiden. „Das Gnadengeschehen“ könnte dieses Wortfeld überschreiben. „Gnade“ und „Gerechtigkeit“ sind die Eigenschaften Gottes, aus denen heraus er sein Werk tut. Das Werk besteht in Jesus Christus. Er ist die (Gnaden)Gabe und das (überströmende) Geschenk Gottes an die Menschen. Seine Handlungen bestehen darin, daß er recht getan hat. (Ich habe den Begriff „Rechtfertigung“ (vgl. V 16) in Vers 18 mit „Rechttat“ wiedergegeben. Sie bedeutet wie „Gerechtmachung“ die Erfüllung einer Rechtsforderung; vgl. Theologisches Wörterbuch Bd. 2, 225). Zudem war er gehorsam (Gehorsam).

Diesem letzten Akt kommt aufgrund seiner Einmaligkeit und seiner direkten Opposition zum Ungehorsam Adams ebenfalls besondere Bedeutung zu (vgl. vor allem Phil 2,6–11).

Das Gesetz in seiner mittelbar soteriologischen Funktion gehört auch zu dieser Sinnlinie; es wurde von Gott gegeben.

„... die, die den Überstrom... empfangen" (V 17) ist die einzige Handlung, die sich schwer einordnen läßt. Sie gehört nicht wie die Handlungen „der Vielen" dem adamitischen Bereich an. Sie kann aber auch nicht direkt den Handlungen Jesu Christi zugerechnet werden. Offensichtlich erweist sich das glaubende Annehmen/Empfangen des Geschehens durch Jesus Christus als Dreh- und Angelpunkt. Der ansonsten vorherrschende Verhängnischarakter, der „die Vielen" als passiv erscheinen läßt, wird an dieser Stelle gesprengt.

2.2.1.3. „Handlungskonsequenzen"

Ausgehend von den Handlungen lassen sich opponierende Konsequenzen unterscheiden, wenngleich beide manchmal eng zusammenhängen.

Adam	**Jesus Christus**
der Tod	
der Tod	
es herrschte der Tod	
die Vielen starben	die Gnade Gottes strömte über
zur Verurteilung	zur Rechtfertigung
der Tod herrschte	werden die ... im Leben herrschen
zur Verurteilung	zur Gerechtmachung des Lebens
zu Sündern gemacht	zu Gerechten werden
wurden die Vielen	gemacht werden die Vielen
	über und über strömte die Gnade
es herrschte die Sünde	die Gnade herrsche...
im Tod	zum ewigen Leben

Der Bereich Adams ist leicht zu beschreiben. Vor allem im letzten Glied der Tabelle wird der enge Konnex von Tod und Sünde deutlich. Die Sünde zeitigte den Tod und indem alle zu Sündern gemacht wurden, herrschte auch der Tod über alle. Als Konsequenz des adamitischen Handelns dominiert unzweideutig der Tod.

Dem steht als direkte Opposition „Leben“ (dreimal) gegenüber. Der Bereich der Konsequenzen des Handelns Jesu Christi nimmt sich aber weit komplizierter aus. Vor allem die Spannung zwischen Gegenwart und Zukunft, zwischen Leben jetzt und ewigem Leben macht sich bemerkbar. Der Überstrom der Gnade ist schon geflossen, und die Gerechtmachung hat sich bereits ereignet, aber die endgültige Herrschaft der Gnade liegt in der Zukunft. Daß Paulus in Vers 16 das Wort „Rechtfertigung“ benutzt, ist vermutlich auf stilistische Gründe zurückzuführen (vgl. den Reim, den die versweise Auslegung festgestellt hat). Sachlich meint es ebenso die Gerechtmachung, d. h. daß Gott nicht verurteilt, sondern freispricht (vgl. Theologisches Wörterbuch Bd. 2, 226).

2.2.1.4. Zusammenfassung der textsemantischen Analyse: Reihung der Sinnlinien und Oppositionen

Im Text opponieren Adam, der als Prototyp des Menschen schlechthin gilt, und Jesus Christus, der zugleich Mensch und Gott ist bzw. als Mensch Gott repräsentiert. Beiden lassen sich bestimmte Handlungen zuordnen. Auf Adams Seite stehen Sünde und Vergehen, die sich im Wort „Ungehorsam“ manifestieren. Demgegenüber erweist sich die Seite Jesu Christi als komplexer, da sich in ihm bleibende Eigenschaften und Handlungen (z. B. Gerechtigkeit und Rechttat) vereinigen sowie Passion und Aktion zusammenfließen. Er ist auf der einen Seite passive „Gabe“, auf der anderen Seite verkörpert er aktiven „Gehorsam“. Beider Handlungen zeitigen schließlich Konsequenzen, die auf die umfassende Opposition „der Tod“ – „Leben“ hinauslaufen, wobei das Wort „Leben“ eine gegenwärtige und eine zukünftige Dimension beinhaltet. Die vielen Antithesen/Oppositionen im Text stehen an keiner Stelle gleichberechtigt nebeneinander, sondern Jesus Christus „ersetzt“ Adam, und seither ist der adamitische Bereich im Kern überwunden.

Die Aufhebung der Gegensätze als Negation der Negation ist das Wesen der Versöhnung, von der in Röm 5,1–11 die Rede war. Paulus entfaltet in Röm 5,12–21 die Logik des Christusgeschehens als Logik des Handelns Gottes. Vor dem Hintergrund jüdischen Denkens und griechischer Philosophie ist das die eigentliche denkerische Leistung des Paulus. Sowohl der jüdische Tun-Ergehen-Zusammenhang (Geschehenslogik: auf die Sünde folgt Tod), als auch die griechische Seinslogik (der Satz vom Widerspruch) werden aufgebrochen, indem Gott selbst als Mensch in die Welt einbricht (Wilckens I,330–337).

2.2.2. Die Theologie von Röm 5,12–21 aufgrund einer wortsemantischen Analyse des Römerbriefes

„Erst der Kontext macht Wörter eindeutig" (Egger 110). Die wortsemantische Analyse untersucht inhaltsschwere Wörter des Textes in anderen Kontexten. Die theologische Dichte und Systematik von Röm und die notwendige Begrenzung dieses Beitrages führen zu einer weitgehenden Beschränkung auf Röm als Kontext. Für wortsemantische Untersuchungen sind Konkordanzen, Wortstatistiken und Lexika die wichtigsten Hilfsmittel (vgl. Literatur). Ich will im folgenden nur die wichtigsten Ergebnisse detaillierter Untersuchungen in Form einer theologischen Zusammenfassung vorbringen.

2.2.2.1. Gottes Gerechtigkeit und Gnade

Das Wort „Gerechtigkeit" spielt vor und nach unserem Text eine zentrale Rolle. In Röm findet es sich insgesamt 34 mal, gefolgt von je sieben Referenzen in Mt und 2 Kor. In Röm 1,17 – 3,26 (sechsmal) wird „Gerechtigkeit" als „Gerechtigkeit Gottes" expliziert; in 4,1–25 dann achtmal ausschließlich als Gerechtigkeit, die dem Menschen bzw. Abraham aufgrund seines Glaubens angerechnet wird. In unserem Text ist wiederum nur von der Gerechtigkeit Gottes bzw. Jesu Christi die Rede, während in 6,12–23 fünfmal die Aufforderung an die Glaubenden ergeht, der Gerechtigkeit zu dienen, Sklaven der Gerechtigkeit zu sein. Der Begriff Gerechtigkeit kommt dann noch gehäuft in den Kapiteln 9 und 10 vor (elfmal) – dort geht es um eine Gegenüberstellung von Gesetzes- und Glaubensgerechtigkeit.

Es ist also eine Differenzierung des Begriffes nötig. Für unseren Text (5,17.21) ist nur die Gerechtigkeit Gottes relevant. Diese besagt: Gott bleibt sich selbst und seinem Bund treu. Dabei wird immer ein personales Verhältnis vorausgesetzt, wie es im Bund zwischen Gott und Israel zum Ausdruck kommt. Theologisch problematisch wird es, wenn Israel sich nicht dem eingegangenen Bund entsprechend verhält (vgl. Merklein 15f.). Dies evoziert den „Zorn" Gottes (viermal in 1,18 – 3,20, dem Teil von Röm, der von der Ungerechtigkeit der Menschen handelt; einmal direkt vor unserem

Text (5,9); zweimal in 9,22). Er führt zum Gericht bzw. zur Vernichtung der Sünder.

Unser Text handelt vornehmlich davon, daß Gottes Gerechtigkeit sich in seiner „Gnade" profiliert. Der Ausdruck findet sich in Röm insgesamt 25 mal, davon fünfmal (!) in Röm 5,12–21. Für den Begriff erhellend ist vor allem 3,23f: „Denn *alle haben gesündigt* und entbehren der Herrlichkeit *Gottes*. Sie wurden *gerecht gemacht geschenkweise* durch seine *Gnade* durch die Loskaufung in *Christus Jesus*." (Im folgenden bedeutet ein gesperrt gedrucktes Wort nahe Verwandtschaft zu Wörtern unseres Textes, Kursivdruck weist auf Übereinstimmungen hin.) Und 5,1f: „*Gerecht gemacht also* aus Glauben Frieden haben wir in bezug auf *Gott durch unseren Herrn Jesus Christus*. Durch ihn auch den Zugang haben wir erhalten zu dieser *Gnade*. . .". Die Gnade Gottes besteht folglich in Jesus Christus und seiner „Loskaufung".

Als Synthese könnte 5,9 dienen: „*Um wieviel mehr also gerecht gemacht* jetzt in seinem Blut, werden wir gerettet durch ihn vor dem Zorn." Das Gnadengeschehen in Jesus Christus wird vor dem Gott in seiner Gerechtigkeit zustehenden Zorn retten.

2.2.2.2. Eine wortsemantische Untersuchung des (substantivierten) Adjektives „gerecht". Der Tod Jesu Christi als Akt der Rechtfertigung der gottlosen Menschen

Insgesamt siebenmal kommt in Röm das (substantivierte) Adjektiv „gerecht" vor. Anhand dessen kann demonstriert werden, was eine wortsemantische Untersuchung vermag. Außerdem läßt sich ausgehend von diesem Wort die paulinische Rechtfertigungslehre nachzeichnen.

1.) Gott ist gerecht. „Ihn (J. Chr.) hat öffentlich hingestellt Gott als Sühnmal. . . zum Erweis seiner Gerechtigkeit in der Jetzt-Zeit, dahingehend, daß er **gerecht** ist und gerecht macht den, (der) aus dem Glauben an Jesus (lebt)." (3,25f.) Hier wird auf den Punkt gebracht, was ich im obigen Abschnitt über Gottes Gerechtigkeit und Gnade ausgeführt habe. Gottes Gerechtigkeit äußert sich in der Gnade, die den Menschen in Jesus Christus (hier: in seinem Sühnetod) erwiesen wurde.

2.) Prinzipiell macht die Erfüllung des Gesetzes gerecht. „Denn nicht die Kenner des Gesetzes sind **gerecht** nach Gott, sondern die Täter des Gesetzes werden gerecht gemacht." (2,13) Das Gesetz an sich ist gerecht. „So daß also das Gesetz heilig und das Gebot heilig und **gerecht** und gut (ist).“ (7,12) Wenn die Menschen das Gesetz erfüllten, wären sie gerecht. Paulus verurteilt nicht das Gesetz an sich.

3.) Faktisch aber ist niemand gerecht. „Sowie geschrieben wurde: nicht gibt es einen **Gerechten**, nicht Einen.“ (3,10) „Denn kaum für einen **Gerechten** irgendeiner wird sterben.“ (5,7) Gleichbedeutend hiermit sind die Worte „alle haben gesündigt“ (3,23 und 5,12) und auch die Verse 5,6.8.10, wo vom Tod Christi für die Gottlosen, Sünder und Feinde die Rede ist.

4.) Der Mensch kann gerecht sein/werden. „Denn Gerechtigkeit Gottes wird in ihm (= Evangelium) offenbart aus Glauben zum Glauben, sowie geschrieben steht: Aber der aus Glauben **Gerechte** wird leben.“ (1,17) „. . . so auch durch den Gehorsam des Einen zu **Gerechten** werden gemacht werden die Vielen.“ (5,19b) Der Glaubende also wird gerecht, indem er glaubt und indem er sich durch den Gehorsam Jesu Christi, der in seiner freiwilligen Hingabe zum Ausdruck kam (Phil 2,6–11), gerecht machen läßt. Es wird auch deutlich, daß die Gerechtmachung durch Jesus Christus allen Menschen gilt.

Vom Tod Jesu ist an unserer Stelle nicht ausdrücklich die Rede. Jedoch zeigen die Kontexte, in denen das Wort „gerecht“ außerhalb von Röm 5,12–21 vorkommt, daß dieser Tod den Akt der Rechtfertigung bedeutet. Erst von hier aus wird auch deutlich, wie aussichtslos die Lage des Menschen ist und wie illusorisch seine Versuche sind, sich (z. B. durch Gesetzeserfüllung) am eigenen Schopf aus dem Sumpf zu ziehen. Paulus versteht Sünde als Macht. Von insgesamt 48mal steht das Wort in Röm nur dreimal im Plural (vgl. Schnelle 75–92).

Der Tod Jesu bedeutet, daß Gott sich selbst mit dem unter der Macht der Sünde stehenden Menschen identifiziert. Die im Text angesprochene Bedeutung der Tat eines einzelnen für alle wird bei Paulus an zwei anderen Stellen in eigentümlicher Weise artikuliert (Gal 3,13 und 2 Kor 5,21: „Den, der nicht kannte Sünde, hat (Gott) für uns zur Sünde gemacht, damit wir würden Gerechtigkeit Gottes in ihm“).

Die Sühnevorstellungen, die im Tod Jesu zum Ausdruck kommen, haben im jüdischen Kult ihre Wurzel. Die Erlösungstat bzw. „Rechttat“ Jesu Christi besteht darin, daß er als Mensch, obwohl er selbst ohne Sünde war, die Sühne stellvertretend vollzieht. Er übernimmt die Identität des sündigen Menschen, stirbt wie ein sündiger Mensch (Röm 5,12–21 macht deutlich, daß der Tod die zwangsläufige Folge der Sünde ist) und das an ihm vollzogene Todesgericht bringt ein für allemal Heil und Gerechtmachung für alle Menschen, was sich in der Auferstehung Jesu Christi äußert (vgl. 4,25). (Vgl. zur Bedeutung des Todes Jesu vor allem Merklein und Käsemann, Perspektiven 61–107.)

2.2.2.3. Rechtfertigung als Lebensermächtigung

Für Paulus ist „Heil nicht primär Ende vergangenen Unheils und der vergebende Schlußstrich unter ehemaliger Schuld, sondern nach Röm 5,9f; 8,2 Freiheit von der Macht der Sünde, des Todes und des göttlichen Zornes, nämlich die Möglichkeit des neuen Lebens“ (Käsemann, Perspektiven 81). Röm 8,1f zeigt einige Anklänge an unsere Stelle. „Daher keine *Verurteilung* denen in *Christus Jesus.* Denn das Gesetz des Geistes des *Lebens* in Christus Jesus hat befreit dich von dem Gesetz *der Sünde und des Todes.*“ Gesetz hat hier eine andere Bedeutung. Menschsein bzw. Menschwerden bedeutet bei Paulus, in der Freiheit der Gotteskinder zu leben, und zwar auf Hoffnung hin. Sowohl in unserem Text als auch an vielen anderen Stellen wird nämlich eine Spannung zwischen dem schon und noch nicht menschlichen Heilseins deutlich. Paulus vertritt entschieden eine realistische und kritische Anthropologie und begegnet damit jedem Enthusiasmus (vgl. Käsemann, Perspektiven 9–60 und 61–107). Der paradoxe Ruhm der Anfechtung verdeutlicht dies: „. . . wir rühmen uns der Hoffnung auf die Herrlichkeit Gottes. Aber nicht nur; sondern wir rühmen uns auch der Bedrängnisse, wissend, daß Bedrängnis Geduld bewirkt; die Geduld aber Bewährung; die Bewährung aber Hoffnung. Die Hoffnung aber macht nicht zuschanden, weil die Liebe Gottes ausgegossen worden ist in unsere Herzen durch den heiligen Geist, der gegeben wurde uns“ (Röm 5,2b-5). Rechtfertigung bedeutet also bei Paulus, zu einem Leben in der Gegenwart ermächtigt zu sein, das – gespeist von der Hoffnung auf umfassendes Heil – auch die Widrigkeiten des Lebenskampfes und des Dienstes für die Gerechtigkeit (vgl. Röm 6,12–23) aushält.

2.3. Pragmatische Analyse

Die Textpragmatik (Egger 133–146) beschäftigt sich mit der Leserlenkung durch Texte. „In der Anwendung der pragmatischen Fragestellung auf biblische Texte ist dem Umstand Rechnung zu tragen, daß wir nur die Texte besitzen, während außertextliches Wissen oder „Alltagswissen" über die Kommunikation zur Abfassungszeit kaum gegeben sind. So läßt sich die Leserlenkung nur aus dem Text erschließen. . . Eine gewisse Hilfe kann uns (aber) die Wirkungsgeschichte der Texte bieten, insofern sie zeigt, welches Sinnpotential in den Texten steckt und welche Wirkungen Texte haben" (Egger 134 und Anm. 5). Es sei in diesem Zusammenhang wenigstens erwähnt, daß Röm 5,12–21 in der Theologiegeschichte oft für die Ausbildung der theologischen Erbsündenlehre hergehalten hat. Das ist vor allem auf einen Übersetzungsfehler des Augustinus zurückzuführen (V 12d übersetzte er: „in dem (=Adam) alle sündigten"), beeinflußt aber die Exegese bis heute (vgl. z. B. Schlier 161–163 und ausführlich Wilckens I,314–322). Paulus geht es aber nicht um die genealogische Abstammung aller Sünder von Adam. Durch „die Sünde kam in die Welt" (12a) und „alle sündigten" (12d) ist keine Unterscheidung zwischen Erb- und Tatsünde intendiert, sondern „die universale Solidarität" allen Sündigens seit Adam wird thematisiert. Adam wird zu einem „personalen Symbol" für alle sündigen Menschen, die durch Jesus Christus versöhnt bzw. befreit wurden (Wilckens I,321). Daß Paulus hier menschheitsgeschichtlich argumentiert und sich nicht auf die Sünde seit dem mosaischen Gesetz beschränkt, kann mit dem Charakter des Röm als Vermittlungsschreiben mit Blick auf die Gemeinde in Rom zusammenhängen (vgl. Hübner 232–258).

Im Unterschied zum unmittelbaren Kontext gewinnt Röm 5,12–21 vor allem durch die Rede in der dritten Person einen referentiellen Charakter. Der Text scheint die Aussagen von 5,1–11 verobjektivieren und in einen universalen Zusammenhang einordnen zu wollen; vor allem die wortsemantische Analyse hat 5,1–11 als wichtigen Kontext erwiesen. Allein das letzte Wort „unser" signalisiert eine direkte Kontaktnahme mit den LeserInnen des Briefes.

Der Text zeigt Spannungen auf und führt in einem komplizierten, dynamischen Prozeß zu deren Lösung. Die neue Herrschaft in Jesus Christus hat schon begonnen und wird sich einst universal durchsetzen; das zukünftige Moment bleibt bis zum Schluß (vgl. das letzte Verb im Konjunktiv). Die Wirkung dieser Strategie liegt in der Einladung zu einer realistischen Weltsicht, die die Mächtigkeit der Sünde nicht verharmlost.

3. Diachrone Textauslegung: Form- bzw. Traditionskritik

Biblische Texte sind öfters in mehreren Etappen entstanden, setzen sich aus mehreren (auch mündlichen) Überlieferungen zusammen, die aneinandergereiht und anderweitig redigiert wurden. Oft erstreckte sich ein solcher Prozeß sogar über mehrere Jahrzehnte. Die diachrone Auslegung berücksichtigt diese Entstehung von Texten „durch die Zeit". Sie erweist die Texte aber auch als Kinder ihrer jeweiligen Zeit, die sich konventioneller Formen bedienen, die einen bestimmten „Sitz im Leben" haben.

Die klassischen Schritte der historisch-kritischen Methode sind Textkritik (s.o.), Literarkritik, Form- bzw. Traditionskritik und Redaktionskritik (vgl. Zimmermann). Die Literarkritik kann zu unserem Text nichts beisteuern, da sich der Text als einheitlich erweist. Auch die Redaktionskritik erübrigt sich, da die Endgestalt und Intention des Textes ja im Zentrum der bisherigen Analyse stand.

Die Definitionen dessen, was Form- bzw. Traditionskritik heißt, sind nicht einheitlich (vgl. Egger 146–154 und 170f).

Im folgenden wollen wir mittels der Formkritik erfassen, um welche Textsorte/Form es sich bei Röm 5,12–21 handelt. Weiter fragen wir nach den Traditionen, die unser Text aufgreift.

3.1. Der Dualismus als Indiz apokalyptischen Denkens

Die Frage nach der Form/Gattung/Textsorte kann sinnvollerweise auch innerhalb der synchronen Analyse gestellt werden, da sich die Parallelität der Form auch in einer ähnlichen sprachlich-syntaktischen Struktur niederschlägt. Aber auch die Wirkabsicht und der „Sitz im Leben" müssen vergleichbar sein. Insofern kann man eine solche Frage auch im Rahmen der Formkritik behandeln.

Der Text Röm 5,12–21 zeichnet sich durch schroffe Gegenüberstellungen aus. Auf der Suche nach vergleichbaren Texten innerhalb des NT stoßen wir auf Stellen, die mehrheitlich in apokalyptischen Zusammenhängen stehen, die von der Parusie oder dem (Welt)Gericht handeln. Zu erwähnen ist z. B. Mt 25,31–46.

In Röm 5,12–21 liegt das apokalyptische Zwei-Äonen-Schema zugrunde: „Welt/Kosmos" (V 12) und „ewiges Leben" (V 21) rahmen den Text. Eine apokalyptische Weltsicht geht davon aus, daß vor dem endgültigen Offenbarwerden Gottes im zweiten Äon

(= ewiges Leben) die Mächte des Unheils im ersten Äon (=Kosmos) fortleben oder gar zunehmen (vgl. Röm 5,3f; 8,19–30 u. ö.).

3.2. Frühjüdische Quellen für die Apokalyptik

In frühjüdischen Schriften zeigen sich Vorstellungen „von Ursprung und Mächtigkeit der Sünde" und auch „vom Tod als adamitisches Strafverhängnis und als individuelle Sündenstrafe" (Brandenburger 15–45 und 45–64), Texte, die Paulus bei der Abfassung von Röm 5,12–21 vermutlich beeinflußt haben. So heißt es z. B. in der syrischen Baruch-Apokalypse 54,15.19: „Zwar sündigte einst als erster Adam und hat damit vorzeitigen Tod gebracht für alle, doch hat von denen, die aus ihm geboren sind, ein jeder auch sich selbst zukünftige Strafe bereitet... Somit ist Adam einzig und allein für sich der Grund; wir alle aber wurden Stück für Stück zu Adam für uns selbst." Und im 4. Buch Esra 3,7: „Du hast ihm (=Adam) ein einziges Gebot gegeben; er hat es übertreten. Und sofort hast du den Tod über ihn und seine Nachkommen verhängt..." (Jüdische Schriften V/2 160 und V/4 312; Hilfsmittel: Strack/Billerbeck). Freilich bildet Gen 3 den Hintergrund sowohl für diese Stellen frühjüdischer Apokalyptik als auch für Röm 5. Paulus unterscheidet sich aber von den zitierten Quellen hinsichtlich der Radikalität, in der er ausnahmslos alle Menschen als Sünder bezeichnet und damit dem Gesetz faktisch nur eine der Sünde überführende Funktion zuerkennt (vgl. Wilckens 310–314 und Merklein 9–14).

3.3. 1 Kor 15 als Vorlage

Außer in Röm 5 bedient sich Paulus noch in 1 Kor 15 der Adam-Christus-Typologie. Von dort hat er dieses Schema in Röm übernommen, allerdings mit anderen Gewichtungen. Manche Exegeten vermuten, daß es Paulus in 1 Kor 15,21f.45–49 vornehmlich um die Abwehr eines gnostischen Urmenschmythos gegangen sei. In den vorchristlich-gnostischen Adam-Anthropos-Spekulationen in Korinth wurde Christus mit dem präexistenten ersten himmlisch-pneumatischen Adam-Anthropos (1 Kor 15,45.47) identifiziert. Dagegen ist „in dem sarkisch-psychischen Anthropos die Menschheit insgesamt schicksalshaft... dem Herrschaftsbereich des Todes und versklavender Mächte verhaftet; aber durch Ab- und Aufstieg des himmlischen Erlöser-Anthropos ist ein Geschehen in Gang gekommen, durch das die Gesamtheit der nach Ursprung und Wesen pneumatischen Menschen in den himmlisch-pneumatischen Anthropos hinein erlöst wird“ (Brandenburger 68–157, Zitat 157; kurze Einführung in die Gnosis bei Conzelmann/ Lindemann 203–214). Damit ging bei den Korinthern das enthusiastische Bewußtsein einher, bereits erlöst und „himmlisch“ zu sein. Dem stellt Paulus betont Jesus Christus als den letzten Menschen entgegen und die Teilhabe an ihm als *zukünftiges* Geschehen (VV 49–54). Der Tod ist nicht nur auf die Vergänglichkeit des Körpers zurückzuführen, sondern darauf, daß die Menschen unter der adamitischen Wirklichkeit der Sünde stehen. Auferstehung der Toten bedeutet entsprechend Erlösung von der Sünde durch die Aufhebung des Todes. Diesen letzten Gedanken führt Paulus in Röm 5,12–21 fort. Die gnostische Urmensch-Spekulation hat er dabei nicht mehr im Visier, die Reihenfolge: zuerst Adam, dann Jesus Christus, wird als selbstverständlich vorausgesetzt (vgl. Wilckens I,308–314).

4. Schluß

Röm 5,12–21 stellt die paulinische Rechtfertigungslehre in einen kosmischen Rahmen. Das Ja Gottes in Jesus Christus gilt allen Menschen und der ganzen Welt. Menschwerden bedeutet, dieses Ja immer mehr anzunehmen.

Im Licht der Liebe und Gnade Gottes kann der Mensch realistisch seiner Situation und dem Zustand der *einen* Welt ins Auge sehen. Von dort her erscheint vielleicht heute mehr denn je der Unheilszusammenhang von struktureller und individueller Sünde.

Glauben heißt, sich von diesen Mächten befreit zu wissen und immer wieder befreien zu lassen zur Freiheit der Kinder Gottes. Diesen ist es gegeben, in einer Art zweiter Naivität Ja zur Wirklichkeit zu sagen und in der Hoffnung auf umfassendes Heil in leidendem und dienendem Gehorsam Jesus Christus nachzufolgen (vgl. Röm 8,17f). Rechtfertigung bedeutet Ermächtigung zu einem Leben in Liebe.

Literatur

1. Hilfsmittel, Methodenbücher und Texte des Neuen Testaments

Aland, Kurt und Barbara Aland: Der Text des Neuen Testaments. Einführung in die wissenschaftlichen Ausgaben sowie in Theorie und Praxis der modernen Textkritik, Stuttgart 1982, 2. Auflage 1989.

Berger, Klaus: Exegese des Neuen Testaments. Neue Wege vom Text zur Auslegung, Heidelberg 1977, 3. Auflage 1991.

Bibel-Lexikon, hg. von Herbert Haag, Einsiedeln 1951, 2. Auflage 1968.

Blass, Friedrich und Albert Debrunner: Grammatik des neutestamentlichen Griechisch, bearbeitet von Friedrich Rehkopf, Göttingen 14. Auflage 1976.

Conzelmann, Hans und Andreas Lindemann: Arbeitsbuch zum Neuen Testament, Tübingen 1975, 11. Auflage 1995.

Das Neue Testament. Einheitsübersetzung der Heiligen Schrift, hg. u.a. im Auftrag der Bischöfe Deutschlands, Stuttgart 1979, 2. Auflage 1991.

Das Neue Testament. Griechisch und Deutsch, hg. von Kurt Aland und Barbara Aland, Stuttgart 1986.

Egger, Wilhelm: Methodenlehre zum Neuen Testament. Einführung in linguistische und historisch-kritische Methoden, Freiburg - Basel - Wien 1987, 3. Auflage 1993.

Exegetisches Wörterbuch zum Neuen Testament, hg. von Horst Balz und Gerhard Schneider, 3 Bde., Stuttgart u.a. 1980–1983.

Guillemette, Pierre: Analyse des griechischen Neuen Testaments, Neuhausen-Stuttgart 1988 (Übersetzung der amerikanischen Ausgabe 1986).

Jüdische Schriften aus hellenistisch-römischer Zeit 5: Apokalypsen, hg. u.a. von Werner Georg Kümmel, Gütersloh 1974–1984.

Konkordanz zur Einheitsübersetzung der Bibel, erarbeitet von Franz Joseph Schierse, Düsseldorf - Stuttgart 1985, 2. Auflage 1986.

Kümmel, Werner Georg: Einleitungswissenschaft II. Neues Testament, in: TRE 9 (1982) 469–482.

Léon-Dufour, Xavier: Wörterbuch zum Neuen Testament, München 1977.

Lohfink, Gerhard: Jetzt verstehe ich die Bibel. Ein Sachbuch zur Formkritik, Stuttgart 1973, 13. Auflage 1986, Tb-Ausgabe 1992.

Morgenthaler, Robert: Statistik des neutestamentlichen Wortschatzes, Zürich 1958, 4. Auflage 1992.

Novum Testamentum Graece, hg. u.a. von Eberhard Nestle, Kurt und Barbara Aland, Stuttgart 27. Auflage 1993.

Preuschen, Erwin: Griechisch-deutsches Taschenwörterbuch zum Neuen Testament, Berlin 6. Auflage 1976.

Rienecker, Fritz: Sprachlicher Schlüssel zum Griechischen Neuen Testament, Gießen 17. Auflage 1984.

Stenger, Werner: Biblische Methodenlehre (Leitfaden Theologie 18), Düsseldorf 1987.

Strecker, Georg - Schnelle, Udo: Einführung in die neutestamentliche Exegese, Göttingen 1983, 4. Auflage 1994.

Theologisches Wörterbuch zum Neuen Testament, begründet von von Gerhard Kittel, hg. von Gerhard Friedrich, 10 Bde., Stuttgart u.a. 1933–1979.

Vollständige Konkordanz zum griechischen Neuen Testament unter Zugrundelegung aller modernen kritischen Textausgaben und des Textus Receptus, hg. von Kurt Aland, 2 Bde., Berlin 1983.

Zimmermann, Heinrich: Neutestamentliche Methodenlehre. Darstellung der historisch-kritischen Methode, bearbeitet von Klaus Kliesch, Stuttgart 1967, 7. Auflage 1982.

2. Deutschsprachige Kommentarreihen (Römerbrief-Kommentare)

Käsemann, Ernst: An die Römer (Handbuch zum Neuen Testament 8a), Tübingen 1973, 4. Auflage 1980.

Michel, Otto: Der Brief an die Römer (Kritisch-exegetischer Kommentar über das Neue Testament 4), Göttingen 1955, 14. Auflage 1978.

Pesch, Rudolf: Römerbrief (Die neue Echter Bibel 6), Würzburg 1983.

Schlier, Heinrich: Der Römerbrief (Herders theologischer Kommentar zum Neuen Testament 6), Freiburg 1977.

Schmithals, Walter: Der Römerbrief. Ein Kommentar, Gütersloh 1988.

Strack, Hermann L. und Paul Billerbeck: Kommentar zum Neuen Testament aus Talmud und Midrasch 3: Die Briefe des Neuen Testaments und die Offenbarung Johannis, München 1926, 5. Auflage 1969.

Stuhlmacher, Peter: Der Brief an die Römer (Das Neue Testament Deutsch 6), Göttingen-Zürich 1989 (14. Auflage von NTD 6).

Theobald, Michael: Römerbrief (Stuttgarter Kleiner Kommentar 6/1–2), 2 Bde., Stuttgart 1992.

Wilckens, Ulrich: Der Brief an die Römer (Evangelisch-Katholischer Kommentar zum Neuen Testament 6/1–3), 3 Bde., Zürich - Neukirchen 1989–1993.

3. Literaturauswahl zu Paulus und seiner Theologie

Becker, Jürgen: Paulus. Der Apostel der Völker, Tübingen 2. Auflage 1992.

Ben-Chorin, Schalom: Paulus. Der Völkerapostel in jüdischer Sicht, München 1980, 4. Auflage 1984.

Bornkamm, Günther: Paulus, Stuttgart u.a. 1969, 7. Auflage 1993.

Brandenburger, Egon: Adam und Christus. Exegetisch-religionsgeschichtliche Untersuchung zu Röm 5, 12–21 (1 Kor 15) (Wissenschaftliche Monographien zum AT und NT 7), Neukirchen 1962.

Eichholz, Georg: Die Theologie des Paulus im Umriß, Neukirchen-Vluyn 1972, 7. Auflage 1991.

Hofius, Otfried: Paulusstudien (Wissenschaftliche Untersuchungen zum NT 51), Tübingen 1989, 2. Auflage 1994.

Hübner, Hans: Biblische Theologie des Neuen Testaments 2: Die Theologie des Paulus und ihre neutestamentliche Wirkungsgeschichte, Göttingen 1993.

Käsemann, Ernst: Paulinische Perspektiven, Tübingen 1969, 3. Auflage 1993.

Lapide, Pinchas und Peter Stuhlmacher: Paulus, Rabbi und Apostel. Ein jüdisch-christlicher Dialog, Stuttgart - München 1981.

Merklein, Helmut: Die Bedeutung des Kreuzestodes Christi für die paulinische Gerechtigkeits- und Gesetzesthematik, in: Ders., Studien zu Jesus und Paulus (Wissenschaftliche Untersuchungen zum NT 43), Tübingen 1987, 1–106.
Rebell, Walter: Gehorsam und Unabhängigkeit. Eine sozialpsychologische Studie zu Paulus, München 1986.
Schnelle, Udo: Neutestamentliche Anthropologie. Jesus - Paulus - Johannes (Bibl.-Theol. Studien 18), Neukirchen-Vluyn 1991.
Stuhlmacher, Peter: Versöhnung, Gesetz und Gerechtigkeit. Aufsätze zur biblischen Theologie, Göttingen 1981.
Venetz, Hermann-Josef und Sabine Bieberstein: Im Bannkreis des Paulus. Hannah und Rufus berichten aus seinen Gemeinden, Würzburg 1995.

Andreas Lob-Hüdepohl

»Moralisch Handeln um der Menschwerdung der Menschen willen!« Zum Profil Theologischer Ethik

Ethik hat wieder Konjunktur. Der Büchermarkt zu Lebenswissen und Lebensweisen boomt, Zentren der Transplantationsmedizin oder gentechnologischer Forschung richten eilfertig Ethikkommissionen zwecks Begleitung ihrer Arbeiten ein, und in der bildungs- und schulpolitischen Debatte wird nicht mehr hinter vorgehaltener Hand, sondern wieder offen über Werteerziehung und moralische Bewußtseinsbildung räsoniert. Ethik hat heute weit weniger als gestern noch mit jener Scheu und Ablehnung zu kämpfen, die Menschen ihr entgegenbringen, weil sie moralische Handlungsanweisungen nur als einengend und belästigend empfinden. Angesichts der vielbeschworenen Orientierungskrise der Gegenwart scheint die Hoffnung auf unkomplizierte und rasch ins Werk zu setzende Orientierungen zu überwiegen, die eine beträchtliche Zahl von Menschen auf Moral und Ethik setzen läßt. Und besonders mit einer christlichen Ethik verbinden sich hohe Erwartungen. Zählt nicht das Christentum klare Handlungsanweisungen und ein sorgfältig ausgefeiltes Regelwerk an Geboten und Verboten zu seinem Kernbestand?

Hier aber ist die Quelle mancher Enttäuschung. Denn entgegen dieser weitverbreiteten Vermutung antwortet christliche Ethik auf die Fragen »Was soll ich, was sollen wir tun?« oder »Wie sollen wir unser Leben und Handeln orientieren?« in erster Linie *nicht* mit routinemäßig umsetzbaren Handlungsanweisungen. Im Gefolge der Tradition Jesu antwortet sie viel eher mit dem Hinweis auf eine *Grundfigur moralischen Handelns* von Christen, die einen besonderen Namen hat: »Nachfolge Jesu«. Einige Begebenheiten im Umfeld des Mannes aus Nazaret, über die uns die Evangelien berichten, belegen: Diese Antwort hat schon zur Zeit Jesu Überraschungen, Nachfragen, ja mitunter sogar Bestürzungen ausgelöst. Denken wir etwa an den reichen Jüngling (vgl. Mk 10,17–28 parr), der mit Jesu Verweis auf die allseits bekannten moralischen Gebote und Verbote als Antwort auf seine Frage nach dem wirklich guten Handeln ganz offensichtlich unzufrieden ist. Auf sein beharrliches

Nachfragen reagiert Jesus nicht mit einem strikten Regelwerk von Sollensvorschriften. Er reagiert stattdessen mit der Aufforderung, sein eigenes Lebensprojekt zu übernehmen: »Geh, verkaufe was du hast (...), dann komm und folge mir nach!« (Mk 10,21).

Dieser Antwort folgt Bestürzung; beim reichen Jüngling – denn er besaß zu viel – ebenso wie bei den anderen Zuhörern – denn deren Phantasie, sich solche Nachfolge vorzustellen, war zu gering. Zugleich durchkreuzt solche Antwort bis heute noch manche Erwartungen und Hoffnungen auf schnelle und einfach zu überblickende Lösungen unserer Orientierungskrisen. Bei näherem Zusehen sollte diese Antwort jedoch nicht überraschen. Denn das Lebensprojekt Jesu gilt dem würdigen Leben eines jeden Menschen im Angesicht der vielen menschen*unwürdigen* Lebenssituationen: im Angesicht von Angst, Ausgrenzung und Schuldverstrickung, im Angesicht von Verhärtungen sozialer Beziehungen, von sozialem und physischem Tod. Jesu Lebensprojekt gilt der *Menschwerdung des Menschen* gegen diese überbordenden Mächte, die sie behindern und beschädigen. Das ist das große Thema auch der christlichen Ethik, die Jesu Lebensprojekt unter dem Stichwort »Nachfolge« in eine Grundfigur moralischen Handelns zu übersetzen sucht. Und diesem Anliegen wird kein noch so ausgeklügeltes Regelwerk an Sollensvorschriften gerecht.

Die Fachwissenschaft »Theologische Ethik« (»Moraltheologie«, »Sozialethik«) entfaltet und vertieft die Grundlinien dieser Grundfigur moralischen Handelns, die den Kern christlicher Ethik bildet. Das ist notwendig. Denn wie sollten wir ohne ihre beharrliche Nachdenklichkeit wissen, worin sich die Grundfigur moralischen Handelns im Feld unserer modernen Alltagsprobleme der Wirtschaft, der Medizin, des Rechts usw. erweist? Was könnte »Nachfolge Jesu« in der Gestaltung unserer persönlichen Lebensbeziehungen, in der Gestaltung unserer Sexualität usw. heißen? »Nachfolge Jesu« ist Nachfolge in den konkreten Bedingungen unserer Lebenswelt. Gerade die Vermittlung zwischen den Anforderungen unserer Alltagswelt und dem Motiv der »Nachfolge Jesu« diktiert der theologischen Ethik ein reichhaltiges Arbeitsprogramm. Das Profil, also die Arbeitsweise der theologischen Ethik zu erläutern, gelingt am ehesten, wenn wir einige Schritte ihres Nachdenkens über die Grundfigur moralischen Handelns verfolgen.

1. »Menschwerdung des Menschen« als ethische Grundoption und das Grundmuster christlicher Ethik

Als erstes gilt es zu bedenken, was unter ethischer Rücksicht mit »Menschwerdung des Menschen« gemeint sein kann und vor allem: mit welchem Recht die Menschwerdung des Menschen als oberster Grundsatz allen Handelns (»ethische Grundoption«) ausgezeichnet wird.

1.1. »Menschwerdung des Menschen« – die alles und alle umfassende Grundoption christlicher Lebenspraxis

Philosophische wie theologische Ethik kennen verschiedene Wege, die »Menschwerdung des Menschen« als oberste Richtschnur allen Handelns zu begründen. Richten wir unser Augenmerk auf den theologischen Begründungsstrang: Die ethische Grundoption »Menschwerdung des Menschen« wurzelt letztlich in der *Menschwerdung Gottes in seinem Sohn Jesus Christus.* Was schon *das* große Thema des Bundes Gottes mit dem Volk Israel ist, daß Gott nämlich in der Welt zum »Heil« und »zur Errettung« des Menschen wirkt, verdichtet sich in der Menschwerdung Gottes in bis dahin ungekannter Weise: Gott handelt in der leiblichen Gestalt des Jesus aus Nazaret zu des Menschen Wohlergehen in den vielfältigsten Bezügen des Lebens. Die biblischen Bilder und Geschichten berichten von ungezählten Begebenheiten und Weisen, in denen Menschen eine lebenspendende Wirklichkeit erfahren und mit ihrem Gott in Verbindung bringen: ob in der Befreiung Israels aus dem Sklavenhaus Ägyptens oder aber in den vielen einzelnen Befreiungen von zwischenmenschlichen Barrieren, die die Menschen in Ausgrenzungen gefangen halten; Befreiungen, die sich durch Jesu aktive Parteinahme für die ausgestoßenen Aussätzigen und verlorenen sündigen Zöllner oder für die unterdrückten Frauen und mißachteten Kinder einstellen (Kessler 62–73). Hier und in weiteren Situationen geht es im Kern um das Wohl von Menschen, um das Gelingen eines guten, eines *menschenwürdigen* Lebens. Über dieses gelingende Leben verfügen freilich die Menschen nie als feste Größe. Es nimmt erst im Laufe ihrer je eigenen Lebensgeschichte Gestalt an. Deshalb geht es immer um die Mensch*werdung* des Menschen.

In diesem Sinne ist auch alles menschliche Handeln bedingungslos in den Dienst an der Menschwerdung des Menschen zu stellen. Denn die »Sache Jesu« ist auch Sache des Menschen auf dem Weg ihrer Nachfolge. Nachfolge meint unter ethischem Gesichtspunkt das Ja zum »Lebenprojekt« Jesu, der seine Existenz an die Menschwerdung *aller* Menschen, der Nächsten wie der Fernsten knüpfte. Nachfolge heute engagiert sich ebenfalls für den bedrängten Nächsten wie Fernsten und bekräftigt damit das Ja zu dem im Manne aus Nazaret sich offenbarenden Gott. In solcher Nachfolge vollziehen Menschen das, was die Theologie traditionell die *Einheit von Gottes- und Nächstenliebe* nennt (Rahner, Einheit 287ff).

Diese theologische Grundlegung der ethischen Grundoption vermittelt uns zugleich wichtige Aufschlüsse über deren Umfang und Reichweite. »Menschwerdung des Menschen« ist nämlich eine *alles* und *alle* umfassende Grundoption. Sie gilt nicht nur in bestimmten eingegrenzten Lebensbereichen wie etwa im Bereich individueller Lebensführung oder im Raum privater und intimer zwischenmenschlicher Beziehungen. Ihre Geltung umfaßt prinzipiell *alle* Räume menschlicher Lebenswirklichkeit, in denen Menschen sie selbst werden können und sollen. Sie gilt in so unterschiedlichen Lebensbereichen wie Kunst- und Literaturschaffen, Wirtschaft und Arbeitswelt, Medizin und Recht, Bildungswesen und Technik usw. Selbstverständlich richten sich Menschen in all diesen Lebensbereichen auch nach anderen Maßstäben: in der Kunst auch nach der Ästhetik des Kunstwerkes, in der Wirtschaft auch nach der Effizienz des Produktionsgeschehens, in der Sexualität auch nach dem Erleben lustvoller Beziehung usw. Dennoch gilt: Die innere Gestaltung aller einzelnen Lebensbereiche mag sich im Konkreten an sehr unterschiedlichen Gesichtspunkten orientieren. Aber alle diese legitimen Gesichtspunkte haben letzten Endes ihre Lebensdienlichkeit für den Menschen, haben sozusagen ihre Tauglichkeit für die Menschwerdung des Menschen unter Beweis zu stellen. Die Effizienzsteigerung in der Produktion von Gütern beispielsweise hat sich letztlich nicht für die Größe materieller Besitztümer, sondern für die Lebensfähigkeit der betroffenen Menschen auszuzahlen.

Zugleich betrifft die ethische Grundoption alle Menschen, und zwar in einer doppelten Weise: Zum einen reklamiert sie die Menschwerdung *ausnahmslos aller* Menschen, unabhängig ihres Geschlechts, ihrer Rasse, ihres sozialen Standes, ihrer religiösen Zugehörigkeit, ihres Alters oder ihrer aktuellen physischen und psychischen Befindlichkeit. Zum anderen verpflichtet sie *ausnahmslos alle* Menschen dazu, im Rahmen ihrer Fähigkeiten die Menschwerdung aller in ihrem Handeln zu respektieren und zu befördern. Eine Möglichkeit, diese Verpflichtung in die Tat umzusetzen, ist die Bereitschaft, auf dem Wege der gemeinsamen Menschwerdung miteinander zu kooperieren, die unterschiedlichen Ansichten und Interessenlagen der betroffenen Menschen ernst zu nehmen und sie im Fall des Konflikts einvernehmlich zu gewichten und abzuwägen.

Das theologisch-ethische Fachgespräch nennt eine Ethik, deren Grundoption in dieser Weise alle und alles umfaßt, *universalistisch*. Ihre ethische Grundoption ließe sich in der berühmten Formulierung *Immanuel Kants* wiedergeben: »Handle so, daß du die Menschheit, sowohl in deiner Person, als in der Person eines jeden anderen, jederzeit zugleich als Zweck, niemals bloß als Mittel brauchest« (Kant BA 66f = Grundlegung 61). Aus ihrem universalistischen Grundzug folgt ihr kommunikativ-solidarischer Charakter. Diese Ethik ist *kommunikativ*, weil sie bei der Suche nach geeigneten wie gemeinsam akzeptierten Handlungsempfehlungen auf das gleichberechtigte Gespräch (»Dialog«, »Diskurs«) zwischen den betroffenen Menschen bedacht ist. *Solidarisch* ist sie, weil sie die zuweilen erschreckend große Ungleichzeitigkeit und Ungleichheit von Menschen auf dem Wege ihrer Menschwerdung ernst und zum Anlaß nimmt, auf die vorrangige Unterstützung der am meisten Bedrohten und der am wenigsten Chancenreichen zu beharren.

Die ethische Grundoption »Menschwerdung des Menschen« gründet – theologisch besehen – in der Menschwerdung Gottes in Jesus Christus, in der Gottes rettend-heilende Nähe zum Gelingen menschenwürdigen Lebens in einem Höchstmaß Gestalt annimmt. Menschwerdung des Menschen umfaßt alle Lebensbereiche wie sie alle Menschen erreicht: Es geht um ihrer aller Menschwerdung, auf die alle in ihrem Handeln unbedingt verpflichtet sind.

1.2. »Sündenmoral« oder »Ethik kreativen Handelns«? Zum Grundmuster christlicher Ethik

Welches Grundmuster besitzt eine christliche Ethik, die den Anspruch auf Menschwerdung der Menschen in Handlungsorientierungen ummünzen will? Um hier eine richtige Weichenstellung treffen zu können, müssen wir uns die Ausgangslage jeden ethischen Bemühens vor Augen führen. Die ethische Ausgangslage ist die menschliche Alltagssituation. Deren Brisanz aber besteht darin, daß Menschen durch unachtsames oder auch selbstsüchtiges Handeln nicht nur die Chance ihrer eigenen Menschwerdung zu verspielen drohen, sondern zugleich die Menschwerdung der von ihrem Handeln betroffenen Mitmenschen oftmals schwer beeinträchtigen, manchmal sogar verhindern und zerstören.

Menschen lügen. Damit verstoßen sie nicht nur gegen ihre eigene Vernunftnatur, sondern führen die Belogenen in die Irre, oftmals mit fatalen Konsequenzen. Menschen hinterziehen legitime Steuern. Damit verneinen sie nicht nur ihre eigene Gemeinschaftsfähigkeit, sondern enthalten anderen wichtige Mittel vor, die sie auf dem Wege steuerlicher Gemeinschaftsleistungen in ihrer Menschwerdung unterstützen. Wenn wir unsere ethische Grundoption wirklich ernst nehmen, dann muß im Mittelpunkt christlicher Ethik die Menschwerdung der Opfer stehen, die von den Tätern unmoralischen Tuns als bloßes Mittel zur gierigen Interessenbefriedigung mißbraucht, vernutzt und in ihrer Menschenwürde beschädigt werden. Um ein zugegeben äußerst drastisches Beispiel zu geben: In Fällen sexuellen Mißbrauchs von Menschen steht doch nicht die Zurechtweisung des Täters, der im Mißbrauch sein eigenes Personsein auf die Stufe brutaler Triebbefriedigung zurückstutzt, im Mittelpunkt ethischer Bemühungen, sondern die Trauer und die solidarische Hilfe für das geschundene und erniedrigte Opfer!

Die Brisanz der ethischen Ausgangslage besteht also in der von anderen beschädigten und verhinderten Menschwerdung von Menschen, eine Ausgangslage, die auf ein Weniger an Beschädigungen und Verhinderungen, auf ein Mehr an menschenwürdigen Lebenschancen für alle, besonders der Opfer hin verändert werden will. Diese Sicht unterscheidet sich deutlich von einer weit harmloseren Lesart der ethischen Ausgangslage: die Menschwerdung der Menschen stelle sich im Durchlaufen einer steten Aufwärtsentwicklung gleichsam naturwüchsig ein, sofern nur jeder Mensch einen klar geordneten Fahrplan des Menschwerdungsprozesses beachtet und nicht durch regel- und ordnungsverletzendes Handeln den reibungslosen Ablauf stört.

Auf der letztgenannten Ausgangsvermutung ruht ein oftmals bemühtes Muster christlicher Ethik auf, das sich in bestimmten Spielarten einer »Sündenmoral« wiederfindet. Idealtypisch vereinfacht geht dieses Muster davon aus, daß das Mißlingen eines humanen Lebens, daß das Mißlingen der Menschwerdung eines Menschen in der Hauptsache durch seinen eigenen mangelnden Willen oder doch zumindest durch sein eigenes Unvermögen verursacht ist, das ihm vorgegebene Regelwerk von Geboten und Verboten in seinem Handeln umzusetzen. Alles eigene Leid, alles eigene »Unheil« findet hier seine tiefste Wurzel. Vorrangige Aufgabe einer Ethik ist es folglich, solchermaßen fehltretende Menschen eindringlich auf ihre Versäumnisse hinzuweisen, sie durch Einschärfung des verletzten Regelwerkes zur Umkehr zu bewegen und so die in Unordnung gebrachte Ordnung des Menschwerdungsprozesses wiederherzustellen.

Damit konzentriert sich das Grundmuster einer »Sündenmoral« zwangsläufig auf die belehrende Zurechtweisung von Tätern schuldhaften Handelns. Eigentümlicherweise gerät einer Sündenmoral so die besondere Situation der Opfer aus dem Blickfeld, die ja in erster Linie Opfer *fremdgewirkter* Beschädigung und Behinderung ihrer Menschwerdung sind. Dieser Gefahr, die die stark verkürzende Schwerpunktsetzung einer Sündenmoral mit sich bringt, sucht das Grundmuster einer »Ethik kreativen Handelns« zu begegnen. Natürlich leugnet sie keineswegs, daß Täter unmoralischen Tuns über ihr regelwidriges und unverantwortliches Handeln aufzuklären sind, um weiteren Beschädigungen und Behinderungen ihrer eigenen Menschwerdung wie die der anderen entgegenzuwirken. Aber sie weiß, daß alle Beschädigungen und Behinderungen in einem viel zu komplexen und unübersichtlichen Verursachungszusammenhang stehen, um ihnen mit einer einfachen Belehrung über gültige Regelwerke von Geboten und Verboten beizukommen. Wieviele Menschen berufen sich bei ihren Regelverletzungen auf irgendwelche Sachzwänge ihrer Lebenssituation? Wieviele Menschen entschuldigen ihr schuldhaftes Tun mit dem Hinweis etwa auf gesellschaftliche Umstände, auf die sie keinen Einfluß haben? Wie vielen Menschen wird ihr eigentlich schuldhaftes Handeln gar nicht bewußt, weil es ganz mit den eingewöhnten und kulturell gängigen Handlungsmustern übereinstimmt?

Weil das Leiden, weil die Beschädigungen und Behinderungen im millionenhaften Plural von Menschenleben möglichst rasch und umfassend verringert werden müssen, setzt das Muster einer »Ethik kreativen Handelns« an erster Stelle auf die kritisch-kreative Kraft von Menschen, die sich – egal ob mehr Täter oder mehr Opfer – aus innerer Überzeugung, mit geschärftem Bewußtsein und mit phantasievollen Lösungsvorschlägen für die Belange und Bedürftigkeiten der Menschwerdung aller Menschen engagieren. Diese kritisch-kreative, diese *sittliche* Kraft zu entfalten, zu stärken und abzusichern ist das oberste Ziel einer »Ethik kreativen Handelns«. Erst aus diesem Grund beschäftigt sie sich dann auch mit Regelwerken von Geboten und Verboten oder mit überlieferten Handlungsweisen und Tugenden. Denn sie weiß, daß sich die kritisch-kreative Kraft von Menschen viel aus der Quelle oftmals langjährig bewährter sittlicher Traditionen speist, um trittsicher und der Menschwerdung des Menschen wirklich dienlich zu sein.

Das Muster einer Ethik kreativen Handelns steht gerade hier in der Tradition Jesu. Der Oberzöllner Zachäus beispielsweise wird aus seiner rollenspezifischen Isolation befreit, ohne daß Jesus vorher ihn, der offensichtlich ungerechtfertigt Reichtum anhäufte, oder das murrende Volk, das unbarmherzig Zachäus ob seiner gesellschaftlichen Position ausgrenzte, über ihre jeweiligen »Schuldanteile« belehrt. Indem Jesus Mahlgemeinschaft mit Zachäus praktiziert, sprengt er eingewöhnte, gleichwohl wenig lebensdienliche Rollen- und Verhaltensmuster. Er handelt kreativ-befreiend, freilich ohne zu verdrängen, daß es Schuld und Schuldige gab und gibt. Denn er kommt, »zu sehen und zu retten, was *verloren* war« (vgl. Lk 19,1–10).

Gegen das Muster einer »Sündenmoral« entscheidet sich christliche Ethik für das Muster einer »Ethik kreativen Handelns«. Statt sich auf die beharrliche Einrede von verletzten und in ihrer Gültigkeit beschädigten Geboten und Verboten zu konzentrieren, stellt christliche Ethik die in ihrer Menschwerdung verletzten und beschädigten Menschen in den Mittelpunkt. Folglich beschäftigt sie sich vorrangig mit der kritisch-kreativen Kraft solcher Menschen, die ihr Handeln in den Dienst an der möglichst raschen Verminderung der Beschädigungen und Verhinderungen von Menschwerdung stellen.

1.3. »Menschwerdung des Menschen« als Aufgabe der Fachwissenschaft »Theologische Ethik«

Mit der christlichen Ethik teilt die Fachwissenschaft »Theologische Ethik« das Anliegen, die kritisch-kreative, die sittliche Kraft von Menschen im Dienst der Menschwerdung aller zu unterstützen. An dieser Stelle muß ich eine begriffliche Unterscheidung erläutern, die mit drei verschiedenen Problemebenen korrespondiert. Auf einer ersten Ebene begegnen wir der *Moral von Christen.* Mit der »Moral von Christen« können wir jene Vielzahl an Normen, Werten und Üblichkeiten bezeichnen, an denen sich Christen in ihrem Handeln faktisch orientieren. Bei näherem Zusehen zeigt sich übrigens, daß sich solche Normen, Werte und Üblichkeiten von Christen als einzelne nicht entscheidend von denen der Nicht-Christen unterscheiden (Auer, Autonome Moral 55ff). Desungeachtet aber ist die Moral von Christen keine beliebig zusammengewürfelte Mixtur aus normativen Einzelanweisungen. Vielmehr besitzt sie eine gestaltgebende Kernstruktur (»normative Infrastruktur«), die der christlichen Moral ein spezifisches Gepräge verleiht (Ratzinger 48f). Diese normative Infrastruktur wird auf einer zweiten Ebene, der Ebene *christlicher Ethik,* zur Sprache gebracht. Christliche Ethik steht folglich für die Unternehmung, insbesondere jene Grundfigur moralischen Handelns auf den Begriff zu bringen, in der die namhaft gemachte ethische Grundoption (»Menschwerdung des Menschen«) mit besonders typischen Handlungsweisen zu einer Zielgestalt allen Handelns (»Nachfolge Jesu«) verschmilzt. Auf dieser zweiten Ebene ergibt sich freilich eine Fülle von klärungsbedürftigen Problemen. Welches sind beispielsweise die anthropologischen, die biologischen wie die psychosozialen Existenzbedingungen menschlichen Lebens, die jede anvisierte Zielgestalt sittlichen Handelns selbstverständlich berücksichtigen muß? Oder wie läßt sich diese Zielgestalt in der biblischen wie kirchlichen Tradition entziffern, wie gegenüber anderen konkurrierenden Zielgestalten begründen? Wie läßt sich die sehr allgemein gehaltene ethische Grundoption »Menschwerdung des Menschen« in solche Kriterien und Prinzipien übersetzen, mit denen wir unser Handeln im Handgemenge des Alltags sicher und verläßlich beurteilen und orientieren können?

Diese und eine Fülle ähnlich gelagerter Fragen greift auf einer dritten Ebene die Fachwissenschaft *Theologische Ethik* auf. Theologische Ethik setzt sich wissenschaftlich, also methodisch kontrolliert, kritisch abklärend und theoretisch systematisierend mit jenen Grundlagen und Grundannahmen auseinander, auf die »christliche Ethik« (Ebene 2) aufbaut. Darüberhinaus widmet sie sich auch der »Moral von Christen« (Ebene 1), diskutiert etwa ihr Verhältnis zu anderen Moralen und wendet sich ihrer Entfaltung und Begründung zu. Zum Zwecke dieser fachwissenschaftlichen Erörterungen sucht sie den Kontakt zu all den anderen theologischen wie nichttheologischen Fachwissenschaften, zu den Biblischen Wissenschaften, zur Dogmatik und Pastoraltheologie ebenso wie zur Philosophie und den Sozialwissenschaften, die mit ihren je eigenen Erkenntnissen die Aufklärungsarbeit über Wesen und Gestalt, über Chancen und Gefährdungen moralischen Handelns unterstützen.

Theologische Ethik meidet das bloß pathetische Proklamieren von hehren Idealen. Sie bevorzugt stattdessen eine aufklärende und abwägende Nachdenklichkeit, mit der sie die kritisch-kreative, die sittliche Kraft von Menschen entfalten helfen will. Unsere bisherigen Überlegungen sind ein kleines Stück solcher Aufklärungsarbeit. Es lohnt, das Profil theologischer Ethik auf diese Weise näher kennenzulernen.

Die Fachwissenschaft »Theologische Ethik« will wie christliche Ethik insgesamt der »Menschwerdung des Menschen« dienen. Sie bezieht sich *reflexiv* sowohl auf die »Moral von Christen« wie auf die »christliche Ethik«. D.h. sie setzt sich mit den Grundannahmen und -aussagen christlicher Ethik wissenschaftlich, also methodisch kontrolliert und kritisch abklärend auseinander. Sie meidet pathetisches Proklamieren von sittlichen Idealen. Stattdessen bevorzugt sie aufklärende Nachdenklichkeit zwecks kontinuierlicher Steigerung sittlicher Kompetenz ihrer Adressaten.

2. Grundlinien christlichen Handelns vor dem Anspruch der Menschwerdung des Menschen

Wir werden uns im folgenden mit Grundlinien menschlichen *Handelns* beschäftigen. Das wird all die erstaunen, die unter dem Stichwort »theologische Ethik« eher die Auseinandersetzung mit Werten und Normen oder mit Gesinnungen und Haltungen (»Tugenden«) erwarten. Gewiß sind dies die großen und wichtigen Themen einer jeden Ethik. Doch sie sind es gerade deshalb, weil sie als wesentliche Bestimmungsmomente in das weltgestaltende Handeln von Menschen eingehen. Aus diesem Grunde muß das menschliche Handeln im Mittelpunkt der Aufklärungsarbeit theologischer Ethik stehen, und zwar in der ganzen Bandbreite seiner Erscheinungsformen. Diese sollen deshalb die Richtschnur für unsere weiteren Überlegungen vorgeben.

2.1. Menschwerdung durch bewußt orientiertes Handeln

Theologisch betrachtet ist die Menschwerdung des Menschen als erstes das mit einem »Verheißungsvermerk« versehene Geschenk Gottes. Das bedeutet: Mit all ihren Entwicklungsmöglichkeiten wie Fertigkeiten sind Menschen Geschöpfe bzw. *Gabe* Gottes. Genau darin erweist sich die Menschwerdung der Menschen aber auch als deren ureigenste *Aufgabe*. Der erste biblische Schöpfungsbericht umschreibt diese Aufgabe mit dem Auftrag Gottes an die Menschen, sich die Erde in der Vielzahl ihrer Lebensmöglichkeiten »untertan« zu machen. Dieser Auftrag meint nichts anderes, als die irdischen Gegebenheiten zum Wohle der Menschen wie der gesamten Schöpfung zu bebauen und zu behüten, zu besorgen und zu bewahren (Gen. 1,28ff; Altner 94ff). Gewiß steht diese Aufgabe immer unter dem »Vorbehalt des Fragmentarischen«. Denn ein gelungenes und voll befriedigendes Ende des Gestaltens ist ebenso undenkbar wie ein endgültiger Abschluß der Menschwerdung des Menschen auf Erden (»Verheißungsvermerk«). Trotz dieses Vorbehaltes können sich die Menschen nicht von dieser aktiv-gestalterischen Rolle entpflichten, ohne nicht bereits ihr eigenes nacktes Überleben zu gefährden. Wir *müssen* aktiv-gestalterisch tätig sein, wir *müssen* planen, vorsorgen und koordinieren, um allein schon unsere elementaren Lebensbedürfnisse wie Nahrung, Wohnen, Kleidung usw. zu befriedigen.

Solch aktiv-gestalterische und bewußt auf die Befriedigung unserer Bedürfnisse ausgerichtete Tätigkeit des Menschen nennen wir für gewöhnlich »*Handeln*«. Handelnd organisieren wir die Grundlage unserer Nahrungsaufnahme, handelnd unsere persönlichen Lebensbeziehungen zu anderen Menschen. Wir kultivieren sie ähnlich, wie wir auch unsere materielle Umwelt nach unseren Vorstellungen »zweckdienlich« einrichten. Weil *Handeln* des Menschen so das unumgängliche Mittel zur Entfaltung und Sicherung menschlicher Existenz ist, steht es im Dienst an der Menschwerdung des Menschen. Lebensdienliche Handlungsweisen müssen freilich vom Handelnden *bewußt ergriffen* werden. Wir müssen unsere Handlungen bewußt ausrichten und orientieren, da sich Handlungsweisen nicht automatisch einstellen und wir in der Regel aus unterschiedlichen Handlungsmöglichkeiten auszuwählen haben. Damit ist menschliches Handeln weit mehr als die äußerlich wahrnehmbare physische Tätigkeit. In ihm verschmelzen die bewußte Absicht des Handelns (»Intention«), sein erreichtes Ziel (»Handlungsgegenstand«) und die Wahl der Mittel zu einer unverwechselbaren Komposition (»Handlungsgestalt«), die fest in ihr situatives Umfeld (»Handlungsumstände«) eingebettet bleibt.

Diese beinahe schon selbstverständliche Fähigkeit des Menschen ist eigentümlicherweise immer wieder heftig umstritten. Bereits gewichtige Alltagserfahrungen lassen an ihrer Wirklichkeit zweifeln: Sind denn nicht die meisten unserer Aktivitäten wie Nahrungsaufnahme, Kleiden, Bewegen im Alltagsverkehr, körperliche wie lautsprachliche Kontaktaufnahme zu unseren Mitmenschen usw. wenn schon nicht ausschließlich triebgesteuert, so doch nur *anerzogenes* und *gewohnheitsmäßiges Verhalten*, mit dem wir sozusagen reflexartig auf bestimmte Herausforderungen des Alltags reagieren? Wo ist da noch wirklich Raum für Handeln im eigentlichen Sinn?

Theologische Ethik knüpft an vielfältige Untersuchungen der Verhaltens- und Handlungswissenschaften an, wenn sie einerseits den tatsächlichen Raum für »Handeln« auch im normalen Alltagsleben ausweist. Kennen wir nicht die Augenblicke, in denen wir aus guten Gründen ein gewohnheitsmäßiges Verhalten etwa bei der Nahrungsaufnahme unterbrechen und bewußt in eine andere Richtung lenken, die uns »zweckdienlicher«, »angemessener«, »besser« erscheint? Was anderes ist die medizinisch gebotene Diät, mit der wir unser genußvolles Speisen bewußt begrenzen? Andererseits erkennt theologische Ethik auch die Wichtigkeit, immer neu die wirklich verfügbaren Spielräume des Handelns gegenüber der Wirkmacht gewohnheitsmäßigen Verhaltens auszuloten. Andernfalls verlöre sie die Tuchfühlung zur Realität und den Kontakt zum handelnden Menschen.

Menschliches Handeln ist als erstes *Instrument*, also Mittel zum Zwecke der Menschwerdung. Es ist zielbewußt orientiert und willentlich gesetzt, so daß es sich gegen bloß gewohnheitsmäßiges wie fest vorstrukturiertes Verhalten abgrenzt.

2.2. Menschwerdung im sittlichen Handeln

Menschliches Handeln will der Menschwerdung dienen. Wenn es tatsächlich dieser ethischen Grundoption zum Zuge verhilft, können wir es als moralisch legitimes oder auch als *sittliches* Handeln auszeichnen. Freilich dient sittliches Handeln der Menschwerdung nicht nur als Mittel zum Zweck. Über diesen eher instrumentellen Charakter hinaus ist sittliches Handeln wesentliche Vollzugsform der Menschwerdung. Nicht nur *durch*, sondern gerade *im* sittlichen Handeln ereignet sich die Menschwerdung des Menschen.

Auf den ersten Blick dürfte diese für christliches Handeln hochbedeutsame Einsicht kaum überraschen. Denn immerhin ist Handeln ebenso wie Denken und Empfinden nicht nur Beiwerk, sondern wesentliche Vollzugsform lebendiger menschlicher Existenz. Von daher ist es unmittelbar einsichtig, daß sich Menschwerdung nicht nur *durch*, also als Folge von Handeln ereignet, sondern *in* diesem selbst! Dieser Sachverhalt trifft aber auf alle Aktivitäten zu, auf den traumdurchwühlten Schlaf ebenso wie auf das herzhafte Lachen. Die herausgehobene Stellung, die *sittlichem Handeln* im Vollzug der Menschwerdung zukommt, wird dann deutlich, wenn wir das spannende Verhältnis des Menschen zu sich selbst wie zu den Bedingungen seiner geschöpflichen Existenz ins Auge fassen, wie es in jedem Akt sittlichen Handelns zutage tritt. Was ist damit gemeint?

Sittliches Handeln ist Handeln *in Freiheit*. Das heißt zunächst: Ich entscheide mich ohne äußeren Druck und Zwang aus freiem Willen für dieses mein Handeln, für diese meine Aktivität, für diese ihre Zielrichtung. Diesem Moment der sog. *negativen* Freiheit (Freiheit von Fremdbestimmung in meinem Handeln) tritt in sittlicher Freiheit das Moment der sog. *positiven* Freiheit an die Seite: Ich entscheide mich in meinem Handeln aus freiem Willen *für* die Bindungen, in denen meine eigene Existenz zur natürlichen Umwelt wie zur menschlichen Mitwelt steht. Um meiner und um der anderen Menschwerdung willen bejahe ich diese Bindungen aus freier Einsicht als unumstößliche Grundlagen und als nicht beliebige Maßstäbe meines eigenen Handelns. Denn ich erkenne, daß nur in kultivierten Beziehungen zur natürlichen und mitmenschlichen Umwelt ich als Mensch gelingen, daß wir nur gemeinsam Mensch werden können. Sittliche Freiheit ist deshalb das Gegenteil von einer beliebig wechselnden Freizügigkeit und Unabhängigkeit. Sie ist sozusagen *bindungsstark*. Und sie ist es gerade deshalb, weil Menschen nicht aus purer Willfährigkeit äußeren Autoritäten gegenüber, sondern sich mit den Mitteln ihres vernünftigen Denkens die unhintergehbaren Verflechtungen ihres Lebens in das Gesamt der Schöpfung klarmachen und sich aus diesem Grunde für das Ja zu ihren Bindungen entscheiden. Diese Entscheidung zum Ja freilich kann keinem Menschen abgenommen werden. *Ich* entscheide mich aus Einsicht in die Verfaßtheit meiner menschlichen Existenz, das sittlich Gute als das Menschendienliche zu tun, und das Böse als das Verkehrung und Leiden Verursachende wirklich zu unterlassen. Ich bejahe darin zugleich, daß ich unvertretbar selbst sittlich beansprucht bin. Auf diese Weise kommt jeder Mensch ganz als er selbst ins Spiel. So wird er unersetzbar wirklich *Subjekt* seiner Lebensgeschichte. So wird er je neu er selbst: Mensch.

Theologische Ethik nennt diesen Sachverhalt in ihrer Fachsprache »sittliche Autonomie« oder präziser »theonome Autonomie« (Böckle, Ethik 402f). Autonomie meint Selbstgesetzgebung; ein Subjekt gibt sich selbst ein Gesetz. Sittliche Selbstgesetzgebung wäre natürlich mißverstanden, wenn wir sie als willkürliche Erfindung und Festsetzung beliebiger Handlungsprinzipien auffassen wollten. Tatsächlich beschreibt sie jenen Prozeß der Einsichtnahme, in dem jeder Mensch die Bedingungen seiner eigenen Existenzmöglichkeiten eigenständig erkennen (»Selbst«) und aus Gründen der Vernunft zu deren unbedingten Anerkennung (»Gesetzgebung«) für die Gestaltung seines Handelns gelangt. Nicht unerheblich am Begriff der sittlichen Autonomie ist das Attribut »theonom« (»gottgesetzlich«). Dieses Attribut will zum Ausdruck bringen, daß die menschliche Selbstgesetzgebung nicht nur nicht im Gegensatz zur umfassenden »Abhängigkeit« des Menschen von seinem Schöpfergott steht, sondern daß es Gottes unbedingter (»gesetzgeberischer«) Wille selbst ist, daß sich Menschen in dieser Weise zum Respekt vor den Bedingungen ihrer Existenz bekennen und das Faktum ihrer sittlichen Beanspruchung anerkennen.

Damit bringt der Fachbegriff »theonome Autonomie« einen Sachverhalt zur Sprache, der uns aus dem biblischen Schöpfungsbericht (Gen 1,26–31) wohlvertraut ist. Gott schuf den Menschen als sein Ebenbild, als Mann und Frau, ihm ähnlich, beide einem »Herrscher« gleich, der stellvertretend Gottes Schöpfung zum Wohle der ihm Anvertrauten, der ihm Schutzbefohlenen besorgt, behütet und bewahrt. Gott will als Sein Gegenüber ein frei antwortendes, ein verantwortliches Wesen; ein Wesen »mit aufrechtem Gang«; ein Wesen, das diesen »aufrechten Gang« freilich nur zu gehen vermag im vertrauensvollen Gegenüber zu Gott und zu seinen Mitgeschöpfen, »von-Angesicht-zu-Angesicht«, das immer neu das Aufeinanderangewiesensein wahrnehmen läßt. Indem Frauen und Männer diese verantwortliche Rolle bei der Gestaltung der Welt annehmen, unternehmen sie »mit aufrechtem Gang« und »von-Angesicht-zu-Angesicht« gemeinsame Schritte auf dem Weg ihrer aller Menschwerdung.

Hier legt sich natürlich ein gewichtiger Einwand nahe, der zur Nüchternheit mahnt. Die meisten Menschen, so der Einwand, entscheiden sich in dieser Form sittlicher Freiheit wenn überhaupt dann doch nur in Ausnahmefällen. Das mag zutreffen. Aber ein Indiz, daß sittliche Freiheit deshalb nur Seltenheitswert hat, wäre dies noch lange nicht. Denn das je neue Ja zur sittlichen Verantwortung wird getroffen, auch wenn seine Tragweite nicht immer jedem einzelnen bewußt ist. Wir alle kennen es, daß Menschen in Konfliktfällen verschiedene Handlungsmöglichkeiten sorgfältig gegeneinander abwägen, in ihren Folgen ausloten usw., sie also *gewissenhaft* prüfen. Indem Menschen mit ihren abwägenden und auslotenden Fähigkeiten ihr Handeln gewissenhaft prüfen, akzeptieren sie – bewußt oder unbewußt – mindestens dies: daß *sie selbst* es sind, die eine Entscheidung treffen müssen und nicht andere, von denen sie eine fertige Lösung übernehmen könnten; daß folglich sie selbst es sind, die ihr Handeln eigenverantwortlich gestalten müssen. Ganz gelegentlich, dort etwa, wo wir den großen Ernst einer von uns getroffenen Entscheidung verspüren, nennen wir das Ergebnis solchen Prüfens selbst ein »persönliches Gewissensurteil« – und weisen es damit als unsere ureigenste Angelegenheit aus. Das ist Menschwerdung im Vollzug sittlicher Freiheit.

Sittliches Handeln dient der Menschwerdung des Menschen nicht nur als Mittel. Sittliches Handeln ist selbst eine ihrer wesentlichen Vollzugsformen. Sittliches Handeln ist Handeln aus Freiheit; einer sittlichen Freiheit, die dem Menschen im Gegenüber zu seinem Schöpfergott die Chance des »aufrechten Gangs« und des lebenspendenden Blicks »von Angesicht zu Angesicht« zuspielt. In sittlicher Freiheit werden Menschen zu Subjekten ihrer Lebensgeschichte und verwirklichen Stück um Stück das, was »Ebenbildern Gottes« als ureigenste wie vorzüglichste Aufgabe zugesprochen ist: das Gestalten der Welt unter lebensdienlichen Gesichtspunkten.

2.3. Menschwerdung aus verantwortlich entschiedenem Handeln

Sittliches Handeln ist an eine bewußte Entscheidung gebunden. Mit einer solchen Entscheidung antworten wir auf die Herausforderung einer bestimmten Lebenssituation, in der sich uns verschiedene Handlungsmöglichkeiten darbieten und die uns deshalb zu einer Wahl aufruft. In diesem Wechsel von »Aufruf« und »Antwort« begegnet uns der Kern dessen, was theologische Ethik *sittliche Verantwortung* nennt. Sittlich verantwortetes Handeln ist folglich ein Tun, das den Entscheidungs- und Handlungsbedarf in einer Lebenssituation nicht nur wahrnimmt, sondern durch eigene Handlungsinitiativen lösen hilft (Auer, Mensch 26ff).

Freilich ist sittliche Verantwortung so noch viel zu allgemein und formal bestimmt. Nicht jede beliebige Handlungsinitiative, die auf einen Handlungsbedarf reagiert, werden wir schon verantwortlich nennen. Offensichtlich müssen noch andere Kriterien erfüllt sein, wenn wir ein Handeln in dieser Weise adeln. Am bekanntesten ist heute das Kriterium der »Zukunftsverantwortung« oder auch der »Folgenverantwortung«. Dieses Kriterium mahnt uns, in unserer Handlungsentscheidung auch die Folgen unseres Handelns auf die zukünftigen Generationen zu berücksichtigen; ob es deren Lebensmöglichkeiten einschränkt, sogar zerstört, oder ob es die Lebensmöglichkeiten der Zukunft gerade sichert und erweitert.

Natürlich hat verantwortliches Handeln auch einen klar bestimmbaren Bezug zur Gegenwart. Ein Beispiel: Verantwortlich handelt eine Medizinerin nur dann, wenn ihre Therapieform sowohl dem Krankheitsbild einer Patientin sachlich angemessen ist als auch der Personwürde der Patientin, also deren vitalem Lebensinteresse und deren Selbstverfügungsrecht nicht zuwiderläuft. Desweitern dürfen anderen Patienten keine unbilligen Nachteile erwachsen, etwa dadurch, daß aufgrund begrenzter finanzieller Ressourcen nur Privilegierte in den Genuß dieser Therapie kommen, andere hingegen keine ausreichende medizinische Versorgung erhalten. Hier wäre das Gleichheitsgebot bzw. der Gerechtigkeitsgrundsatz verletzt. Dieses kurze Beispiel zeigt, daß verantwortliches Handeln an konkrete Kriterien zurückgebunden bleibt: an Sachangemessenheit, an Personwürde, an Gerechtigkeit usw. Eine wichtige Aufgabe theologischer Ethik besteht nun darin, neben diesen obersten Prinzipien für die konkreten Einzelbereiche unseres Lebens eine ausreichende Anzahl inhaltlicher Kriterien zu entwickeln, auf die verantwortbare Handlungsentscheidungen zurückgreifen können.

Freilich müssen wir diese ethischen Kriterien auf jeden Einzelsachverhalt, um dessen Klärung es geht, je neu beziehen. Jeder Klärungsprozeß durchläuft idealtypisch gesehen drei Phasen. Die erste Phase ist die Phase des *analysierenden Erkennens*. Ihr geht es um die saubere Erhebung des Sachverhalts (z. B. Krankheitsbild) und um die detailgenaue Kenntnisnahme dessen, worin eigentlich der Handlungskonflikt besteht (unterschiedliche Therapieformen, konkurrierende Interessen der Patienten usw.). Hier spielen Sacherfahrung und empirisches Wissen über das vorliegende Handlungsfeld (etwa der Medizin) eine maßgebliche Rolle (Korff, Wege 83ff).

Erst auf der Grundlage einer genauen Sachverhaltseinsicht lassen sich in einer zweiten Phase bestimmte Handlungsoptionen auf ihre Verantwortbarkeit hin *beurteilen* – und zwar sowohl in Bezug auf ihre sachliche Angemessenheit als auch unter Rücksicht der einzubeziehenden ethischen Kriterien. Hier ist der Ort, an dem befriedigende Lösungen gesucht und formuliert werden. Hier ist der Ort, an dem die mitunter reichhaltige Erfahrung gesichtet und ausgewertet werden kann, die Menschen im Verlauf ihrer eigenen Lebensgeschichte oder im Verlauf der Menschheitsgeschichte insgesamt bei gleichen oder ähnlich gelagerten Problemfällen sammeln konnten. Hier aber ist auch der Ort, an dem Menschen ihre Phantasie und Kreativität bemühen müssen, um für neuartige Problemstellungen ggf. auch neue Lösungswege zu komponieren. Darin liegt die beständige Dynamik und der stete Wandel, die alle Handelnden wie alle Ethik zu immer neuen Initiativen herausfordern.

Die letzte Phase bildet die Phase des *Begründens*. Sachverhaltseinsichten (Phase 1) wie Handlungsurteil (Phase 2) müssen begründet, müssen mit den Mitteln der Vernunft einsichtig gemacht werden, wollen sie tatsächlich verantwortlich sein. Denn jede meine Sachverhaltseinsicht kann wie jedes eigene Handlungsurteil in ihrer Richtigkeit von anderen angezweifelt, bestritten und deshalb verworfen werden. Was dann zählt, ist weder meine gute Absicht noch mein Verweis auf eine von mir geschätzte persönliche Autorität, sondern einzig und allein nachvollziehbare Gründe und Argumente, die sich – wenn nötig – dem schnellen Wechsel von Rede und Gegenrede aussetzen und sich auf diesem Weg ihre allseitige Anerkennung verdienen müssen (»diskursive Begründung«) (Apel 198ff; Habermas). Diese ausdrückliche Begründungspflicht im Wechsel von Pro und Contra will zunächst eine möglichst hohe Genauigkeit und Verläßlichkeit von Sachverhaltseinsichten wie Handlungsurteilen gewährleisten. Zugleich will sie aber auch sicherstellen, daß eine möglichst hohe Zahl derjenigen zu Wort kommen und so ihre Situationsdeutungen wie Handlungsvorschläge in das Prüfungsverfahren miteinbringen können, die von der Sachverhaltseinsicht oder vom Handlungsurteil mitbetroffen sind. Weil sie in dieser Weise – zugespitzt formuliert – in den Chancen ihrer Menschwerdung berührt werden, bringt die Gleichberechtigung im Begründungsverfahren exakt die ethische Grundoption der gleichen Menschwerdungschance aller zur Geltung. Darin zeigt sich vollends die kommunikative Verfassung verantwortlicher Handlungsentscheidung.

Verantwortung bindet alles sittliche Handeln an Entscheidungen zurück, die auf dem Hintergrund der Vergangenheit vor den Herausforderungen der Gegenwart und Zukunft bestehen können. Verantwortliche Entscheidungen durchlaufen die Phasen des *Erkennens* von empirisch vorfindlichen Sachverhalten der jeweiligen Handlungssituation; des *Beurteilens* von Handlungsalternativen im Lichte sowohl ihrer situativen Angemessenheit wie ihrer Vereinbarkeit mit den ethischen Grundsätzen der Menschenwürde, der Verallgemeinerbarkeit, der Folgen-Verantwortung usw.; sowie des *Begründens*: Sachverhaltseinsicht wie Handlungsurteil bedürfen einer *gewissenhaften*, also argumentativ ausweisbaren Geltungsprüfung.

2.4. Menschwerdung trotz schuldhaften Handelns

Es wäre eine seltsam wirklichkeitsfremde theologische Ethik, die nur die positiven Chancen menschlichen Handelns für die Menschwerdung des Menschen entzifferte, ohne die enormen Gefahren miteinzubeziehen, die ebenfalls von menschlicher Handlungsmacht ausgehen. Tatsache ist doch, daß Menschen ihre Handlungsfreiheit immer wieder gerade nicht in den Dienst an der Menschwerdung aller Menschen stellen, sondern zum bloß eigenen Vorteil wenden. Genau in dieser Situation sahen wir ja die Ausgangslage heutiger Ethik (1.2.).

Unser Alltag liefert eine Fülle von Beispielen, in denen die ethischen Grundsätze der Gerechtigkeit, der Folgen-Verantwortung und der Menschenwürde dem egoistischen Kalkül und bornierten Eigeninteressen geopfert werden. Wir pflegen solche Verweigerungen und Verfehlungen gegenüber den anerkannten ethischen Grundsätzen menschlichen Zusammenlebens *Schuld* zu nennen. Auf den ersten Blick verweigern sich Menschen nur einzelnen Normen oder moralischen Ansprüchen, denen sie sich ausgesetzt sehen. Im Grunde jedoch verweigern sie sich den von ihrem schuldhaften Tun betroffenen Menschen, deren Anspruch auf Gerechtigkeit und Menschenwürde, deren Anspruch auf Menschwerdung. Denn die Verabsolutierung meiner Eigeninteressen führt zwangsläufig zur Mißachtung der berechtigten Eigeninteressen anderer. Bewege ich mich so vom Anderen weg, hin zum eigenen Ich, verkehre ich meine ursprüngliche Beziehung des »Von-Angesicht-zu-Angesicht« in ihr Gegenteil. Sie allein aber läßt mich unser Aufeinanderangewiesensein wahrnehmen und gestattet mir so meinen eigenen »aufrechten Gang«. Deshalb droht mit Schuld auch der Verlust eigener Schritte auf dem Weg zur Menschwerdung. Solche Abkehr von den Anderen, die in schuldhaftem Handeln immer neu zutage tritt, nennt die christliche Tradition *Sünde* (Böckle, Fundamentalmoral 122ff). Damit deutet sie schuldhaftes Handeln auch theologisch: Die Abkehr von den Mitmenschen spiegelt nämlich die Abkehr auch von Gott (»aversio a Deo«), dokumentiert auch die Verneinung seiner Parteinahme für die Menschwerdung aller.

Zwar sind die meisten von uns gewohnt, schnell Schuld zuzuweisen, vielleicht sogar sich selbst schuldig zu fühlen. Gleichwohl ist es äußerst schwierig, im Gestrüpp unserer Alltagswelt den genauen Ursprung eines schuldhaften Handelns zu lokalisieren, das sich nicht selbst schon von fremder Seite verursacht weiß und deshalb die eigene Verantwortung wieder abweist. Wie häufig rechtfertigen wir die eigene Vorteilsnahme, von der wir wissen, daß sie zu Lasten von Schwächeren geht, nicht damit, daß wir uns nur so gegen die Übermacht Dritter, Stärkerer meinen wappnen zu können? Niedermachende Schuldüberhäufungen und überzogene Schuldeinreden tun ein Übriges, daß Menschen – wollen sie nicht unter der Last von Schuld zusammenbrechen – Ent-schuld-igungsmechanismen entwickeln und langsam gegenüber allen Schuldüberlegungen unempfindlich werden. Die Auswirkungen freilich sind fatal. Denn schuldhaftes Tun produziert nach wie vor Leid. Um dieses Leid zu überwinden, braucht es aber Menschen, die sich zu ihrer Verantwortung bekennen und aus diesem Grund gegen das verursachte Leiden initiativ werden. Das aber schließt in der Regel auch die Bereitschaft mit ein, sich und anderen eigene Schuld einzugestehen, ohne die Schuld der Anderen vorher gesühnt zu wissen.

Selbst nach einem ehrlich gemeinten Eingeständnis von (Mit-) Schuld hemmen die vielen Schuldverstrickungen einer Lebensgeschichte neue Schritte zur Menschwerdung. Natürlich kann ich versuchen, die Zukunft nun wirklich verantwortlich zu gestalten und neue Schuld zu vermeiden. Was aber bleibt, ist das Schuldiggewordensein, ist die Verbindlichkeit für das Vergangene. Muß ich nicht sogar mit Wiedergutmachungsforderungen, ja mit der legitimen Revanche der einstigen Opfer meines schuldhaften Tuns rechnen? Findet aber nicht darin der Teufelskreis von Verletzung und Vergeltung immer neue Nahrung? Was aber könnte mich berechtigen, so weiter zu leben und zu handeln, als ob *nichts* geschehen wäre? Doch nur die Erfahrung, daß die Anderen, an denen ich schuldig geworden bin, mir verziehen, mir vergeben, auf Revanche und Vergeltung verzichtet hätten und mir darin die Chance eines wirklichen Neuanfangs zuspielten. Mit einer solchen Erfahrung von Verzeihen und Vergeben im Rücken, die mich aus den scheinbar unüberwindbaren Fängen der Schuldverstrickungen entließe, gewänne ich meine volle und unbeschwerte Handlungsfähigkeit zurück.

Die jüdisch-christliche Tradition nennt diese Erfahrung *Erlösung*; Erlösung aus dem Dickicht an Verwerfungen, in das millionenhaft schuldiges Handeln die zwischenmenschlichen Beziehungen immer neu führt und – fast schon anonym – immer neu Leid produziert. Erlösung aber auch von der Angst um uns selbst, mit der wir als Schuldiggewordene um die Wiederermöglichung unseres »aufrechten Gangs«, um die Wiederermöglichung des Blickkontaktes »Von-Angesicht-zu-Angesicht«, und das heißt: um die Wiederermöglichung unserer gemeinschaftlichen Zukunft bangen. Wie befreiend solche Erfahrungen von Vergebung und Verzeihung auf die Beteiligten wirken, versinnbildlicht die biblische Tradition etwa im Gleichnis vom verlorenen Sohn (Lk 15,11–32) oder in den Erzählungen über die Lebenspraxis Jesu – über seine Mahlgemeinschaft mit Sündern und Zöllnern (Mt 9,11ff) oder über sein Verhalten gegenüber der Ehebrecherin (Joh 8,3–11). Vermutlich haben die wenigsten Hörer dieser Berichte Schwierigkeiten, sich die lebensspendende Kraft solcher Versöhnung und Annahme vorzustellen – spiegeln sie doch beispielhaft befreiende Erfahrungen, die Menschen in ihren Schuldverstrikkungen auch heute mit ihren Mitmenschen wenigstens ansatzweise machen können.

Mit dem Leben und dem Schicksal Jesu von Nazaret verbindet sich aber auch die Erfahrung absoluter, radikaler (also an die Wurzeln von Schuld gehender) Erlösung durch das Vergeben und Verzeihen der Schuld *von Seiten Gottes*. Gegen alle menschliche Logik dokumentieren Jesu Tod und Auferweckung Gottes *bedingungsloses Ja* selbst zu solchen Menschen, die – wie die mächtigen Sadduzäer und Hohenpriester, aber auch die Kleinmütigen – Jesu Sendung aus Selbstsucht oder Angst vehement widersprechen und Jesus dem fluchbeladenen Tod am Kreuz aushändigen. Das zentrale Thema dieser Erlösung ist die alles überbietende Vergebung Gottes gegenüber der eigentlich unüberbietbaren Schuld der Menschen, denen trotz ihres Tod bringenden Widerspruchs gegen die Botschaft des Nazareners Leben in Fülle, *Menschwerdung* zugesagt ist – vor aller Leistung, trotz aller Schuld (Pröpper 54ff).

Menschen mißbrauchen ihre Handlungsmächtigkeit zum Nachteil eigener wie fremder Menschwerdung, wenn sie ihre Eigeninteressen verabsolutieren und von jenen der Anderen absehen. Sie verstricken sich in Schuld und verlieren ihren »aufrechten Gang«. Gegen die drohende Gefahr einer Schuldverstrickung *ohne Ausweg* gewährt die Erfahrung von Verzeihen und Vergeben neue Chancen zur Menschwerdung auch für die »schuldhaft Gekrümmten«. Im Geschick Jesu Christi teilt sich eine Wirklichkeit mit, die – traditionell »Erlösung« genannt – Menschen vor aller Leistung, trotz aller Schuld je neu die Möglichkeit des Neuanfangs eröffnet.

2.5. Menschwerdung im Handeln aus Hoffnung

Erfahrbar wird diese Wirklichkeit von »Erlösung« in einem vergebenden und versöhnenden Handeln von Menschen, die sich selbst vom »Geschick Jesu« ermächtigt und beauftragt wissen. Denn das »Geschick Jesu«, sein »Tod am Kreuz« wie seine »Auferweckung von den Toten«, übermittelt uns allen zugleich die Zusage Gottes, daß wir in Situationen, in denen wir durch die Gegnerschaft Anderer bedrängt und gefährdet sind, selbst nicht verlassen, sondern in der lebensspendenden Zuwendung Gottes gehalten sind (Peukert 329ff). Diese Situationen der Bedrängnis und der Gefährdung können aber die rasche Folge sein, wenn wir uns mit dem Schritt *in* die Versöhnung und Vergebung hinein *aus* der Sicherheit herausbegeben, die uns die Möglichkeit eigener Revanche und Vergeltung gegenüber drohenden Anfeindungen unzweifelhaft gewähren.

Wir sind dem Herzstück christlicher Ethik nahe, sozusagen dem »proprium christianum«, dem *Besonderen des Christlichen*, das der Grundfigur christlichen Handelns ihr unverkennbares Gepräge verleiht. Das Besondere besteht demnach nicht in der Außergewöhnlichkeit bestimmter Normen. Das mag überraschen. Aber selbst die Feindesliebe, die im Kontext der Bergpredigt Jesu überlicherweise den Hauch unverwischbarer Einzigartigkeit christlicher Ethik vermittelt, läßt sich vernünftig begründen, ohne ein gläubiges Ja zum Christlichen voraussetzen zu müssen. Geht es der Feindesliebe im Kern nicht darum, den gängigen Kreislauf von Gewalt und Gegengewalt, von Verletzung und Vergeltung durch die gewiß risikoreiche, gleichwohl prinzipiell vernünftige Vorleistung des gestuften Verzichts zu durchbrechen? Was freilich im Prinzip schon die Vernunft gebietet, stößt im Handgemenge des Alltags schnell auf die abweisenden Barrieren, mit denen wir uns gegenüber den »feindlich gesonnenen« Mitmenschen meinen behaupten zu müssen. Und obwohl diese Barrieren des Mißtrauens und der Sicherheitssysteme gerade die verfahrene Situation in zwischenmenschlichen Beziehungen ausdrücken, sie schützen in der Tat ein gutes Stück unsere verletzbare Existenz! Die Bereitschaft, dennoch diese und viele weitere Sicherheiten Schritt für Schritt aufzugeben und einfach das Vernünftige als das wirklich Menschendienliche im eigenen Handeln umzusetzen – trotz der entgegenstehenden und unwirtlichen Umstände unserer Alltagswelt –, diese Bereitschaft ist das, was ethisch gewendete *Nachfolge* heißt. Und nur wenn wir vergessen, daß dies eine Nachfolge des *Gekreuzigten* ist (Rahner, Nachfolge 192ff), daß uns also der Einsatz für die Vermenschlichung der Welt zu Vergebung und Verzicht wie zu Widerstand und Protest führt, die bedingungslose Selbstaufgabe fordern und sogar nackte Todesbedrohung bedeuten können, nur wenn wir dies vergessen, werden wir eine solche Bereitschaft zur Nachfolge Jesu als läppische Banalität abtun. Zugleich verbietet der große Ernst dieser Bereitschaft jeden leichtfertigen und unbekümmerten Einsatz, der nicht die menschenunwürdige Situation von Gewalt und Vergeltung überwindet, sondern sich dem anderen blind unterwirft oder sich aber grob fahrlässig in Aussichtslosigkeit verstrickt.

Diese Bereitschaft zur Nachfolge sträubt sich natürlich heftig gegen jede rigorose Verpflichtungserklärung. Die Situation ist scheinbar paradox: Es gibt weder eine kategorische Leistungspflicht noch einen selbstverständlichen Rechtsanspruch auf versöhnendes und vergebendes Entgegenkommen oder auf widerständiges und protestierendes Engagement. Erst das eigene vertrauensvolle Ja gibt uns in die Selbstverpflichtung frei, versöhnend und vergebend, widerständig und protestierend zu handeln. Vom Gegenüber aber können wir es uns allenfalls erhoffen. Es ist die gleiche *Hoffnung*, aus der sich die Bereitschaft zur Nachfolge speist. Denn die lebenspendende Zuwendung Gottes, die die Kraft zur Nachfolge gewährt, ist nichts, womit wir einfachhin als feste Größe kalkulieren könnten. Ja, der Blick auf das unerträglich große Leid, das Menschen tagtäglich aufs neue produzieren, der Blick auf die unermeßlich hohe Zahl jener Opfer, deren Chance zur Menschwerdung endgültig zertrümmert ist, dieser Blick macht jede unbekümmerte und naiv-heilsgewisse Rede von der errettend-heilenden Nähe Gottes zynisch und obszön. Hier bleibt die stete Beunruhigung, die der Fortbestand von Vernutzung und Leid durch menschliches Handeln in uns auslösen müßte (Metz 180ff). Hier bleibt nicht Gewißheit, sondern einzig nur die *Hoffnung* auf Zuwendung und Errettung. Solche Hoffnung verschafft sich freilich bereits Ausdruck in einem noch zögerlichen, gleichwohl schon wagenden Aufbruch in die Nachfolge hinein. Solche Hoffnung selbst mag in unserer eigenen Lebensgeschichte immer brüchig bleiben. Aber sie hat im Bekenntnis der Auferweckung Jesu einen triftigen Grund zum Fundament.

Das »Besondere des Christlichen« zeigt sich in der Bereitschaft, trotz der bedrängenden und gefährlichen Alltagswelt das moralisch Vernünftige als das wirklich Menschendienliche in die Tat zu setzen; die Bereitschaft zum Wagnis also, um unser aller Menschwerdung willen neue, möglicherweise gefährliche und mit hohem Selbsteinsatz verbundene Wege zur Veränderung des Bestehenden zu erkunden. Fundament dieser Bereitschaft ist mit Blick auf die Auferweckung Jesu die *Hoffnung*, gleich ihm in der Situation existenzbedrohlicher Gegnerschaft anderer in der errettend-heilenden Nähe Gottes gehalten zu sein.

3. Menschwerdung konkret: bevorzugte Lebensräume moralischen Handelns

Moralisches Handeln ist fest in die konkreten Lebensräume eines Menschen eingebunden: Familie, Staatsgebilde, Bildungseinrichtung, Arbeitsplatz, politische Partei, Kirche usw. Manche dieser Lebensräume sind uns vorgegeben, andere wiederum relativ frei verfügbar. Auf jeden Fall aber beeinflussen sie unser moralisches Handeln, können es erschweren oder auch befördern. Und: Sie sind die konkreten Orte, an denen sich unsere Menschwerdung ereignet. Infolgedessen untersucht theologische Ethik neben den Grundlinien moralischen Handelns auch die Auswirkungen, die die Gestalt solcher Lebens- und Handlungsräume auf ihr eigenes Tätigkeitsprofil besitzt. Unter diesem Gesichtspunkt sollen drei fundamentale Handlungsräume bedacht werden.

3.1. Menschwerdung im Handgemenge des Alltags

Eigentlich ist die Feststellung trivial: Moralisches Handeln vollzieht sich nicht in einer Sonderwelt, sondern muß sich in den vielen

Alltagssituationen bewähren, in denen Menschwerdung gelingen will. Im beruflichen Alltag des medizinischen, des rechtspflegerischen, des schulbildnerischen, des kaufmännischen usw. Bereichs; im privaten Alltag der Beziehungen zu Nachbarn, zur Familie usw.; im öffentlichen Alltag der Wirtschaft, der staatlichen und überstaatlichen Gemeinschaft usw.; in jedem dieser Alltage brechen genau die Fragen, die Probleme und die Konflikte auf, die uns zum Nachdenken über moralisch vertretbare Handlungslösungen zwingen. In jedem dieser Alltage hat sich idealiter jeder von uns moralisch entscheidungs- und handlungskompetent zu erweisen. Und jeder Alltag ist ein *Handgemenge*, in dem Interessenlagen widerstreiten, in dem Zeitnot und Sachzwänge zu raschem Eingreifen nötigen, in dem die Unübersichtlichkeit der Sachlagen ein kurzfristig sicheres Entscheiden und Planen oftmals verunmöglicht usw.

Zu keinem dieser Lebensbereiche können wir im vorhinein aus allgemeinen ethischen Grundsätzen konkrete Handlungsmöglichkeiten einfach ableiten. Wir wären wirklichkeitsfremd, wenn wir die Einzelbereiche unseres Alltagslebens nur als Anwendungsfälle begriffen, in denen wir unsere am Schreibtisch ausgeklügelten Handlungspläne einfach in die Tat umzusetzen hätten (Schöllgen 15ff). Die ethischen Streitfälle in der Medizin beispielweise werden nicht durch bloße Ableitung aus allgemeinen ethischen Grundsätzen entschieden. Stattdessen müssen diese ethischen Grundsätze erst noch mit den konkret sachlichen Situationsbedingungen verbunden werden, um zu einer angemessenen und abgewogenen Beurteilung des Streitfalles zu kommen (vgl. 2.3.). Natürlich gibt es im medizinischen Alltag typische Situationen, in denen ein ethischer Grundsatz – namentlich das Prinzip der Unversehrbarkeit der Personwürde – ohne irgendeine Abwägung direkt ein bestimmtes Handeln entweder kategorisch ausschließt (z. B. Tötungsverbot auch schwer erkrankten Lebens) oder unbedingt gebietet (z. B. Pflicht zur Nothilfe). Eine Vielzahl von Alltagssituationen aber entzieht sich einer solchen direkten Normierung.

In der theologischen Ethik hat sich eine wichtige Unterscheidung eingebürgert, die mit diesem Sachverhalt zu tun hat. Sie unterscheidet nämlich zwischen der »*Fundamentalmoral*« auf der einen und der »*Speziellen Moral*« auf der anderen Seite. Die »Fundamentalmoral« oder auch »allgemeine Ethik« leistet jene Aufklärungsarbeit, die hauptsächlich über die ethische Grundoption der Menschwerdung des Menschen, über die Grundfigur christlichen Handelns sowie über die wichtigsten Prinzipien und Kriterien ethischer Urteilsbildung informiert. Die »Spezielle Moral« hingegen diskutiert lebensbereichsspezifische Probleme. In diesem Sinne gibt es im Rahmen einer Ethik der Lebensbereiche (Furger) z. B. eine »Medizinische Ethik«, eine »Technikethik«, eine »Wirtschaftsethik«, eine »Medienethik« und eine »Sexualethik«. Die Spezielle Moral arbeitet gewissermaßen fallbeispielhaft. Sie greift typische Konfliktfälle eines Lebensbereichs auf – in der Medizin beipsielweise den umstrittenen Einsatz gentechnischer Diagnose und Therapieformen (Genomanalyse, pränatale Diagnostik usw.) – und erörtert die zutage tretende ethische Problematik einerseits anhand konkreter Einzelfälle, andererseits unter Rückgriff auf jene ethischen Grundsätze, die die Fundamentalmoral als unbedingt zu berücksichtigen aufgewiesen hat. Ihr wichtigstes Merkmal ist folglich ihre Tuchfühlung mit den tatsächlichen Abläufen in einem Lebensbereich. Diese Tuchfühlung kommt indes nur zustande, wenn die Spezielle Moral ihre ethischen Studien im Gespräch mit den Betroffenen (in der medizinischen Ethik mit Ärzten, Patienten, aber auch Medizinsoziologen, Psychologen usw.) entwickelt, die nur gemeinsam wissen, was wirklich der Fall ist.

Das Handgemenge des Alltags macht noch auf eine weitere Aufgabe der Speziellen Moral aufmerksam: die Entwicklung und Formulierung konkreter Handlungsempfehlungen. Selbstverständlich geht es hierbei nicht um plumpe Bevormundung der Betroffenen, denen fertige Handlungspläne zur geflissentlichen Umsetzung vorgelegt werden. Aber wir müssen die oftmals höchst begrenzte Zeit- und Kompetenzausstattung der Betroffenen realistisch einschätzen. Den wenigsten Betroffenen ist eine breitangelegte Sachanalyse sowie eine detaillierte ethische Abklärung in jedem Einzelfall selbst möglich. Deshalb ist der Rückgriff auf vorfindliche Analysen wie ethische Beurteilungen (Handlungsempfehlungen) nicht nur vorteilhaft, sondern in gewisser Weise unumgänglich. In diesem Sinne betätigt sich theologische Ethik auch als *Kasuistik*, also als Fallstudienlehre, die einzelne Handlungsprobleme bis ins letzte Detail aufzuschlüsseln und abzuwägen bemüht ist, um so die Betroffenen rascher zum eigenen Urteil zu befähigen. Oder sie betätigt sich als *Modellethik* (Mieth 60ff, 111ff). Anstatt nach Einzelnormen sucht Modellethik in einzelnen Biographien von Menschen wie in typischen Lebenssituationen nach Modellen gelingenden Lebens oder größeren Handlungsgestalten, um die anschauliche Lebendigkeit solcher Modelle für die Gestaltung unserer Alltagspraxis nutzbar zu machen. Oder die Spezielle Moral betätigt sich als *bereichsspe-*

zifische *Ethik* (Verkehrsethik, Familienethik, Bioethik usw.), die bewußt an ausgefeilten Handlungsrichtlinien arbeitet (z. B. an sog. Ethikkodizes für Ärzte), auf die die Betroffenen in akuten Konfliktfällen relativ unproblematisch zurückgreifen können.

Es dürfte offensichtlich sein, daß diese Betätigungsformen theologischer Ethik zurecht ein hohes Maß an Zeit und Aufmerksamkeit beanspruchen – obwohl sie hier nur in aller Kürze erläutert werden. Nur eines bleibt noch festzuhalten: Mit allen ihren Einzelstudien unterstützt und fördert die Spezielle Moral die sittliche Kompetenz jedes einzelnen, der sich in den konkreten Lebensbereichen bewegen und bewähren will. Keinesfalls aber kann und darf sie dessen sittliche Kompetenz im Urteilen wie im Handeln ersetzen wollen. Denn auf Nachfrage ist sie zu jedem Zeitpunkt jedem einzelnen über ihre Analysen und Empfehlungen rechenschaftspflichtig. Hier zählt dann wiederum nur das überzeugende Argument, dessen Triftigkeit jeder einzelne zu prüfen hat (vgl. 2.3.).

Im Handgemenge des Alltags hat sich sittliches Handeln zu bewähren. Um hier die sittliche Entscheidungs- und Handlungskompetenz zu steigern, diskutiert theologische Ethik als »Spezielle Moral« fallbeispielhaft Alltagsprobleme aus den verschiedensten Lebensbereichen. Sie entwirft konkrete Handlungsmodelle und formuliert bereichsspezifische Handlungsregeln. Damit bevormundet sie aber die Betroffenen nicht, sondern unterstützt deren gewissenhaftes Entscheiden.

3.2. Menschwerdung im gesellschaftlichen Handeln

Menschen werden sie selbst nur im Raum einer menschlichen *Gesellschaft.* Unsere bisherigen Überlegungen ruhten bereits auf der Einsicht auf, daß Menschen erst Personen werden, wenn sie ihre unverwischbare Individualität in der Auseinandersetzung mit ihrer natürlichen wie menschlichen Mitwelt entfalten. Individualität und Sozialität sind die beiden Spannungspole, innerhalb derer menschliche Personen sie selbst werden. Die Sozialität bilden *Gemeinschaften.* Einige solcher Gemeinschaften wie etwa der Freundeskreis oder die Doppelkopfrunde sind mehr oder minder lockere Zusammenschlüsse. Andere Gemeinschaften hingegen wie Wirtschaftsverbände, Bildungseinrichtungen, Verwaltungen und parlamentarische Gesetzgebungsorgane sind beständige Organisationsgefüge, deren »Innenleben« und »Außenbeziehungen« durch festgelegte Regelwerke (»Satzungen«, »Verfassungen« usw.) geordnet werden – was ihre Veränderbarkeit natürlich nicht ausschließt. Sie sind *institutionell vermittelt.* Solche Institutionen (z. B. Rechts- und Wirtschaftssysteme) bilden die Strukturen einer Gesellschaft. Unter *Gesellschaft* können wir jenen Typ einer menschlichen Gemeinschaft verstehen, der die Beziehungen zwischen den Gemeinschaftsgliedern über Institutionen mehr oder minder verbindlich regelt (Schäfers 110f). Wir sind mehrheitlich daran gewöhnt, von Gesellschaft nur im Zusammenhang eines staatlichen Gemeinwesens zu sprechen. Das muß nicht so sein. Gesellschaften (Verbände, Kirchen, Parteien) bilden auch die einzelnen Teile der *Gesamt*gesellschaft.

In jedem Fall greifen die Strukturen der Gesellschaft(en) tief in die Lebensbedingungen und Handlungsmöglichkeiten von Menschen ein und beeinflussen so ganz maßgeblich die Menschwerdung von Menschen. Deshalb stehen sie natürlich auch im Mittelpunkt einer theologischen Ethik. Gelegentlich begegnet theologische Ethik den Strukturen der Gesellschaft mit großer Reserve. Denn sie befürchtet, daß die Übermacht der Strukturen und Institutionen in nahezu allen Bereichen moderner Gesellschaften der Eigenverantwortung und Handlungsfreiheit des Menschen massiv zuwiderläuft. In der Tat entspricht es durchaus unserer Alltagserfahrung, daß solche Institutionen uns sprichwörtlich »von der Wiege bis zur Bahre« begleiten und unsere Handlungsspielräume mitunter erheblich einschränken. Von daher scheint die Auffassung verständlich, (theologische) Ethik habe sich vor allem dem Zurückdrängen dieser gesellschaftlichen Strukturen zu widmen, um den Spielraum eigenverantwortlichen Handelns Schritt um Schritt zurückzuerobern – sofern dies überhaupt noch möglich ist.

Freilich droht hier ein für die Menschwerdung des Menschen zentraler Aspekt gesellschaftlicher Strukturen außer acht zu geraten: Institutionen beabsichtigen im Kern nämlich Verläßlichkeit zwischenmenschlicher Beziehungen und besonders Entlastung unseres individuellen Tuns. Institutionen können im Prinzip die wichtigsten Daseinsgrundfunktionen unseres Lebens wie Nahrungsversorgung, Wohnen, Arbeiten, Wirtschaften, Verkehr, Bildung usw. (Hambloch 111; Lipp 136ff) so befriedigen helfen, daß wir selbst – von dieser elementaren Daseinsvorsorge entlastet – in unserem Handeln Freiräume für die kreative Gestaltung unserer nichtregulierten Lebenssphären gewinnen. Diese Funktion von Institutionen wird mit den wachsenden Verflechtungen und Abhängigkeiten zwischen den Menschen der modernen Gesellschaft zunehmend bedeutsamer – zu denken ist nur an das filigran geknüpfte Netz von Arbeitsteilungen. Hier lauert tatsächlich die Gefahr einer ungebührlichen Einschränkung individueller Gestaltungs- und Handlungsfreiheit. Gleichzeitig drohen sich die Institutionen zu verselbständigen und soziale Beziehungen festzuschreiben, die bestimmten Personengruppen gegenüber anderen ungerechtfertigte Vorteile verschaffen und auf Dauer zu beachtlichen Ungerechtigkeiten führen. Die Welt der Wirtschaft, der Geschlechterbeziehungen und der Beziehungen zwischen Völkern liefern reichlich Anschauungsmaterial für derartige Verwerfungen.

Dies ist der Ansatzpunkt theologischer Ethik als *Sozialethik*. Sozialethik (oder auch Gesellschaftsethik) konzentriert sich auf die institutionellen Vermittlungen zwischenmenschlicher Beziehungen, auf welcher Ebene (Rechtsinstitut Ehe oder Welthandelsbeziehungen) auch immer (vgl. Rich 63–67). Sie geht einerseits davon aus, daß die ethische Grundoption der Menschwerdung des Menschen in den gesellschaftlichen Strukturen und durch sie zum Zuge kommen muß. Das heißt: Insbesondere die zentralen gesellschaftlichen Bereiche wie Wirtschaftsleben und Arbeitswelt, Recht und Verwaltung, Bildung und Erziehung usw. sind gerade auch in ihren Strukturen keineswegs ethisch neutral. Die Gestaltung ihrer Strukturen hat sich an der Lebensdienlichkeit für alle betroffenen Menschen zu orientieren. Ein Beispiel: Die spezifischen Beziehungen zwischen Arbeitnehmern und Arbeitgebern, wie sie etwa in der betrieblichen Mitbestimmung geregelt sind, sind nur dann ethisch legitim, wenn sie einen gerechten Interessenausgleich fördern und damit allen Beteiligten eine Verbesserung ihrer jeweiligen Lebenslagen (z. B. Sicherung von Einkommen, Erwerbsarbeit und Profit) gewähren.

Die umfassende Lebensdienlichkeit der gesellschaftlichen Strukturen hat die offizielle *Katholische Soziallehre* (Kerber, Ertl, Hainz) vor Augen, wenn sie seit ihren Anfängen vor gut einhundert Jahren neben reichhaltigen Detailüberlegungen zu Fragen der Wirtschaftsorganisation, des gerechten Lohnes, der legitimen Entwicklungsbedürfnisse der Menschen im Weltmaßstab usw. immer wieder die fundamentale Bedeutung der *Solidarität*, der *Subsidiarität* und des *Gemeinwohls* ins Bewußtsein hebt. Dies sind ihrer Meinung nach die wichtigsten Prinzipien, die der Personentfaltung des Menschen auch in und durch die Strukturen der Gesellschaft zum Zuge verhelfen können.

Andererseits sucht die Sozialethik möglichst wirkungsvolle Ansatzpunkte zu ermitteln, an denen gesellschaftliche Strukturen verändert werden können – wenn sie es im Interesse der ethischen Grundoption bedürfen. Das setzt zunächst einmal voraus, daß sich der strukturelle Wandel von gesellschaftlichen Systemen, den wir allenthalben beobachten können, nicht allein der Eigendynamik gesellschaftlicher Fortentwicklung verdankt, sondern auch durch menschliches Handeln an gesellschaftlichen Strukturen bewirkt und beeinflußt werden kann. Wir wissen freilich, daß Personen als Einzelakteure kaum über diese Einwirkungsmacht auf Strukturen verfügen. Vielmehr sind die Träger gesellschaftlichen Handelns, des Handelns an sozialen Strukturen also, zumeist sog. »Kollektivakteure«, Gemeinschaftsakteure, deren gesellschaftliche Rolle sie mit der notwendigen Einwirkungsmacht auf Strukturen ausstattet – wie beispielsweise ein Parlament in seiner Rolle als Gesetzgebungsorgan, das durch seine Gesetzesentscheidungen die Rechtsstrukturen in einer Vielzahl menschlicher Lebensbereiche anders gewichten kann. Aber auch Verbände, Lobbygruppen, Vereine, Bürgerinitiativen, zu denen sich Einzelpersonen freiwillig zusammenschließen, sind Trägerinnen gesellschaftlichen Handelns, die das Kräftespiel gesellschaftlicher Gestaltungsprozesse bekanntlich effektvoll beeinflußen können (Jenseits Katholischer Soziallehre 276ff). Letzter Souverän auch gesellschaftlichen Handelns bleibt freilich jede einzelne Person in ihrer je eigenen sittlichen Gestaltungskompetenz. Sie ist in Gemeinschaft mit allen anderen Einzelnen letzte Instanz, vor der sich jeder Träger gesellschaftlichen Handelns in dem, was er macht und warum er es macht, zu legitimieren hat. Das ist die Wurzel einer Gesellschaft, die wir Demokratie nennen.

Menschen werden sie selbst nur in sozialen Beziehungen, die notwendigerweise auch durch gesellschaftliche Strukturen (Institutionen) vermittelt sind. Theologische Ethik als Sozialethik prüft die Lebensdienlichkeit solcher Gesellschaftsstrukturen. Sie macht auf die Notwendigkeit von kollektiven Handlungsakteuren aufmerksam, die in der Regel allein über eine ausreichende Gestaltungs- und Einwirkungsmacht auf Gesellschaftsstrukturen verfügen.

3.3. Menschwerdung mit der Tradition und im Lebenszusammenhang »Kirche«

Wenn wir »Kirche« als Gemeinschaft der *Glaubenden*, als Gemeinschaft also derer verstehen, die hoffend auf Gottes rettend-heilende

Nähe vertrauen, so dürfte die Bedeutung dieses Lebenszusammenhangs »Kirche« nicht nur für die Menschwerdung des Menschen allgemein, sondern auch für moralisches Handeln, für den Vollzug seiner Sittlichkeit im Grundsatz einsichtig sein. Kirche ist ihrem Selbstverständnis entsprechend »Zeichen und Werkzeug« für die lebensspendende Einheit von Gott und den Menschen sowie der Menschen untereinander (Zweites Vatikanisches Konzil, Dogmatische Konstitution über die Kirche „Lumen Gentium“ 1). Infolgedessen ist Kirche weder zufällige noch beliebige »Handlungsgemeinschaft« solcher Menschen, die ihr Leben und Handeln genau unter dem Vorzeichen von Schöpfung und Erlösung gestellt entdecken. Diese Grundsatzaussage muß näher erläutert werden – dies umsomehr, weil viele Christen *ihre* Kirche gerade anders und – mit Blick auf das Vermögen befreiten und befreienden Handelns eher hemmend und beschwerend erfahren.

Vielleicht wird die Wichtigkeit von »Kirche« als Ort gelebter Kommunikation deutlicher, wenn wir uns nochmals die Momente des Gemeinschaftlich-Dialogischen vergegenwärtigen, die für die bereits erläuterten Weisen menschlichen Handelns prägend sind. Das bewußt orientierte Handeln (vgl. 2.1.) befördert die Menschwerdung des Menschen, indem es in Fällen von Handlungskonflikten kreative wie kritische Handlungsalternativen entwickelt. Eine Grundlage für jedes kritisch-kreative Prüfen von situationsangemessenen Handlungsalternativen bilden vorfindliche Handlungsmodelle, die sich in der Vergangenheit bewährt haben und auf die nunmehr zurückgegriffen werden kann. Freilich setzt dieser Rückgriff voraus, daß Menschen solche Handlungsmodelle und »Handlungstraditionen«, solche Deutungs- und Handlungsmuster in eingelebten und überschaubaren Gemeinschaften kennenlernen und ausbilden können. In diesem Sinne erweist sich Kirche als Erzähl- und Interpretationsgemeinschaft, in denen die reichhaltigen ethischen Traditionen der Lebensgemeinschaft »Kirche« zur Sprache kommen und auf die normativen Konflikte unseres Handlungsalltags bezogen werden können (Schüssler Fiorenza 132ff).

Diese sozusagen nach innen gerichtete Funktion von Kirche wird ergänzt durch ihre auf das gesamtgesellschaftliche Außen bezogene Funktion: Denn alles Handeln von Christen, das eher private wie das gesellschaftliche, will verantwortlich entschieden sein (vgl. 2.3., 3.2.). Kirchliche Gemeinschaften vor Ort wie Kirche im Weltmaßstab besitzen eingelebte Kommunikationsstrukturen, ob in Form inoffizieller Gesprächskontakte in Gemeindegruppen oder in der organisierten Form der Räte und Verbände, der Synoden und letztlich der Konzilien. Deshalb bildet Kirche auch eine wichtige *Diskursgemeinschaft*, wo Christen ihre Handlungen und Handlungspläne in den vielfältigen Diskussionsprozessen auf ihre moralische Verantwortbarkeit hin überprüfen können. Überdies ist Kirche *Bewährungsgemeinschaft*. Denn auf lokaler wie auf globaler Ebene ist Kirche – ob in Gestalt eines Pfarrgemeinderates oder einer Bischofssynode – eine wichtige Trägerin gesellschaftlichen Handelns (»Kollektivakteur«) (vgl. 3.2.), die bis zum prophetischen Protest auf die menschenwürdige Gestaltung gesellschaftlicher Strukturen Einfluß nehmen und so ihr Selbstverständnis als »Zeichen und Werkzeug« der Erlösung und Befreiung bewähren kann (Demmer 101ff).

Natürlich werden diese Funktionen mehr oder minder auch von anderen Bezugsgemeinschaften des Menschen wahrgenommen. Die spezifische Kontur kirchlicher Gemeinschaft(en) zeigt sich freilich mit Blick auf das schuldhafte Handeln und das Handeln aus Hoffnung (vgl. 2.4., 2.5.). Kirche ist hier zuerst *Erinnerungsgemeinschaft*. Sie erinnert nicht nur an das beständige Leiden in Vergangenheit und Gegenwart, das auch in schuldhaftem Handeln seine Ursache hat. Sie erinnert zugleich an die vielen Begebenheiten, in denen Menschen im Verlaufe ihrer Lebensgeschichte Überwindungen von Leiden und Ausgrenzungen und darin die rettend-heilende Nähe Gottes erfahren haben. Diese Erinnerungstradition der Kirche wendet sich strikt gegen alle Verdrängungen und Verharmlosungen von Leiden und Schuld. Doch ist ihr Ziel nicht billige und niederdrückende Schuldeinrede – auch wenn die Geschichte der Kirche gerade hiervon beredtes Zeugnis ablegt. Ihr Ziel ist viel gefährlicher: Denn solche Erinnerungen an Schuld und Errettung, an Mißlingen und Überwindung machen uns – manchesmal bis zur Schmerzgrenze! – empfindlich gegenüber den lebensfeindlichen Umständen unseres alltäglichen Lebens. Sie kämpfen gegen die Dickhäutigkeit unserer Empfindungen wie gegen die lethargische Abgeklärtheit unseres Verhaltens, die beide – das macht sie so attraktiv – für ein Gefühl von Gemütlichkeit in dieser Welt sehr von Vorteil sind. Solche Erinnerungen sind gefährlich für alle Profiteure von Leid und Vernutzung. Denn sie konfrontieren uns auch mit Zeugnissen der Widerständigkeit gegen Gewalt und Ausgrenzung, gegen Vernutzung und Vernichtung menschlicher Würde und belegen, daß selbst erfolgsverwöhnte Profiteure verlieren können.

Darin halten sie auch scheinbar Unbeteiligte zu einer Widerständigkeit an, die sich im Einsatz für ein Mehr an Menschwerdung aller konkret manifestiert. In diesem Sinne wird Kirche auch zur *Solidargemeinschaft*.

Dieser letzte Gesichtspunkt rückt auch die Kompetenz des kirchlichen Lehramtes in Fragen der Moral (vgl. Schuster) in ein vermutlich ungewohntes Licht. Denn gewohnt sind wir die teils heftigen Kontroversen über die konkrete Gestalt, über die Reichweite und die Verbindlichkeit dieser Lehrkompetenz, die sich besonders durch das Gefühl ungerechtfertigter Bevormundung entzünden. Gleichwohl erscheinen die folgenden Grundsatzüberlegungen einsichtig: Das kirchliche Lehr- und Leitungsamt versteht sich als Amt in »apostolischer Sukzession«; als Amt mit dem Ziel also, die bezeugte und überlieferte »Hinterlage des Glaubens« vor dem Vergessen zu bewahren, diese Tradition nicht abreißen zu lassen. Zur »Hinterlage des Glaubens« gehört unzweifelhaft die Relevanz des Glaubens für menschliches Handeln, gehören wichtige namhaft gemachte Grundlinien christlicher Praxis (vgl. 2.). Aus diesem Grund ist das kirchliche Lehramt an erster Stelle bemüht um die Aufrechterhaltung von Kirche als authentischer Erzähl- und Interpretationsgemeinschaft, als Bewährungs- und Diskursgemeinschaft und natürlich als Erinnerungs- und Solidargemeinschaft. Aus diesem Grund beansprucht es, verbindliche Aussagen für das menschliche Handeln zu treffen – wenn es die zentralen Gehalte der Grundfigur christlichen Handelns berührt. Wer hieraus einen *unbefragbaren absoluten* Wahrheitsanspruch des kirchlichen Lehramtes in allen Bereichen menschlicher Lebenswirklichkeit und zu allen Problemen menschlicher Sittlichkeit rekonstruieren möchte, mag auch die Kompetenz des kirchlichen Lehramtes *überschätzen*. In jedem Fall aber *unterschätzt* er damit den Kern christlicher Sittlichkeit und ebnet faktisch ihr besonderes Profil in dramatischer Weise ein: das Wagnis nämlich der Nachfolge Christi, das Einschwenken in Jesu Lebensprojekt, das uns durch die Zusage der errettend-heilenden Nähe Gottes ermöglicht ist, gleichwohl aber durch kein Normgefüge in Fassung gebracht und autoritativ in die Köpfe von Menschen verpflanzt werden kann. Wenn es der autoritativen Rede des kirchlichen Lehramtes tatsächlich um den Kern der »Hinterlage des Glaubens« geht, dann ist ihre bevorzugte Redeweise nicht das imperativische »Du sollst!«, sondern das indikativische »Du kannst!«.

Kirche ist als Gemeinschaft der Glaubenden wichtige Erzähl- und Interpretationsgemeinschaft für modellhafte Traditionen sowie Diskurs- und Bewährungsgemeinschaft für die kritische Würdigung und Umsetzung kreativen Handelns. Sie ist zugleich Erinnerungs- und Solidargemeinschaft, die Menschen unnachgiebig mit dem erlittenen Leiden im Gestern und Heute konfrontiert, dadurch beunruhigt und so zum widerständig solidarischen Handeln anhält. Kirchliches Lehramt trägt für den Bestand dieser Wesensmerkmale Sorge. Seine Rede ist zuerst die der Ermutigung, nicht der Ermahnung.

4. Statt eines Schlußwortes: Menschwerdung in Unterschiedenheit

Wir sehen: Theologische Ethik trifft im Zuge ihrer Aufklärungsarbeit über das Handeln von Christen eine Vielzahl von »generellen« Aussagen, die letztlich alle um die chancenreiche wie gefährdete Menschwerdung des Menschen kreisen. Sie teilt die Eigenart genereller Aussagen mit allen Formen wissenschaftlicher Reflexion. Generelle Aussagen spiegeln Systematisierungsanstrengungen wider, die zum besseren Verstehen menschlicher Sittlichkeit unerläßlich sind. Freilich könnten solche »Allaussagen« vergessen lassen, daß es *den* Menschen natürlich nicht gibt. Menschen gibt es nur im millionenhaften Plural ihrer je einzelnen unerreichbaren Einmaligkeit. Menschwerdung des Menschen steht im krassen Gegensatz zu einer gleichförmigen und einheitlichen Lebensführung. Im Bild eines berühmten prophetischen Zeugnisses (Jes 43,1–7) ist es der *Name* eines jeden Menschen, bei dem Gott jede Einzelne und jeden Einzelnen ruft und ihr wie ihm die unverwischbare biographische Einzigartigkeit zuspricht. Menschwerdung des Menschen ist folglich Menschwerdung *in Unterschiedenheit*, die diese Einzigartigkeiten und Einmaligkeiten festhält.

Deshalb will theologische Ethik auch nicht alles menschliche Handeln und damit alle Biographien vereinheitlichen – obwohl sich ein gegenteiliger Eindruck schnell aufdrängt. Immerhin unterstützt sie beispielsweise die Suche nach verallgemeinerbaren und allgemeingültigen Handlungsweisen. Ihre Verallgemeinerbarkeit wie Allgemeingültigkeit trägt zunächst dem Umstand Rechnung, daß es im Leben eines jeden Menschen feste, unhintergehbare Bedingungen menschenwürdigen Lebens gibt. Darüberhinaus stecken solche für alle verbindlichen Handlungsgebote und -verbote aber nur den Rahmen ab, innerhalb dessen jede einzelne Person ihren Lebensentwurf in eigenverantworteter Praxis entfalten kann, darf und muß. Sie dienen insbesondere dazu, ein gerechtes und respektvolles Auskommen unter Menschen zu gewährleisten. So bringen sie selbst das beharrliche Interesse theologischer Ethik zum Ausdruck, daß sittliches Handeln immer auch auf die Menschwerdung der Anderen *gerade in ihrer Verschiedenheit zu mir*, gerade in ihrer geschlechtlichen und kulturellen, ihrer religiösen und weltanschaulichen und vor allem: in ihrer persönlich-lebensgeschichtlichen Unterschiedenheit abzielt.

Literatur

Altner, Günter: Technisch-wissenschaftliche Welt und Schöpfung, in: Christlicher Glaube in moderner Gesellschaft 20, Freiburg - Basel - Wien 1982, 85–118.

Apel, Karl-Otto: Diskurs und Verantwortung. Das Problem des Übergangs zur postkonventionellen Moral, Frankfurt/M. 1988.

Auer, Alfons: Autonome Moral und christlicher Glaube, Düsseldorf 1971, 2. Aufl. mit einem Nachtrag zur Rezeption der Autonomievorstellungen in der katholisch-theologischen Ethik 1984.

– : Der Mensch als Subjekt verantwortlichen Handelns, in: Leben aus christlicher Verantwortung 1, 14–40.

Böckle, Franz: Fundamentalmoral, München 1977, 3. Auflage 1981.

– : Ethik, in: Neues Handbuch theologischer Grundbegriffe. Erweiterte Neuausgabe, hg. von Peter Eicher, Bd. 1, München 1991, 396–404.

Demmer, Klaus: Moraltheologische Methodenlehre (Studien zur theologischen Ethik 27), Freiburg i. Ue – Freiburg i. Brsg. 1989.

Furger, Franz: Ethik der Lebensbereiche, Freiburg i. Brsg. 1985.

Grundbegriffe der christlichen Ethik, hg. von Jean-Pierre Wils und Dietmar Mieth, Paderborn 1992.

Grundlagen und Probleme der heutigen Moraltheologie, hg. von Josef Ernst, Würzburg 1989.

Habermas, Jürgen: Diskursethik – Notizen zu einem Begründungsprogramm, in: ders., Moralbewußtsein und kommunikatives Handeln, Frankfurt/M. 1983, 5. Auflage 1992, 53–125.

Häring, Bernhard: Frei in Christus. Moraltheologie für die Praxis des christlichen Lebens, 3 Bde., Freiburg i. Brsg. 1979, Sonderausgabe 1989.

Hambloch, Hermann: Kulturgeographische Elemente im Ökosystem Mensch - Erde. Eine Einführung unter anthropologischen Aspekten, Darmstadt 1989.

Handbuch der christlichen Ethik, hg. von Anselm Hertz, Wilhelm Korff, Trutz Rendtorff und Hermann Ringeling, 3 Bde., Freiburg - Basel - Wien 1979, aktualisierte Neuausgabe 1993.

Höhn, Hans-Joachim: Vernunft - Glaube - Politik. Reflexionsstufen einer Christlichen Sozialethik (Abhandlungen zur Sozialethik 30), Paderborn 1990.

Höver, Gerhard: Moraltheologie/Christliche Ethik, in: Katholische Theologie heute. Eine Einführung in das Studium, hg. von Josef Wohlmuth, Würzburg 1990, 270–287.

Jenseits Katholischer Soziallehre. Neue Entwürfe christlicher Gesellschaftsethik, hg. von Friedhelm Hengsbach, Bernhard Emunds, Matthias Möhring-Hesse, Düsseldorf 1993.

Kant, Immanuel: Grundlegung zur Metaphysik der Sitten = I. Kant Werkausgabe VII, hg. von Wilhelm Weischedel, Frankfurt/M. 12. Auflage 1993.

Kerber, Walter, Ertl, Heimo und Hainz, Michael (Hgg.), Katholische Gesellschaftslehre im Überblick. 100 Jahre Sozialverkündigung der Kirche, Frankfurt/M. 1991.

Kessler, Hans: Erlösung als Befreiung, Düsseldorf 1972.

Korff, Wilhelm: Theologische Ethik. Ein Einführung, Freiburg - Basel - Wien 1975.

– : Wege empirischer Argumentation, in: Handbuch der christlichen Ethik 1, 83–107.

Leben aus christlicher Verantwortung. Ein Grundkurs der Moral, hg. von Johannes Gründel (Schriften der Katholischen Akademie in Bayern 141–143), 3 Bde., Düsseldorf 1991–1992.

Lipp, Wolfgang: Art. Institution, in: Grundbegriffe der Soziologie, hg. von Bernhard Schäfers, Opladen 1986, 4. Auflage 1995, 136–138.

Lob-Hüdepohl, Andreas: Kommunikative Vernunft und theologische Ethik (Studien zur theologischen Ethik 47), Freiburg i.Ue. – Freiburg i.Brsg. 1993.

Metz, Johann Baptist: Die Rede von Gott angesichts der Leidensgeschichte der Welt, in: Gottesnamen. Gott im Bekenntnis der Christen, hg. von Matthias Lutz-Bachmann und Andreas Hölscher (Schriften der Diözesanakademie 7), Berlin - Hildesheim 1992, 180–192.

Mieth, Dietmar: Moral und Erfahrung. Beiträge zur theologisch-ethischen Hermeneutik (Studien zur theologischen Ethik 2), Freiburg i.Ue. – Freiburg i.Brsg. 1977, 3. Auflage 1982.

Neues Lexikon der christlichen Moral, hg. von Hans Rotter und Günter Virt, Innsbruck - Wien 1990.

Peukert, Helmut: Wissenschaftstheorie - Handlungstheorie - Fundamentale Theologie. Analysen zu Ansatz und Status theologischer Theoriebildung, Frankfurt/M. 1978, 2. Auflage 1988.

Pröpper, Thomas: Erlösungsglaube und Freiheitsgeschichte. Eine Skizze zur Soteriologie, München 1985, 2. Auflage 1988.

Rahner, Karl: Nachfolge des Gekreuzigten, in: ders., Schriften zur Theologie 13, Einsiedeln 1978, 188–203.

– : Über die Einheit von Nächsten- und Gottesliebe, in: ders., Schriften zur Theologie 6, Einsiedeln 1965, 2. Auflage 1969, 277–298.

Ratzinger, Joseph: Kirchliches Lehramt - Glaube - Moral, in: Prinzipien christlicher Moral, hg. von dems., Einsiedeln 1975, 2. Auflage 1981, 41–66.

Rich, Arthur: Wirtschaftsethik [1]. Grundlagen in theologischer Perspektive, Gütersloh 1984, 4. Auflage 1991.

Schäfers, Bernhard: Art. Gesellschaft, in: Grundbegriffe der Soziologie, hg. von dems., Opladen 1986, 4. Auflage 1995, 110–114.

Schöllgen, Werner: Konkrete Ethik, Düsseldorf 1961.

Schüssler Fiorenza, Francis: Die Kirche als Interpretationsgemeinschaft, in: Habermas und die Theologie. Beiträge zur theologischen Rezeption, Diskussion und Kritik der Theorie kommunikativen Handelns, hg. von Edmund Arens, Düsseldorf 1. und 2. Auflage 1989, 115–144.

Schuster, Josef: Kirchliches Lehramt und Moral, in: Grundlagen und Probleme der heutigen Moraltheologie, hg. von Wilhelm Ernst, Würzburg 1989, 173–191.

Theologische Ethik im Diskurs. Eine Einführung, hg. von Walter Lesch und Alberto Bondolfi, Tübingen - Basel 1995.

Veritatis splendor. Enzyklika Papst Johannes Pauls II. an alle Bischöfe der katholischen Kirche über einige grundlegende Fragen der kirchlichen Morallehre (Verlautbarungen des Apostolischen Stuhls 111), Vatikanstadt - Bonn 1993.

Hans-Joachim Sander

Zeichen der Zeit – Kontraste der Menschwerdung. Hinführung zu gegen-wärtiger Fundamentaltheologie

Moskau im August 1991. Eine Gruppe reaktionärer Kommunisten setzt einen Putsch in Szene, um die noch existente UdSSR auf einen Kurs vor Glasnost und Perestroika zurückzuführen. Sie erklären Michail Gorbatschow, damals Generalsekretär der KPdSU und Präsident der UdSSR, aus gesundheitlichen Gründen für abgesetzt. Nach dem Widerstandsaufruf des russischen Präsidenten Boris Jelzin demonstrieren zigtausende Moskauer für Gorbatschows Rückkehr. Sie schützen Jelzins Amtssitz und das russische Parlament mit ihrer Gegenwart und das heißt mit ihrem Leben. Um sich zu Herren der Lage zu machen, setzen die Putschisten in der Nacht vom 21. August eine Einheit des KGB mit Schützenpanzern auf das Gebäude in Marsch. Bei dem Versuch, die Soldaten zu stoppen, kommen drei junge Russen ums Leben, einer von ihnen ein Jude. Ihr Tod war das Fanal zum verstärkten Widerstand und zur schließlichen Niederlage der Putschisten.

Ilja Kritschewskij, der Jude unter den dreien, war der erste, der auf einen Panzer aufsprang, um mit der Besatzung zu reden. Sie hat auf ihn geschossen und mit den Ketten des Fahrzeugs überrollt. Kritschewskij hat Gedichte geschrieben; eines davon ist damals bekannt geworden. Es lautet in der Übersetzung:

> Sterben wirst du anders, als du denkst.
> Halt dich nicht mit Illusionen auf –
> bequem durchs Leben kommen hier auf Erden ...
> Offenen Auges bist du blind,
> noch eher wird ein Blinder sehend werden.
>
> Auf weitem Feld
> bist du allein.
> Es legte sich der Wind.
> Und nur der halben Hoffnung
> Spiegel
> spricht zu dir:
> „Nun geh, mein Kind!“

Das Gedicht spricht von der Hoffnung auf Menschwerdung, die sich nicht vom Tod abschrecken und vom bequemen Leben einlullen läßt. Auch die verzagteste Hoffnung ist ein Zeichen des Lebens; sie ist ein Widerstand gegen jene Kräfte und Mächte, die Leben beschneiden und Menschwerdung verweigern. Sie gibt Kraft, ins weite Feld des Lebens aufzubrechen und sehenden Auges zum Menschen zu werden.

Das Gedicht des Ilja Kritschewskij ist ein lyrisches Produkt und durch die Umstände seines Todes ein historisches Dokument. Und gerade darin ist es ein Zeugnis für die Macht des Lebens, zu der Hoffnung auf Menschwerdung wachsen kann. Diese Hoffnung auf Menschwerdung erfüllt jeden Menschen. Sie gehört zu seiner Existenz. Sie entsteht, wenn Menschwerdung beschnitten, bedroht, zerstört wird. Sie ist selbst ein Zeichen der Menschwerdung des Menschen wider Leiden, Scheitern und Gewalt. Hoffnung ist keine schöne Idee, lebensferner Traum oder nostalgische Utopie; sie ist Kraftquelle im mühsamen Alltag, Überlebensfaktor in existentieller Bedrohung, Klammer des Lebens im Widerstand gegen den Tod. Sie kann daher auch nicht am Schreibtisch konstituiert werden, sondern entsteht an den Kreuzwegen der Gegenwart; sie zeigt sich an Ereignissen und Phänomenen wie dem Tod und dem Gedicht des Ilja Kritschewskij. Wer etwas über Hoffnung sagen will, muß daher von den Kreuzwegen der eigenen Zeit wissen und ihre humane Signatur erheben. Im Thema ‚Hoffnung' wird deren Inhumanität offenbar; es besitzt einen Gegenwartsanker und ein Zukunftspotential. Ohne den Kontrast zur jeweiligen Situation, ohne die Vergegenwärtigung der Menschen hier und heute, ohne Wahrnehmung der Zeichen der Zeit läßt sich nichts Überzeugendes über Hoffnung sagen.

Dieser Zusammenhang hat für christliche Theologie fundamentale Bedeutung. Er bestimmt die Logik dessen, was sie zu sagen hat. Er prägt sowohl die für ihre Geschichte normativen Texte der Bibel wie die für sie klassisch gewordenen Entwürfe. ‚Hoffnung' ist ein altes Thema christlicher Theologie und verkörpert zugleich eine Herausforderung an jede neue Theologinnen- und Theologen-Generation; denn Theologie muß je neu Rechenschaft von der Hoffnung ablegen, von der christlicher Glaube spricht. Damit zeigt sich exemplarisch, wie sie arbeitet, was sie zu sagen hat und wofür sie betrieben wird. Der systematische Versuch, diese Rechenschaft abzulegen, ist die *Fundamentaltheologie*. Sie ist die Grundlagenwissenschaft der Theologie. Sie behandelt die Fundamente und den

Rahmen, in dem Theologie zu Aussagen gelangt. In ihr wird der prinzipielle Charakter der Menschwerdung für die Rede von Gott herausgestellt und so der Ort markiert, an dem Glaube gegen-wärtig zur Sprache kommt. Menschwerdung ist eine Gegenwartsbezeichnung; sie findet konkret, vor Ort, in einer bestimmten Situation statt. Der Glaube spricht von der Hoffnung auf Menschwerdung; von ihr Rechenschaft abzulegen ist daher eine Aufgabe in der Gegenwart des Menschen. Sie muß gegen-wärtig betrieben werden. Sofern Fundamentaltheologie den systematischen Vollzug dieser Rechenschaftspflicht darstellt, vollzieht sie sich als gegen-wärtige Disziplin.

‚Gegenwärtig' ist daher nicht nur eine zeitliche, sondern auch eine systematische Kennzeichnung; sie markiert den Stand der Disziplin wie die Logik ihres Ansatzes. In diesem Buch geht es weniger um eine Bestandsaufnahme einzelner Entwürfe von Fundamentaltheologie - die es derzeit in einer selten gekannten Pluralität gibt - als vielmehr um die Demonstration ihres Ansatzes am Thema der Menschwerdung. Dieses Thema ist der Fundamentaltheologie nicht äußerlich, sondern wesentlich. Insofern sie die Disziplin der Vergegenwärtigung des Glaubens angesichts der Anfragen an die Hoffnung ist, die er zur Sprache bringt, hat Menschwerdung für sie konstitutiven Rang. In dieser Perspektive wird im Folgenden am Thema gearbeitet. Es dient zugleich als Fokus, wichtige Themenkomplexe aus der Geschichte der Disziplin anzusprechen.

1. Empirie und Theologie - das Wahrheitsproblem des Glaubens

Theologie bedeutet Rede von Gott. Hinter dieser Aussage steckt ein vertracktes Problem. Denn daran schließt sich logischerweise die Frage an: „Gibt es das - Gott?" Mit der Rede von ihm ist ja noch nicht ausgemacht, ob von etwas oder jemandem dabei wirklich die Rede ist. So lange es diese Rede gibt, lehrt die Erfahrung, daß niemand auf Gott zeigen kann. Er steht uns nicht einfach so vor Augen. Wir haben keine solche Bekanntschaft mit ihm, die eine Beschreibung seines Selbst ermöglichte. Der Ausgangspunkt der Theologie ist damit negativ bestimmt. Das kennzeichnet ein wesentliches Merkmal ihrer Existenz. Theologie ist - im Sprachspiel des Mittelalters formuliert - *theologia negativa.* Das bedeutet nicht, daß sie nicht weiß, was sie sagt; es bedeutet vielmehr: sie beschreibt, daß sie keine Bekanntschaft mit Gott hat. Die Rede von Gott kann sich folglich nicht über ihren Gegenstand erschließen, sondern erst über die Rede selbst.

Auf Gott kann niemand zeigen – aber von Gott kann jeder und jede sprechen. Gott gibt es nicht als vorgegebenes Ding, aber als Wirklichkeit, von dem Menschen sich einen Begriff bilden können. Gott ist kein Gegenstand unserer Wahrnehmung, aber eine Erfahrung unserer Existenz. Der Zugang des Menschen zu Gott ereignet sich folglich nicht über die Sinne, sondern über die Rede. Wer sich auf Gott beziehen will, muß Erfahrungen Ausdruck verleihen. Wer auf Gott verweisen will, muß die eigene Existenz zur Sprache bringen. Wer etwas von Gott erfahren will, muß Theologie treiben. Daraus ergibt sich: *Der Ausgangspunkt der Theologie ist zugleich ebenso negativ wie erfahrungshaltig.*

In exemplarischer Weise bringt der biblische Programmsatz der Fundamentaltheologie diesen Zusammenhang zum Ausdruck: *„Seid allezeit bereit zur Verantwortung vor jedermann, der von euch Grund fordert der Hoffnung, die in euch ist‘* (1 Petr. 3,15; in der Luther-Übersetzung). Die Rede von Gott muß verantwortlich gehandhabt werden. Sie ist rechenschaftspflichtig vor jedem Mann, jeder Frau, jedem Kind. Sie kann als blanke Behauptung nicht existieren, sondern muß sich auf den Wahrheitsgehalt hin anfragen lassen. Sie ist keine Nabelschau einer elitären Gemeinschaft, sondern die Basis, allen Menschen zu begegnen. Sie legt keinen Gottesbeweis vor, keinen Nachweis des dinglichen Charakters ihres Gegenstandes, sondern bringt die Hoffnung zur Sprache, welche sie selbst bewegt. Theologie bezeichnet keine rätselhafte Gegebenheit, sondern etwas offenkundig Fragwürdiges: den Menschen, der die Menschwerdung erhofft. Sie benennt damit einen Ort, auf den jemand sich beziehen kann, die oder der sie befragt. Sie muß an diesem Ort wahrheitsfähig sein, wenn sie den Fragenden etwas Bedeutsames antworten will.

Doch wie gelingt das, die Rede von Gott wahrheitsfähig zu halten? Die Philosophie nach der Aufklärung hat das methodologische Problem der Erkenntnis begriffen und bearbeitet. Es genügt nicht, nach den Bedingungen der Möglichkeit der Erkennens im Subjekt zu fragen, sondern es müssen die Erkenntnismethoden als Bedingungen der Gewinnung von Aussagen untersucht werden. Es wurde klar, daß das Problem der Erkenntnis eine Frage der Methoden darstellt, mit denen sie gesucht wird. Die Wahrheit ist keine schöne

Idee, sondern eine harte Herausforderung. Sie ist zuerst und zunächst ein sprachliches Problem; es gibt sie nur in Aussagen. Sie ist keine dem Bewußtsein vorgegebene Größe, sondern ein zu erhebendes Merkmal von Sätzen.

Die Überlegungen von Gottlob Frege zur Logik der Sprache und die Untersuchungen von Karl Popper zur Logik der Forschung sind hierfür wegweisend. *Frege* hat entdeckt, daß bei sprachlichen Ausdrücken Sinn und Bedeutung unterschieden sind. Der Sinn eines Satzes ist der Gedanke, den der Satz repräsentiert; der Sinn ist die prinzipiell allen zugängliche Perspektive, die der Satz zum Ausdruck bringt. Die Bedeutung hingegen ist die Wahrheit oder Falschheit des Satzes; sie ist die Tatsache, daß der Gedanke des Satzes eine reale Gegebenheit zum Ausdruck bringt oder nicht. Die Bedeutung eines Satzes kann also das Wahre oder das Falsche sein. *Popper* hat entdeckt, daß Behauptungen nicht verifiziert werden können, sondern der Falsifizierungsprobe unterzogen werden müssen. Die Logik der Wissenschaften wird nicht von der Frage bestimmt, ob Aussagen richtig sind, sondern von der Untersuchung, ob Behauptungen über die Realität falsch sind. Sichere Erkenntnis bezieht sich auf das, was sich als falsch herausgestellt hat; solange das für eine Aussage nicht der Fall ist, kann von ihrer Richtigkeit ausgegangen werden. Je öfter sie diese Probe besteht, desto bewährter kann sie gelten. Entscheidend für zur Erkenntnis verwertbare Sätze ist also, daß sie einer Falsifizierungsprobe unterzogen werden können. Behauptungen, deren mögliche Falschheit prinzipiell nicht festgestellt werden kann, sind unbrauchbar und können keine Erkenntnis transportieren. Sie sind bedeutungslos und gegen jede Überprüfung immun. Sie sind nicht wahrheitsfähig, weil sie nicht falsifizierbar sind.

Die Erkenntnis hängt daher von der Methode ab, mit der der Tatsachenbezug eines Satzes hergestellt wird. Man kann – nicht nur als Theologe oder Theologin – mit dem Anspruch der Wahrheit vernünftig und überzeugend nur auftreten, wenn man sagen kann, woran sich die aufgestellten Behauptungen überprüfen lassen. Man muß eine Realität angeben können, auf die sich die Aussagen der Sätze, für deren Wahrheit man eintritt, beziehen. Der Weg, Wahrheit zum Ausdruck zu bringen, verläuft über die mögliche Falschheit von Aussagen. Die Realität ist niemals ein schieres Abbild des Ausgesagten, sondern eine Größe, welche die mögliche Falschheit eines Satzes entlarvt. Das gilt auch für die Theologie. Was sie zur Sprache bringt, muß anfragbar sein. Sie muß ihre Rede so formulieren, daß sie begründet bezweifelt werden kann. Sie muß offen sein für den Nachweis der möglichen Falschheit ihrer Behauptungen.

Eine solche Forderung steht formal betrachtet im Spannungsfeld von Philosophie und Theologie. Beide waren bei aller Nähe in einzelnen Epochen nie identisch miteinander. Es fanden stets Ab- und Ausgrenzungsprozesse statt, die auf das kritische Moment ihres Verhältnisses verweisen. In jüngerer Zeit geht die Rezeption in überwiegendem Maße von der Theologie aus; für sie ist eine Beziehung zur Philosophie lebenswichtig. Theologie bewegt sich an der Grenze des Sagbaren und ist von daher auf die Erweiterung der Sprache zur Begreifbarkeit dessen, was es gibt, angewiesen. In der Philosophie findet eine solche Spracherweiterung problemorientiert statt. Ihre Fragen sind nicht einfach schon theologische; aber die Begriffe, die sie ausbildet, stellen Potentiale bereit, das Projekt der Rede von Gott zu verfolgen. Schottet sich Theologie von dieser Sprachentwicklung ab, verliert sie die Diskursfähigkeit ihrer Argumente und degeneriert zur Kulturwissenschaft mit vergangenem Materialobjekt.

Die Auseinandersetzung der Theologie mit der Philosophie findet in der Fundamentaltheologie statt; denn über den sprachlichen Charakter des Verhältnisses betrifft sie Grundlagenfragen der Theologie. Diese Auseinandersetzung ist kritischer Natur; Theologie kann sich nicht in Philosophie erschöpfen, weil sie eigene Fragen und Probleme hat. Aber erst die Philosophie gibt ihr die notwendige Fremdperspektive, um die sprachlichen Rahmenbedingungen und allgemeinen Strukturen zu begreifen, in denen diese Fragen und Probleme stehen.

Eine Identifikation von Philosophie und Theologie muß ebenso ausgeschlossen werden wie eine Trennung. Das Festlegen der Theologie auf eine und nur eine Philosophie als Dialogpartnerin hat verheerende Folgen. Sie gerät dann in eine jener neuzeitlichen Situation vergleichbaren Lage, daß kirchliche Repräsentanten am zentralen Ort der Erde im Weltall festhalten, während die eigentlich spannende Frage ist, wie viele erdähnliche Planeten es geben kann. Bezeichnenderweise wurde und wird die Forderung, sich nur mit einer bestimmten Art von Philosophie auseinanderzusetzen, stets von denen erhoben, welche die Kirche in ein geistiges Ghetto führen wollen. Ein Beispiel aus jüngerer Zeit sind die Traditionalisten um Marcel Lefebvre.

Die Philosophie der Zeit ist eine Autorität der Theologie gegenüber, die sie nur zum eigenen Schaden ignorieren kann. Theologie hat immer davon profitiert, ernsthaft und ausführlich die jeweilige Philosophie der Zeit zu diskutieren. Ihre Hochzeiten sind von solchen Auseinandersetzungen geprägt. So konnte es die Scholastik ohne die Aristoteles-Rezeption im Mittelalter nicht geben. Sie ist das beste Beispiel dafür, daß die Auseinandersetzung mit den jeweils bestimmenden philosophischen Problemen äußerst kreativ ist. Eine heutige Beschränkung auf philosophische Inhalte und Begriffe der damaligen Zeit verletzte die Logik dieser Auseinandersetzung; sie wäre eine scholastische Farce.

Philosophie ist ein jeweiliges Zeichen der Geschichte von Menschwerdung. Sie ist ein Zeichen für das, wie der Mensch sich selbst, andere und die Welt überhaupt begreifen lernt. Ihre Begriffe verweisen auf die Menschen und Verhältnisse einer jeweiligen Zeit, aber zugleich auch darüber hinaus. Sie zeigen an, vor welchen Rahmenfragen eine jede Menschwerdung steht und an welchen sie scheitert. So sind cartesischer Zweifel und Empirismus unverträglich mit einer feudalen Ordnung, die Sicherheit und Orientierung mit deren Aufführung im absolutistischen Staatstheater verwechselt. Indem Philosophie geistig Selbstverständliches sprengt, besitzt sie eine das rein Geistige transzendierende Macht und verweist auf personale, gesellschaftliche und politische Entwicklungen, die sich erst abzeichnen. Philosophie ist das geistige Projekt der Menschwerdung. Sie debattiert folglich immer abstrakt, aber darin zugleich konkret und gegenwärtig. Sofern Theologie sich mit Philosophie auseinandersetzt, tritt sie in Kontrast zur Menschwerdung als geistigem Projekt. Ihr wird darin die Menschwerdung überhaupt erst begreifbar.

Philosophie führt einen Diskurs der Vernunft. Die Vernunft ist ein integraler Komplex in der Bezeichnung der Menschwerdung durch den Menschen selbst. Sie ist eine Zeichen der Aufklärung des Menschen über seine Menschwerdung. Sie hat folglich eine reale Funktion – die Humanität des Menschen auf den Begriff zu bringen. In der Auseinandersetzung mit Philosophie sucht die Theologie ein kreatives Verhältnis zum geistigen Charakter der Menschwerdung. Es ist eine bleibend kritische Verbindung; denn die vernünftige Diskussion der Aussagen des Glaubens ist zugleich eine Kritik deren inhumanen Anteile. Sie ist für die Existenz eines Glaubens unverzichtbar, der seine die Menschwerdung bezeichnende Kraft nicht verlieren will. Dieses Problem begleitet den Diskurs der Fundamentaltheologie von Beginn an; es ist ihr disziplinarischer Bestimmungsgrund. Fundamentaltheologie ist die Wächterin der vernünftigen Ermächtigung der Theologie.

Sie wacht über den Rahmen, in dem Überzeugungen überzeugend vertreten werden können. Das ist primär eine Frage der Methode, in der Standpunkte gewonnen werden; ein Glaube, der sich in Gegenwart des Menschen zu bewähren sucht, erlangt eine hohe Beachtung und gewinnt wirkliche Bedeutung für die Menschwerdung hier und heute. Ein gelungenes Beispiel dafür ist die Pastoralkonstitution *Gaudium et spes* des Zweiten Vatikanischen Konzils; sie bietet eine Methode für gegen-wärtige Theologie, deren fundamentaltheologisches Gewicht noch weitgehend zu entdecken ist.

Glaube und Wissen bedingen einander. Glaube ohne die Fähigkeit, sein Wissen vernünftig darzustellen, ist nicht von einer Ideologie zu unterscheiden; er bedarf der Kritik der Vernunft um seiner Darstellung willen. Aus diesem Grund ist Fundamentalismus in Glaubensdingen eine Gefahr für den Glauben selbst. Der Verzicht auf Vernunft und Kritik von Standpunkten muß Überzeugung durch Zwang ersetzen. Er zerstört den Glauben von innen her und verletzt dessen biblisches Rechtfertigungsgebot.

Glaube bezeichnet eine subjektive Größe, die sich anderen gegenüber bekannt machen will; er existiert in der Polarität von *fides quae* und *fides qua*. Er ist dem Subjekt in der Glaubensgemeinschaft gegeben sowie personal aufgegeben. Er ist der Glaubensgemeinschaft aber auch nur gegeben in der Aufgabe, seine Bedeutung für die Menschen zu entdecken. Der je eigene Glaube muß vor anderen bestehen können. In *Justin des Märtyrers* Apologetik aus dem 2. Jhdt. hat das einen klassischen Ausdruck gefunden. Christlicher Glauben muß sich denen begreiflich machen können, die nicht zur Glaubensgemeinschaft der Kirche gehören; es gehört wesentlich zu ihm, sich von denen her begreifen zu lernen, die eine andere Perspektive haben.

Die Basis von Apologie kann die Vernunft sein. Sie ist ein Bindeglied der einzelnen Subjekte wie ein Zeichen der Verbundenheit von Menschen. Aufklärung verkörpert einen entscheidenden Schritt in der Menschwerdung; sie befreit aus der Unmündigkeit (Immanuel Kant). Ein jeder Glaube muß daraufhin geprüft werden, ob er Menschen in Unmündigkeit hält oder dem Projekt von Aufklärung standhält.

Theologie steht also sowohl von ihrer eigenen Tradition her – die Rechtfertigungspflicht von 1 Petr. 3,15 – wie unter wissenschaftstheoretischem Gesichtspunkt – der Rechtfertigung durch eine Falsifizierungsprobe – vor einem fundamentalen Kontrast: dem von Realität und Glauben. Es ist – formal gesehen – der Kontrast von

Empirie und Theologie. Theologische Aussagen sind empirisch zu vermitteln und empirische Tatbestände theologisch zu begreifen.

Der frühmittelalterliche Theologe *Anselm von Canterbury* hat dieses Problem in einer für die Fundamentaltheologie klassischen und in ihrem Gehalt epochalen Formulierung auf den Punkt gebracht: „Credo ut intelligam. - Ich glaube, damit ich begreife." Theologische Untersuchungen sind keine Nachweise des Gegenstandes Gott, sondern Versuche, von Gott in Relation zu erfahrbaren Größen zu sprechen. Die Theologie in ihrem formalen Gehalt ist also ein sprachliches Unternehmen mit bezeichnendem Charakter. In der Gottesthematik wird dieser Charakter auf eine harte Probe gestellt.

2. Die vielen Religionen und der eine Gott - das semiotische Problem des Glaubensbekenntnisses

Menschen sind religiös. Auch das Morgenrot der Postmoderne hat das Thema Religion nicht vertrieben, sondern eher neu beleuchtet. Die Erfahrung von Pluralität bezieht sich auch auf religiöse Erfahrungen. Der Auszug aus den Kirchen, insbesondere den großen unter ihnen, bedeutet nicht die Abkehr von Religion. Damit bestätigt sich das Bild, das Anthropologen von der Menschheitsgeschichte zeichnen; Religion hat darin einen zentralen Stellenwert.

Religion hat es mit dem *Heiligen* zu tun, mit jenen mächtigen Erscheinungen, die zugleich faszinieren und erschrecken, also dem berühmten *mysterium tremendum et fascinosum* (Rudolf Otto). Je danach, was von einer Person und von einer Gesellschaft als etwas Heiliges verehrt wird, wird Menschwerdung geprägt; denn je danach bestimmt sich die individuelle oder kollektive Bereitschaft zu möglichen Opfern. Ob uns nun Rasse, Volk, Wirtschaftswachstum, Schönheit, Auto oder Liebe, Freundschaft, Familie, Gäste, Fremde, Notleidende heilig sind, ist nicht einerlei; wir sind dann nämlich zu ganz verschiedenen Opfern bereit. Das Heilige ist mithin nicht notwendigerweise gut; es kann etwas ganz und gar Schreckliches sein. Es bestimmt durch die Opfer, die es fordert, ganz zwangsläufig über die Menschwerdung des Menschen mit. Gott und das Heilige sind nicht identisch; aber die Rede von Gott ist immer eine Auseinandersetzung mit dem Heiligen, das es gesellschaftlich und personal gibt. Sie ist das kritische Potential den Opfern gegenüber, die ein

Heiliges fordert. Die christliche Rede von Gott steht darum stets in Auseinandersetzung mit den Mächten und Gewalten, die von Menschen Opfer fordern; sie ist ein Instrumentarium, um zu prüfen, ob diese Opfer zum Wohl oder zum Schaden der Menschwerdung verlangt werden. Darin liegt eine spezifische Eigenschaft christlicher Religiosität.

Es ist die historische Erfahrung des Christentums, eine Religion unter anderen zu sein. Von Beginn an hatte es sich mit anderen Religionen auseinanderzusetzen. Das Christentum ist ohne das Judentum nicht denkbar; denn jenes ist die Religion Jesu. Diese Pluralität gehört zum Selbstverständnis der Christen und Christinnen; aber das ist nicht selbstverständlich. Vielmehr lag und liegt die Frage nahe: „Es gibt zwar viele Religionen – doch welche ist die wahre?" Wenn es eine wahre Religion gibt, müssen dann die anderen verschwinden? Bis in die Neuzeit hinein beherrschte diese Auffassung das Feld. Sie hat zur Bekehrung der sog. Barbaren, zu den Kreuzzügen, zur Amerika-Mission im Zeichen von Kreuz und Schwert, zum Massenmord des Dreißigjährigen Krieges, zur Kolonisierung Afrikas und weiter Teile Asiens geführt. Diese historische Macht belegt das systematische Gewicht der Frage. Sie ist ein entscheidendes Problem in der Gottesthematik. Denn wenn es nur einen Gott gibt, wieso existieren dann viele Religionen? Ist die Pluralität religiöser Systeme und die kaum überschaubare Vielfalt der Gottesnamen eine Widerlegung der monotheistischen Annahme?

Das Bekenntnis zum einen Gott muß sich rechtfertigen, nicht der Pluralismus der Religionen. Die unter missionstheologischen Vorzeichen aufgestellte Hypothese vom sog. Urmonotheismus – die Annahme, daß am Beginn der Religionsgeschichte der Ein-Gott-Glaube stand, der in einer Art babylonischer Sprachverwirrung auseinanderstob – ist abwegig; sie ist ein platonisierender Mythos auf dem Feld der Religion, der an der Realität der Religionsgeschichte scheitert. Daran zeigt sich zugleich, daß Religionswissenschaft ein kritisches Potential gegenüber der Theologie besitzt. Ohne Auseinandersetzung mit ihr kann keine Theologie der Religionen betrieben werden.

Die Rede vom einen Gott hat ein semiotisches Problem. Sie muß zeigen, was oder wen sie bezeichnet. Sie muß die Logik ihres Bekenntnisses rechtfertigen. In der Semiotik von *Charles S. Peirce* stehen m.E. die formalen Voraussetzungen zur Verfügung, diese Rechtfertigung zu leisten. Peirce verbindet Semiotik mit Pragmatik, die Logik der Zeichen mit der Wahrheitsbedeutung des Handelns. Aussagen haben Zeichencharakter; sie sind dreiwertige Phänomene, die auf etwas verweisen, einen Interpretanten bewirken und selbst Realität darstellen. Zeichen stellen Relationen her und strukturieren damit Handlungen. Sie verbinden und eröffnen Handlungsmöglichkeiten. Zeichen und Lebenspraxis hängen zusammen. In den Zeichen, über die Menschen verfügen, werden ihre Handlungen mitbestimmt. Das zeigt sich insbesondere im Falle der Religion. Ihre Standpunkte sind Zeichen; sie unterliegen der Logik, die von der Peirceschen Semiotik herausgearbeitet wurde.

Das Bekenntnis, daß es einen und nur einen Gott gibt, hat Zeichencharakter. Es ist ein Zeichen des Glaubens, ein *symbolon*, das all das repräsentiert, was Glaube ist. Es ist der Glaube selbst auf der Ebene der Sprache. Das Glaubensbekenntnis, das *symbolon*, gehört formal betrachtet zu einer Unterklasse von Zeichen; seine Logik kann semiotisch beschrieben werden. Das Bekenntnis des einen Gottes stellt folglich Verbindungen her und eröffnet Handlungsmöglichkeiten. Es ist ein Zeichen für die Menschwerdung des Menschen in Relation zur Menschwerdung aller anderen Menschen. Christliche Theologie hat die Aufgabe, von dem einen Gott zu reden. Doch ist Gott kein Besitz der Christen und Christinnen, kein Zeichen eines Monopols oder Ausweis einer wie auch immer gearteten Exklusivität. Der eine Gott verweist die Christinnen und Christen auf die Menschwerdung aller Menschen, wenn sie etwas über ihn erfahren wollen. Auf dem Zweiten Vatikanischen Konzil wird dieser Zusammenhang in die Lehre vom universalen Heilswillen Gottes und der Berufung des Menschen zum Menschsein gefaßt (*Gaudium et spes* Nr. 3).

Das hat große Konsequenzen für die Rede von Gott. Sie steht nicht einfach zur Verfügung, sondern existiert unter einem Entdekkungsvorbehalt. Sie klärt sich dadurch, daß Christen und Christinnen eine innere Verbindung mit der Menschwerdung aller Menschen eingehen. Sie ist die Bedingung der Möglichkeit, vom einen Gott reden zu können. Zu dieser Menschwerdung gehören die vielen Religionen. Das Gespräch mit ihnen ist keine schöne Diplomatie oder Ausweis professoraler Gelehrsamkeit, sondern ein Erfordernis christlicher Rede von Gott. Insofern in diesem Gespräch die Menschwerdung das Thema ist, erfahren die Christen und Christinnen etwas über die Bedeutung der eigenen Rede von Gott, dem Abba und Schöpfer der Welt.

Die Rede von Gott ist in der fundamentaltheologischen Tradition in der *demonstratio religiosa* angesiedelt. Dieser Traktat kann ohne Verhältnisbestimmung zur Pluralität der Religionen nicht mehr durchgeführt werden. Von der Logik des Zeichens ‚der eine Gott' her ist es ausgeschlossen, die *demonstratio religiosa* auf die Alternative von Exklusivität oder Inklusivität des christlichen Glaubens zu reduzieren. Die Rede vom einen Gott verbindet die Christen und Christinnen mit der Menschwerdung aller Menschen; sie darf um ihretwillen nicht exklusiv betrieben werden. Ebenso widerspricht es der Logik der Beziehungen, die dieses Zeichen herstellt, wenn man sagt, daß das, was andere Religionen sagen, bereits in der christlichen Rede von Gott enthalten ist; denn dann wäre die Beziehung zu Nichtchristen für diese Rede akzidentell. Vom universalen Heilswillen her ist sie aber prinzipiell und unverzichtbar; sie hat damit für eine christliche Rede von Gott konstitutiven Rang.

Aus dem Dilemma von Exklusivismus und Inklusivismus führt m.E. der Gedanke der Entdeckung heraus, welcher der Logik der Aussage vom universalen Heilswillen Gottes entspricht. In Relation zur Menschwerdung anderer Menschen und damit zu den religiösen Zeichen, die diese repräsentieren, entdecken die Christen und Christinnen, wie und was sie über den einen Gott sagen können. In diesem Prozeß steht man erst am Anfang; noch beherrschen Exklusivismus und Inklusivismus das Feld.

Die religiösen Erfahrungen von Menschen mit ihrer Menschwerdung sind eine Basis, Gott zur Sprache zu bringen. Aus diesem Grund besitzen die Symbola und Zeichen anderer Religionen für die Christinnen und Christen einen Entdeckungswert. Wir begreifen erst, wer Gott ist, an den wir glauben, wenn wir uns der Menschwerdung anderer Menschen aussetzen. Glaubten wir ihn ohne die anderen zu kennen, verlören wir jede Perspektive auf ihn; aus Gott würde dann der Götze eines exklusiven Clubs gemacht.

Den Weg, im Verhältnis zur Menschwerdung anderer Menschen Gott zu entdecken, müssen Christen und Christinnen um der Offenbarung Gottes willen gehen. Sie schottet sie nicht von anderen ab, sondern zeigt gerade, daß Gott kein Besitz einer Gruppe ist, sondern eine Macht, die von sich selbst her zu jeder Menschwerdung ein inniges Verhältnis besitzt. Die *demonstratio religiosa* behandelt traditionellerweise den fundamentalen Charakter von Offenbarung. Seit dem Zweiten Vatikanischen Konzil ist die Lehre von der Offenbarung fähig, die Pluralität der Religionen zu begreifen und aufzugreifen. Offenbarung bedeutet die Selbstmitteilung

Gottes in Wort und Tat (Dogmatische Konstitution über die göttliche Offenbarung *Dei Verbum*); Gott gibt sich selbst preis und zu erkennen. Alles, was es gibt, kann zu ihm in eine innere Beziehung treten, die für das eigene Werden Bedeutung besitzt.

Offenbarung macht also keine Übermacht kund, auf die man nur verweisen müßte; das wäre der vergebliche Versuch, die *theologia negativa* zu überspielen. Offenbarung ist eine Ermächtigung des Geschaffenen zum eigenen Selbst. Theologie redet von Gott auf der Basis dieser Selbstmitteilung. In der Weitergabe der Offenbarungsbotschaft erhebt sie den Sinn, den das Wort ‚Gott' in der Existenz des Menschen hervorruft. Der Kontrast mit anderen Religionen und religiösen Erfahrungen führt nicht von der Selbstmitteilung Gottes weg, sondern durch die Menschwerdung der anderen tiefer in sie hinein. Darum kann die Erklärung des Zweiten Vatikanischen Konzils über das Verhältnis der Kirche zu den nichtchristlichen Religionen *Nostra Aetate* auch sagen, daß die Kirche nichts von dem ablehnt, was in anderen religiösen Traditionen wahr und heilig ist (Nr. 2).

In ähnlicher Weise hat der Atheismus Bedeutung für die Rede von Gott. Sie ist mit ihm über die Menschwerdung der Menschen verbunden. Er kann nicht auf die Ablehnung der Existenz Gottes reduziert werden, sondern besitzt ein die Menschwerdung des Menschen förderndes Potential. Seine Argumente können eine Basis sein, die Anteile an der Rede über Gott zu entlarven, die der Menschwerdung entgegenstehen. Sein Fels ist das unschuldige Leiden von Menschen; eine ganze theologische Literaturgattung war der Beseitigung dieses Argumentes gewidmet: die Theodizee. Aber sie vermochte nicht, einen apathischen, also von der Zerstörung von Menschwerdung nur sekundär berührten Herrschergott vor den Leiden unschuldiger Menschen freizusprechen. Das kann nicht gelingen, weil es der Logik des allgütigen und mit der Menschwerdung von sich selbst her verbundenen Gottes widerspricht. Der Atheismus ist primär eine Anti-Theismus, die Ablehnung dieser Übermachtsgestalt, weil sie das Leiden billigend in Kauf nimmt. Wer ihm entgegentreten will, muß die Rede von Gott von solchen unglaubwürdigen Gottesbildern befreien und zu einer gegenwärtigen Größe machen. Eine echte Auseinandersetzung mit dem Atheismus führt zwangsläufig zur Verbindung der Rede von Gott mit der Menschwerdung der Menschen hier und heute. Aus diesem Grund erwartet das Zweite Vatikanische Konzil „das Heilmittel gegen den Atheismus [. . .] nur von einer situationsgerechten Darlegung der Lehre und vom integren Leben der Kirche und ihrer Glieder" (*Gaudium et Spes*, Nr. 21).

Die Rede von Gott ist keine leicht verfügbare Darstellung, sondern eine sprachliche Aufgabe mit empirischem Gehalt. Der Glaube an Gott ist nicht selbstverständlich, sondern sucht nach dem Begriff, mit dem er vernünftig und überzeugend zur Sprache bringt, wovon er redet. Gott ist kein Gegenstand der Wahrnehmung, sondern ein Thema der Erfahrung der Existenz. Wenn von ihm die Rede ist, werden diejenigen, die von ihm reden, und diejenigen, zu denen geredet wird, zu einer entscheidenden Größe dieser Rede. Sie hat christologischen Charakter und ist eine inkarnatorische Herausforderung.

3. Das Reich Gottes und die Menschwerdung des Menschen – das Inkarnationsproblem der Glaubensaussagen

Theologische Aussagen besitzen nur Bedeutung, wenn sie wahrheitsfähig sind und sich auf eine Realität beziehen, die eine mögliche Falschheit offenkundig macht. Diese Realität ist die Menschwerdung der Menschen hier und heute; in ihrer Gegenwart muß sich die Rechenschaft vollziehen, die von den Standpunkten des Glaubens gefordert ist.

Theologie steht folglich vor der Frage nach dem Sinn ihrer Aussagen für diejenigen, zu denen sie spricht. Es ist etwas anderes, ob von den Abfahrtszeiten der Züge in Würzburg oder von Gott die Rede ist. Theologie gibt nicht einfach Informationen weiter. Was sie sagt, redet diejenigen an, denen sie es sagt; denn sie redet von einem Gott, der mit jeder Menschwerdung innerlich verbunden ist. Gott erschließt sich nicht gegenständlich, sondern erfahrungshaltig. Wer auf ihn verweisen will, muß die Erfahrungen derer zum Thema machen, zu denen er oder sie spricht. Die Hörerinnen und Hörer der Botschaft sind konstitutive Größen in dem, was die Botschaft zur Sprache bringt. Sie werden in der Ganzheit ihrer Existenz zum Thema. Die Sinn-Ebene von Sprache ist immer perspektivischer Natur; sie bezeichnet die Perspektive derjenigen, die eine Aussage treffen, und derjenigen, die sie verstehen wollen. Sprache und Existenz sind innerlich miteinander verknüpft; das Projekt der Theologie gilt diesem Zusammenhang. Er kennzeichnet alle ihre Aussagen.

Die primäre Aufgabe von Theologie liegt darin, die Botschaft des Glaubens vernünftig und überzeugend weiterzugeben. Die Informationen, die sie zur Sprache bringt, stehen im Rahmen dieser Botschaft. Sie nimmt von sich in Anspruch, über eine Offenbarung zu reden, in der Gott sich für die Menschwerdung der Menschen preisgibt. Was die Botschaft des Glaubens zu sagen hat, geschieht *propter nostram salutem*, also um unseres Heiles willen; Heil hat einen empirischen Charakter. Es ist erfahrbar, es zielt auf Heilung. Aussagen der Theologie dürfen folglich nicht regionalisiert werden; sie betreffen alle Ebenen menschlichen Seins. In der Theologie des 20. Jahrhunderts spielt dieser Zusammenhang zwischen Aussagen über Gott und der empirischen Seite des Lebens die entscheidende Rolle. Eine wichtige Etappe dieser Debatte stellt die sog. anthropologische Wende der Theologie dar, die mit dem Namen *Karl Rahner* verbunden ist. In dieser Wende wurden alte Wahrheiten neu entdeckt: Aussagen über Transzendentes haben immanenten Sinn und immanente Erfahrungen sind die Basis, transzendente Sachverhalte zur Sprache zu bringen.

Die Rede von Gott hat folglich einen erfahrbaren Ort: die Menschwerdung des Menschen. Sie existiert im Kontrast zu ihr, oder sie wird bedeutungslos. Der Sinn ihrer Aussagen bewährt sich an der Menschwerdung des Menschen, oder er ist belanglos und niemand versteht ihn. Die Menschwerdung des Menschen generell ist die Realität, an der die Aussagen des Glaubens der Bewährungsprobe unterzogen werden. Erst in diesem Kontrast sind sie bedeutsam und verstehbar.

Menschwerdung ist für den Menschen jedoch nicht selbstverständlich. Wir sind alle Menschen – aber müssen es immer auch werden. Menschwerdung ist eine Herausforderung auf drei Ebenen: im Personalen, Sozialpolitischen, Religiösen. Jede und jeder von uns wird auf je eigene Weise Mensch; wir unterscheiden uns voneinander. Wir sind diese oder jene Person, aber nicht miteinander identisch. Jeder und jede von uns steht vor Lebensentscheidungen, die uns niemand abnehmen kann. Aber die Herausbildung zu den Menschen, die wir sind, hängt dennoch nicht nur an uns. Wir sind in Gemeinschaften eingebunden, die das Leben strukturieren. Ob jemand im Gaza-Streifen oder in Hamburg-Blankenese aufwächst, macht einen gehörigen Unterschied aus. Menschwerdung wird strukturell ermächtigt oder entmächtigt durch soziale und politische Entscheidungen; sie ist immer auch eine Machtfrage und ein Gerechtigkeitsproblem. Insofern verkörpert sie zugleich eine religiöse Herausforderung.

Die Rede von Gott kann aufgrund ihres integralen Anspruchs von keiner Ebene ferngehalten werden. Sie steht in Beziehung zu allen dreien. Die Aussagen des Glaubens stehen auf jeder vor dem Inkarnationsproblem: Hat die Rede von Gott Sinn und Bedeutung bei personalen Entscheidungen, für sozio-politische Strukturierung, gegenüber geforderten Opfern? Kann sie sich verorten in den Abgründen der Lebensgeschichte, in der unübersichtlichen Konstellation gesellschaftlicher Mächte, in den diffusen Formen säkularer Religion?

Verabschiedet sich Theologie von einer Ebene, dann wird sie zur regionalen Größe und erliegt der Konkurrenz der Heilsbotschaften, die sich nur auf ein Gebiet spezialisiert haben. Setzt sie sich aber allen dreien aus, dann wird sie durch den Kontrast in kreativer Weise verändert. Kontraste sind Herausforderungen; auf sie einzugehen bedeutet Veränderung (*Alfred N. Whitehead*).

Fundamentaltheologie hält in der Theologie die Erinnerung wach, daß von Gott im Kontrast zur Menschwerdung gesprochen werden muß. Sie insistiert auf der Wahrheitsfähigkeit ihrer Aussagen und weist die Richtung, in der diese aufrechterhalten werden kann: die Inkarnation der Aussagen des Glaubens in der Menschwerdung des Menschen. Darin kommt ihr das entscheidende Charakteristikum christlichen Glaubens entgegen: Christus. Christliche Theologie redet von Gott, der Mensch geworden ist. Gottes Offenbarung ist ein Inkarnationsereignis. Dieses Wesensmerkmal christlichen Glaubens muß in allen seinen Aussagen aufrechterhalten bleiben, so daß die christologische Natur der Rede von Gott herausgestellt wird.

Im klassischen Duktus der Fundamentaltheologie gesagt: Sie ist *demonstratio christiana*. Sie legt nicht die dogmatischen Aussagen über Christus vor, sondern behandelt den christologischen Rahmen aller theologischen Aussagen. *Christus ist das Modell des Seins der Theologie. Alle ihre Aussagen müssen inkarnatorischen Wert besitzen.* Wenn Theologie über Gott redet, dann stellt sie den Gottesbegriff nicht in ein Natur-Übernatur-Paradigma, in dem die Inkarnation ein sekundäres Merkmal Gottes ist, sondern in ein Paradigma, das wider die Aufgabelung Natur und Übernatur innerlich verknüpft.

Insofern unterscheidet sich der theologische Begriff von Gott grundlegend vom Gottesbegriff des Theismus; denn dort besitzt er nur ein von der Welt abgeschottetes Sein. In den meisten Formen ist der Atheismus ein Anti-Theismus; er kritisiert die mangelnde Inkarnation der Aussagen über Gott in die Menschwerdung des Menschen. Der theistische Gott ist ein Opium der Menschwerdung; er ist eine Übermacht, die ihre Realität vernebelt.

Die inkarnatorische Perspektive aller Theologie weist den Weg, auf dem die Bewährung theologischer Aussagen geschieht: das Kreuz Jesu. Es hat Offenbarungscharakter. Am Kreuz teilt sich Gott selbst mit. Zugleich bezeichnet es die Menschwerdung des Menschen in ihrer höchsten Gefährdung. *Gott und die gefährdete Menschwerdung sind am Kreuz prinzipiell verbunden.* Es ist der Ort, an dem die Rede von Gott auf die entscheidende Probe gestellt wird. Besitzt sie Sinn und Bedeutung in den Situationen, in denen die Menschwerdung des Menschen zutiefst gefährdet ist – im Leiden, in Schuld und Versagen, in der Gewalt, im Tod? Gerade hier muß sich zeigen, daß die Rede von Gott gegenüber der Zerstörung der Menschwerdung des Menschen widerständig ist.

Das Leiden ist seit urbiblischen Zeiten ein Thema, an dem sich wahre von falscher Gottesrede scheidet; so etwa im Buch Hiob. Es stellt die Theologie auf die Nagelprobe, ob die Gottesrede Personen einer scheinbar wohlanständigen Ordnung opfert oder ihnen Hoffnung wider alle Hoffnung bedeutet. Das gleiche gilt von der Schuld des Menschen: Befreit Gott ihn davon oder zerbricht er ihn damit? Die Umkehrforderung Jesu öffnet den Weg, trotz schuldhafter Verstrickung Mensch zu werden. Angesichts der Gewalt, die Menschen Menschen antun, ist Gott gefragt. Gibt es eine Antwort der Theologie auf den Schrei nach Rache, der menschlich-allzumenschlich in einer Situation von Gewalt und Krieg ertönt? Weist sie einen Ausweg aus der Spirale der Gewalt, in die wir uns verstricken? Die Reich-Gottes-Botschaft markiert einen Weg in diesem Gestrüpp: Das Reich Gottes gehört den Barmherzigen und den Verfolgten, aber es bedeutet zugleich Widerstand gegen die Gewalt; sie wird mit der Feindesliebe entmächtigt. Ist der Tod das Ende der Rede von Gott, die Grenze, vor der sie verstummt? Ihr christologischer Charakter reißt diese Grenze nieder; im Bekenntnis der Auferstehung widersteht sie der lebensvernichtenden Macht des Todes. Gerade dort, wo der Tod als Übermacht des Lebens auftritt, ist ihre inkarnatorische Qualität gefordert. Sie leugnet nicht den Tod, aber widersteht seiner das Leben zerbrechenden Gewalt.

Heiliges besitzt eine ungeheure Macht. Es kann versklaven. Es fordert immer Opfer. Doch sind es Opfer, mehr Mensch zu werden, oder sind es Opfer, die Menschen zerbrechen? Auf der religiösen Ebene der Menschwerdung stellt sich die Götzenfrage. Wem dienen wir: Gott oder den Götzen? Götzen lügen; sie verkaufen etwas als gelingende Menschwerdung, was versklavendes Opfer bedeutet. Mit ihnen kann man keine Kompromisse schließen, ohne sich selbst zu zerstören. Theologie steht daher in einer prophetischen Herausforderung. Kann die Rede von Gott die Götzen entlarven? Stärkt sie den Menschen oder hält sie ihn klein? Jagt sie ihm Angst ein oder macht sie ihn vor den Götzen widerständig?

Die inkarnatorische Kraft der Rede von Gott entscheidet auch über ihre öffentliche Bedeutung. Wo die Menschwerdung des Menschen scheinbar gesichert ist und in geordneten Bahnen abläuft, ist Religion eine Kulturleistung. Sie neigt dazu, ein bürgerliches Projekt zu sein, das Gott möglichst aus dem Gesamt der Lebenszusammenhänge heraushält. Als Kulturleistung existiert sie in einer Nische der Gesellschaft. Sie hat ihre begrenzte Öffentlichkeit, ist jedoch in anderen Öffentlichkeiten weitgehend ohne Belang. Wenn die Menschwerdung aber zerbrochen wird, ist Religion eine Überlebensfrage. Dann hat sie die Pflicht, eine Öffentlichkeit herzustellen, durch die der Schrei nach Leben generell unüberhörbar wird. Ist die Rede von Gott zur Überlebensfrage geworden, dann ist ihre eigene Existenz bedroht; sie muß sich öffentliche Berechtigung und ermächtigende Macht erkämpfen. Die Kulturnische geht verloren und einstige Freunde werden zu erbitterten Feinden. In diesem Prozeß ist Theologie riskant und erfordert Mut. Insofern kann sie selbst ein Kreuzweg sein; doch liegt im Kreuzweg die Erfahrung des Heils, das sie verkündet.

Das Kreuz Christi ist die Inkarnation Gottes und zugleich die Inkarnation der Gefährdungen des Menschen. An ihm teilt sich Gott als er selbst mit und zugleich die geschundene Kreatur. Wenn Theologie *Kreuzestheologie* ist, dann wird der Glaube durch das Kreuz zu dem geführt, was er sein soll: Begegnung mit Gott in den geknechteten, gequälten und zerstörten Menschen. Das Kreuz weist den Weg, auf dem die Kirche zu ihrer Botschaft findet. Es bezeichnet den Ort, an dem sie entdeckt, wovon sie zu sprechen hat: dem Evangelium.

4. Die Entdeckung des Evangeliums in den Zeichen der Zeit – das Optionsproblem gegen-wärtiger Kirche

Die Fundamentaltheologie erörtert die methodologische Frage der Rede von Gott und legt ihren sprachlichen Charakter frei. Sie legt eine *demonstratio religiosa* vor, das Modell einer Rede von Gott im Material der pluralen Erfahrungen des Menschen mit der Menschwerdung. Sie erinnert jede Rede von Gott an das inkarnatorische Problem und damit an ihren christologischen Charakter; sie muß ein Faktor im Prozeß der Menschwerdung wider ihre Gefahren und Bedrohungen sein.

Im klassischen Duktus katholischer Fundamentaltheologie ist der dritte Gang *demonstratio catholica.* Er markiert die ekklesiologische Dimension jeder Rede von Gott; Theologie ereignet sich im Raum von Kirche. Sie ist ein Zeichen des Volkes Gottes. Es ist der Ort, an dem die Prinzipien der Theologie geschichtliche Autorität gewinnen. Kirche ist die Gemeinschaft, die entsteht, wenn das Menschwerdungspotential der Rede von Gott historisch greift. Der Traktat über die *demonstratio catholica* ist daher in besonderer Weise historisch geprägt; er sucht und markiert die Rede von Gott im Hier und Jetzt der Kirche. Er vergegenwärtigt die Kirche in der Suche nach einer bedeutsamen Rede von Gott.

Fundamentaltheologie ist heute gerade auf diesem Feld gefordert; denn der Ort droht in Vergessenheit zu geraten, an dem die Prinzipien gegen-wärtiger Existenz von Kirche entwickelt sind: das *Zweite Vatikanische Konzil.* Fundamentaltheologie hat eine besondere Nähe gerade zu diesem Konzil; denn sie strukturiert sich formal in derselben Weise, in der das Zweite Vatikanische Konzil sich historisch entwickelt hat: um die Pole *ecclesia ad intra* und *ecclesia ad extra.* Die Frage von Kardinal Suenens gegen Ende der ersten Sitzungsperiode ‚Kirche, was sagst du zu dir selbst (*ecclesia ad intra*), und Kirche, was sagst du der Welt über dich selbst (*ecclesia ad extra*)?‘ hat dem Konzil ein Arbeitsprogramm gegeben. Es entspricht genau der Struktur von Fundamentaltheologie. In ihrem ersten systematischen Entwurf bei Justin dem Märtyrer war sie *Apologie,* d. h. Antwort auf die Anfragen derer, die außerhalb der Kirche standen. Diese Antwort war eine Verteidigung, aber eine Verteidigung, bei der die Anfragen Basis der Gewinnung von Standpunkten waren. Die Perspektive derer außerhalb der Kirche sind ein Fundament, den eigenen Glauben auf den Begriff zu bringen. Fundamentaltheologie ist daher *Rechtfertigung des Glaubens ad extra* und darin zugleich *Entdeckung seiner Bedeutung ad intra*. Das neue Fundament des Zweiten Vatikanischen Konzils steht in derselben Logik. Es stellt den Ansatz dar, von dem her Fundamentaltheologie heute betrieben werden kann.

Dieses Konzil entdeckte die grundlegende Bedeutung einer existentiellen Theologie des Faktischen. Es verbindet Pastoral und Dogmatik, Leben und Lehre, Gott und die Situation des Menschen in seiner Lehre von der Kirche. Sie ist polarer Natur; denn es gibt zwei Kirchenkonstitutionen, *Lumen gentium* und *Gaudium et spes*. Sie begreift sich *ad intra* vom *ad extra* her und sie entdeckt das *Extra* als ein *Intra* ihres Selbst. Das Lehramt dieses Konzils ist pastoraler Natur und ein *Aggiornamento* der Lehre von der Welt her, in der Kirche heute existiert.

Es vertritt wie alle Konzilien eine neue Lehre – die göttliche Berufung des Menschen zur Menschwerdung. Und es entdeckt dabei die universale Heilsbedeutung der Menschwerdung Gottes. Aber es entwickelt diesen Standpunkt nicht in der Perspektive vorgegebener idealer Wahrheiten, sondern entlang der Faktizität menschlichen Lebens. Es konfrontiert das Evangelium mit den Zeichen der Zeit und lernt es dabei selbst neu kennen. Es sucht, sie zu deuten, um den Sinn der Botschaft Jesu in der Welt von heute zu begreifen.

Zeichen der Zeit sind Wegmarken des Reiches Gottes. Sie haben eine transformierende Bedeutung für die Kirche selbst; in der Auseinandersetzung mit ihnen wird sie zur Kirche in der Welt von heute. Der Begriff der *Zeichen der Zeit* in einem systematischen Sinn stammt vom Begründer des Konzils, von *Papst Johannes XXIII*. Er entdeckte, daß die Kirche allen Menschen etwas zu sagen hat, wenn sie sich von allen Menschen her begreifen lernt. Verkündet hat er das in seiner letzten Enzyklika *Pacem in terris*. Sie ist das erste Lehrschreiben über die Zeichen der Zeit; Kirche lernt sich selbst kennen von jenen Situationen her, die bezeichnenden Charakter für die Lage der Humanität in der Gegenwart haben.

Die Zeichen der Zeit sind also nicht irgendwelche Erscheinungen der Zeit; sie markieren die Zeit vielmehr in der Humanität ihrer Verhältnisse. Sie verweisen auf die Situation der Menschwerdung des Menschen hier und heute. *Pacem in terris* gibt dafür Belege: Arbeiterfrage, Frauenbefreiung, Entkolonisierung der Völker, Verfassungsreform durch Menschenrechte, Kriegsverhütung durch internationale Organisationen. *Die Zeichen der Zeit markieren Konflikte. Sie benennen die Situationen, in denen Menschen in ihrer Menschwerdung gefährdet sind und um ihre Menschwerdung kämpfen. In den Zeichen der Zeit werden Kreuzwege des Menschen repräsentiert, in denen die Hoffnung auf Menschwerdung zur Sprache kommt.*

Die Kirche, die die Zeichen der Zeit zu erkennen sucht, steht vor der bedrohten Humanität. Sie entdeckt, was die Menschwerdung des Menschen gefährdet. Sie lernt die eigene Botschaft in Gegenwart derer verstehen, die um ihrer Menschwerdung willen des Heiles dieser Botschaft bedürfen. In den Zeichen der Zeit wird das Heil Gottes transparent; sie legen frei, in welcher Weise die Rede von ihm befreienden Charakter hat. Sie stellen die Verkündigung der Kirche vor die harte Frage, ob sie Befreiung ist oder sich der Menschwerdung des Menschen in der Gegenwart verschließt.

Das Zweite Vatikanum ist in seiner Geschichte, seiner Struktur und seinem Lehramt fundamentaltheologischer Natur. Fundamentaltheologie, die sich nach diesem Konzil richtet, muß die Zeichen der Zeit mit der Berufung des Menschen zum Menschsein verbinden. Sie deutet den bezeichnenden Charakter gefährdeter Menschwerdung für diese Berufung und sie bezeichnet die befreiende Macht des Glaubens in dieser Situation. Mit den Zeichen der Zeit stehen Theologie und Kirche vor einer Entscheidungsfrage; denn die Konflikte um die Menschwerdung bezeichnen das Evangelium in einer Weise, die Kirche und Theologie erst noch zu entdecken haben. Die gefährdete Menschwerdung wird im Lichte des Evangeliums gedeutet, wenn das Volk Gottes mit ausgegrenzten Personen und Völkern solidarisch wird. Sie haben für die Rechtfertigung der Wahrheit des Glaubens kairologischen Sinn. Sie markieren den Ort, an dem sie sich prinzipiell ereignen muß.

Fundamentaltheologie legt den für die Rede von Gott bezeichnenden Charakter dieses Prozesses frei. Sie muß zeigen, warum die Standpunkte des Glaubens Zeichen für die Menschwerdung verkörpern. Sie muß erklären, wieso Erfahrungen der Menschen Zeichen für die Klärung der Standpunkte des Glaubens darstellen.

Kirche und Menschwerdung bezeichnen einander. Die Kirche ist das Volk Gottes; seine Gemeinschaft, die *communio* der Kirche, entsteht im Widerstand gegen Bedrohungen der Menschwerdung heute. Sie ist nicht einfach da, sondern eine evangelisatorische Herausforderung. Das Volk Gottes wird zur Gemeinschaft erst finden, wenn es Zeichen und Werkzeug der Gemeinschaft Gottes mit den

Menschen und der Menschen untereinander ist. Die Kirche kann daher angesichts der Zeichen der Zeit keine Ghetto-Existenz führen. Sie muß aus der Nische heraus, in die sie als Hüterin eines Kulturerbes abgeschoben ist, und sich den Fährnissen des Lebens aussetzen.

Der Text, in dem die Kirche sich und das Bekenntnis ihres Glaubens von den Zeichen der Zeit her begreift, ist die Pastoralkonstitution *Gaudium et spes*; die Zeichen der Zeit waren der Leitgedanke ihrer Ausarbeitung. Der Text verbindet Leben und Lehre, Dogma und Geschichte, ‚ewige Wahrheiten‘ und ‚relative Erfahrungen‘. Er ist eine Konstitution, d. h. prinzipielle theologische Entscheidung; er besitzt höchste lehramtliche Autorität. Die Logik der Zeichen der Zeit wird schon am berühmten Eröffnungssatz deutlich: „Freude und Hoffnung, Trauer und Angst der Menschen von heute, besonders der Armen und Bedrängten aller Art, sind auch Freude und Hoffnung, Trauer und Angst der Jünger Christi, und es findet sich nichts wahrhaft Menschliches, das nicht in ihrem Herz seinen Widerhall fände.“ Die bedrohte Menschwerdung stellt die Kirche vor die Gegenwart ihrer eigenen Botschaft. Glaubt sie sie selbst? Glaubt sie an ihre Vergegenwärtigung? Bekehrt sie sich zu ihr in den Bedrohungen der Menschen hier und heute?

Die Erkenntnis der Zeichen der Zeit hat Handlungsrelevanz. Sie kann nicht als unpraktikabel abgetan werden, sondern folgt der biblischen Logik des Handelns. Biblisch bedeutet Erkennen, mit etwas oder jemandem so bekannt zu werden, daß eine innige Verbindung entsteht. Die Zeichen der Zeit erkennen bedeutet, die Handlungskonstellation wahrzunehmen, in der die Kirche sich aufgrund des Evangeliums befindet; es bedeutet, Optionen zu treffen, die in der Situation von Inhumanität gefordert sind.

Die Zeichen der Zeit zu erkennen, stellt die Kirche vor gegenwärtige Konflikte, in denen Menschen um die Anerkennung ihrer Menschwerdung kämpfen; es sind Konflikte, welche die Rede von Gott um des Evangeliums willen nicht unbeteiligt lassen können. Angesichts der Zeichen der Zeit wird die Kirche von ihrer eigenen Botschaft zur Solidarisierung mit denen gefordert, die um die Anerkennung ihrer Rechte und Würde ringen. Aus diesem Grund werden bereits im ersten Satz von *Gaudium et spes* die ‚Armen und Bedrängten aller Art‘ angesprochen. Angesichts der Zeichen der Zeit muß das Volk Gottes Optionen treffen; es muß entscheiden, mit wem es solidarisch wird. Die Theo-Logik ist eine Handlungs-

Logik; zwischen den Zeichen der Zeit und der Rede von Gott besteht ein semiotischer Zusammenhang.

Trifft die Kirche diese Optionen, dann verändert sie sich selbst: Sie wird gegen-wärtig. Sie entdeckt sich selbst in der Gegenwart der Menschen und macht ihre eigene Botschaft bei ihnen gegenwärtig. Das Programm-Wort von Johannes XXIII. - *aggiornamento* - bedeutet daher nicht Anpassung an die Zeit oder Heutig-Werden, sondern jenen Prozeß, in dem Kirche sich zu einer sowohl im Hier und Heute wie im Evangelium gegen-wärtigen Größe macht. Sie vergegenwärtigt sich die Lage der Menschen heute, und sie entdeckt die Gegenwart Gottes in ihrem Ringen um Menschwerdung. Die Pastoral der Zeichen der Zeit stellt eine gegen-wärtige Rede von Gott dar. Sie ist das Zeichen für das Heil der Menschwerdung in und gegen ihre Bedrohung. Sie ist die fundamentalste Herausforderung an Kirche und Theologie heute. Sie ist die Hauptaufgabe einer gegen-wärtigen Fundamentaltheologie.

Literatur

Das Gedicht von Ilja Kritschewskij findet sich in: Gerd Ruge: Der Putsch. Vier Tage, die die Welt veränderten, Frankfurt/M. 1991, S. 188.

1. Lehramtliche Texte

Kleines Konzilskompendium, hg. von Karl Rahner und Herbert Vorgrimler, Freiburg - Basel - Wien 24. Auflage 1993.

Denzinger, Heinrich: Enchiridion symbolorum definitionum et declarationum de rebus fidei et morum. Verb., erw., ins Deutsche übertragen und unter Mitarbeit von Helmut Hoping hg. von Peter Hünermann, Freiburg - Basel - Wien 1991.

2. Fundamentaltheologien (Auswahl)

Boff, Clodovis: Theologie und Praxis. Die erkenntnistheoretischen Grundlagen der Theologie der Befreiung (Fundamentaltheologische Studien 7), München - Mainz 1983, 3. Auflage 1986 (Übersetzung der brasilianischen Ausgabe 1978).

Bouillard, Henri: Logik des Glaubens (Quaestiones disputatae 29), Freiburg - Basel - Wien 1966 (Übersetzung der französischen Ausgabe 1964).

Fries, Heinrich: Fundamentaltheologie, Graz 1985, Studienausgabe 1986.

Handbuch der Fundamentaltheologie, 4 Bde., hg. von Walter Kern, Hermann Josef Pottmeyer und Max Seckler, Freiburg – Basel – Wien 1985–1988.

Klinger, Elmar: Armut – eine Herausforderung Gottes. Der Glaube des Konzils und die Befreiung des Menschen, Zürich 1990.

Metz, Johann Baptist: Glaube in Geschichte und Gesellschaft. Studien zu einer praktischen Fundamentaltheologie, Mainz 1977, 5. Auflage 1992.

Peukert, Helmut: Wissenschaftstheorie – Handlungstheorie – Fundamentale Theologie. Analysen zu Ansatz und Status theologischer Theoriebildung, Frankfurt 1978, 2. Auflage 1988.

Probleme und Aspekte der Fundamentaltheologie, hg. u.a. von René Latourelle, Innsbruck 1985.

Rahner, Karl: Grundkurs des Glaubens. Einführung in den Begriff des Christentums, Freiburg – Basel – Wien 1976, 6. Auflage 1991.

– : Hörer des Wortes. Zur Grundlegung einer Religionsphilosophie, München 1941, neubearbeitet von Johann Baptist Metz 3. Auflage 1985.

Ratzinger, Joseph: Theologische Prinzipienlehre. Bausteine zur Fundamentaltheologie, München 1982.

Sobrino, Jon: Christology at the Crossroads. A Latin American Approach, London 1978 (Übersetzung der spanischen Ausgabe).

Verweyen, Hansjürgen: Gottes letztes Wort. Grundriß der Fundamentaltheologie, Düsseldorf 1991.

Waldenfels, Hans: Kontextuelle Fundamentaltheologie, Paderborn 1985, 2. Auflage 1988.

3. Philosophie, Religionsphilosophie und Religionswissenschaft

Eliade, Mircea: Das Heilige und das Profane. Vom Wesen des Religiösen, Hamburg 1957, revidierte Übersetzung Frankfurt 1990.

Frege, Gottlob: Funktion, Begriff, Bedeutung. Fünf logische Studien, hg. und eingel. von Günther Patzig, Göttingen 7. Auflage 1994.

Hick, John: Problems of Religious Pluralism, London – New York 1985.

Otto, Rudolf: Das Heilige. Über das Irrationale in der Idee des Göttlichen und sein Verhältnis zum Rationalen, München 1917, Nachdruck 1991.

Peirce, Charles Sanders: Semiotische Schriften, hg. und übers. von Christian Kloesel und Helmut Pape, 3 Bde., Frankfurt 1986–1993.

Popper, Karl: Conjectures and Refutations. The Growth of Scientific Knowledge, London 1963, 4. revidierte Auflage 1972.

Swinburne, Richard: Die Existenz Gottes, Stuttgart 1987 (Übersetzung der englischen Ausgabe 1979).

Whitehead, Alfred North: Process and Reality. An Essay in Cosmology. Corrected Edition, edited by David R. Griffin and Donald W. Sherburne, New York 1978, 1. Auflage 1929, deutsche Übersetzung der amerikanischen Ausgabe von 1977 unter dem Titel: Prozeß und Realität. Entwurf einer Kosmologie, Frankfurt/M. 1979, Tb-Ausgabe 1987.

Verzeichnis der *Autorinnen* und *Autoren*

Ulrike Bechmann, Dr. theol., Theologische Referentin und Geschäftsführerin beim Deutschen Komitee des Weltgebetstags der Frauen; Dissertation: Das Deboralied zwischen Geschichte und Fiktion. Eine exegetische Untersuchung zu Richter 5, St. Ottilien 1989; weitere Veröffentlichungen u.a.: In Weisheit mit der Schöpfung leben, in: Katechetische Blätter 117 (1992) 263-273; Michal. Retterin und Opfer Davids, in: K. Walther (Hgin.): Zwischen Ohnmacht und Befreiung. Biblische Frauengestalten, Freiburg-Basel-Wien 1988, 71-80; Unser Volk speisen, heilen und befreien. Reflexionen zum Weltgebetstag der Frauen, in: Jahrbuch der Europäischen Gesellschaft für theologische Forschung von Frauen 1 (1993) 111-128.

Dorothee Foitzik, Lehrerin, Religionspädagogin, Mitarbeiterin in verschiedenen Bereichen der Mädchen- und Frauenbildungsarbeit; Veröffentlichungen: Feministische Mädchenbildung, in: Günter Biemer - Werner Tzscheetzsch (Hgg.): Jugend der Kirche. Selbstdarstellung von Verbänden und Initiativen (Handbuch kirchlicher Jugendarbeit 4), Freiburg i.Brsg. 1988, 287-307; Zu feministischer Praxis und Theorie kirchlicher Jugendarbeit, in: Herlinde Pissarek-Hudelist - Luise Schottroff (Hgg.), Mit allen Sinnen glauben. Feministische Theologie unterwegs, Gütersloh 1991, 162-171.

Hans-Jürgen Guth, Dr. theol., Wissenschaftlicher Assistent in der Abteilung Kirchenrecht der Katholisch-Theologischen Fakultät der Eberhard-Karls-Universität Tübingen; Dissertation: Ehescheidung oder Ehenichtigkeit? Das Eheprozessrecht der römisch-katholischen Kirche in den USA seit dem Zweiten Vatikanischen Konzil, Freiburg i.Ue. 1993.

Leonhard Hell, Dr. theol., Wissenschaftlicher Assistent am Arbeitsbereich Dogmatik des Instituts für Systematische Theologie der Albert-Ludwigs-Universität Freiburg; Dissertation: Reich Gottes als Systemidee der Theologie. Historisch-systematische Untersuchungen zum theologischen Werk B. Galuras und F. Brenners, Mainz 1993; weitere Veröffentlichung u.a.: Die eine Theologie und ihre Teile. Martin Gerberts Beitrag zur Geschichte der Theologischen Enzyklopädie, in: FDA 114 (1994) 7-20.

Barbara Henze, Dr. theol., Wissenschaftliche Assistentin am Arbeitsbereich Mittlere und Neuere Kirchengeschichte im Institut für Biblische und Historische Theologie der Albert-Ludwigs-Universität Freiburg; Dissertation: Aus Liebe zur Kirche Reform. Die Bemühungen Georg Witzels (1501-1573) um die Kircheneinheit, Münster 1995.

Maureen Junker-Kenny, Dr. theol., Lecturer für Praktische Theologie/ Christliche Ethik an der University of Dublin, Trinity College, Irland; Dissertation: Das Urbild des Gottesbewußtseins. Die Entwicklung der Religionstheorie und Christologie Schleiermachers von der ersten zur zweiten Auflage der Glaubenslehre, Berlin-New York 1990; weitere Veröffentlichungen u.a.: Öffentliche Theologie in der pluralistischen Gesellschaft. Programmatische Orts- und Aufgabenbestimmungen der nordamerikanischen Praktischen Theologie, in: Praktisch-Theologische Informationen 12 (1992) 125-136; Schleiermachers Transcendental Turn. Shifts in Argumentation between the First and Second Editions of the Glaubenslehre, in: New Athenaeum/ Neues Athenaeum 3 (1992) 21-41; The Search for Hope Today: Religious and Cultural Expressions, in: Maureen Junker-Kenny (Hg.): Christian Resources of Hope, Dublin 1995, 26-38.

Irene Leicht, Dipl. theol., Wissenschaftliche Angestellte am Arbeitsbereich Mittlere und Neuere Kirchengeschichte im Institut für Biblische und Historische Theologie der Albert-Ludwigs-Universität Freiburg, Mitarbeiterin in der Theologischen Erwachsenenbildung; Veröffentlichung: Die Vorstellung von Erlösung im theologischen Denken der Juliana von Norwich, in: Béatrice Acklin Zimmermann (Hg.): Denkmodelle von Frauen im Mittelalter, Freiburg i.Ue. 1994, 173-204.

Andreas Lob-Hüdepohl, Dr. theol., Wissenschaftlicher Mitarbeiter am Seminar für Katholische Theologie im Fachbereich Philosophie und Sozialwissenschaften der Freien Universität Berlin; Dissertation: Kommunikative Vernunft und theologische Ethik, Freiburg i.Ue.-Freiburg i.Br. 1993; weitere Veröffentlichungen u.a.: Asyl mit der Kirche. Ethische Aspekte von „Kirchenasyl" als persönliche Gewissensentscheidung und kirchliches Handeln, in: Caritas 96 (1995) 160-170; „Die eine Ethik vor dem Anspruch der Vielen". Zum Universalitätsanspruch christlicher Ethik in moralisch vielstimmiger Welt, in: B. Schlegelberger (Hg.), Wahrnehmung des Fremden – Christentum und andere Religionen, Berlin 1995; Glauben und moralisches Handeln. Zu einigen theologalen Eckdaten kommunikativer Ethik, in: W. Lesch – A. Bondolfi (Hgg.), Theologische Ethik im Diskurs. Eine Einführung, Tübingen – Basel 1995, 120-143; „Hören auf die Anderen!" Vorfragen einer Ethik unterbrechenden Lernens, in: A. Lob-Hüdepohl u.a. (Hg.), Blicke auf das Andere. Stationen theologischer Erfahrung, Berlin – Hildesheim 1994, 107-140; Passive Menschenrechtsverletzungen und strukturelle Sünde. Zu einer notwendigen ethischen Perspektive, in: StdZ 212 (1994) 546-556; Tragische Entscheidungen? Karl Rahners Logik existentieller Entscheidungen im Lichte moraltheologischer Gegenwartsdiskussion, in: M. Lutz-Bachmann u.a. (Hg.): Theologie aus Erfahrung der Gnade, Berlin 1994, 198-232; „Verantwortete Zeitgenossenschaft" in konzertierter Verantwortung. Das Programm nachkonziliarer Ethik im Medium der Umwelt- und Technikethik, in: A. Lob-Hüdepohl u.a. (Hg.): Markierungen. Theologie in den Zeichen der Zeit, Berlin – Hildesheim 1995, 193-228.

Hans-Joachim Sander, Dr. theol., Wissenschaftlicher Assistent am Lehrstuhl für Fundamentaltheologie der Julius-Maximilians-Universität Würzburg; Dissertation: Natur und Schöpfung – die Realität im Prozeß. A.N. Whiteheads Philosophie als Fundamentaltheologie kreativer Existenz, Frankfurt/M. 1991; weitere Veröffentlichungen u.a.: Entdeckung durch Eroberung – ein Verdecken von Humanität. Die Würde der Anderen als Prinzip der Evangelisierung, in: Entdeckung – Eroberung – Befreiung. 500 Jahre Gewalt und Evangelium in Amerika, hg. u.a. von Wilhelm Dreier, Würzburg 1993, 161-174; Die Zeichen der Zeit in Gewalt und Widerstand. Zu einem Grundbegriff der Theologie in der Welt von heute, in: Orientierung 59 (1995) 92-96.